유교와 한국 사상

유교와 한국 사상

금장태 지음

한국학술정보㈜

머리말

우리의 문화적 생명력은 우리 민족의 정신사를 통하여 이해될 때 보다 깊은 의미와 근원적 힘을 발견할 수 있을 것이다. 그리고 우리 민족의 정신사 속에서는 유교가 그 시원에서부터 오늘에 이르기까지 하나의 중심축으로서 역할을 감당해 왔다는 사실을 확인할 수 있다. 동시에 유교는 우리 민족의 전통문화 속에서 단순히 한 가지 이념적 체계로서 제시된 것이 아니라, 역사와 사회의 복합적 생성작용을 통하여 자신을 구현시켜 왔기 때문에 우리의 문화적 고유성을 그 본질적 성격으로 지니고 있는 '한국유교'요, '한국사상'임을 주의하여야 할 것이다.

이러한 관심 속에서 필자는 우리 민족의 생활 속에 유교가 어떻게 침투되고 구현되어 왔는지를 생각해 보았고, 또한 우리의 정신사를 통하여 유교의 본질적 성격을 이해하려고 노력해 보았다. 그러나 이러한 시도는 아직도 필자 자신에게서도 탐색의 단계이지 확신 속에 무엇을 제시하고 주장하는 단계에 이른 것은 아니다. 우리에게는 현재의 절실한 상황을 인식하고 미래를 향한 방향을 탐색하는 과정에서 현실적 요청에 따라 우리 민족의 전통에 대한 이해가 부단히 요구된다. 따라서 전통정신에 대한 해명도 고정된 것이 될 수 없고 획일적으로 단정될 수 있는 것이 아니다. 이런 뜻에서 이 책을 통해 탐색하고 있는 한국유교의 성격규정도 언제나 반성되고 수정되어야 할 것으로 생각한다.

이 작은 책자는 그동안 여러 형태의 지면에 단편적으로 발표된 글을 모은 것이다. 따라서 내용의 전체적 체계가 긴밀하게 연결되지 못한 면도 있고 문장의 어조가 고르지 않은 면도 있다. 이 점은 깊이 독자의 이해를 구하는 바이다. 다만 아직도 미숙한 안목이기는 하지만 유교를 통한 우리의 전통사상을 탐색하면서, 그 시대 역사의 흐름 속이나 사상가의 사유세계를 통하여 드러나는 근본정신을 파악하려는 긍정적 관심과 애정 어린 노력이라는 점에서 독자와 함께할 수 있기를 바란다.

인간은 자기를 아는 만큼 자신이 존재하는 것이고 자기가 실행하는 만큼 자신을 형성하는 것이라고 생각한다. 한 민족의 경우에서도 민족전통의 이해는 민족의 자기 발견이 될 것이다. 유교전통의 근본정신을 이해하는 것이 민족정신사의 원동력을 발견하고 자기 의미를 확인하는 노력의 일환으로 나타난다면, 그것은 결코 회고적인 것으로 그치지 않고 현재와 미래에 있어서 우리의 삶을 이끌어가는 예지로서 살아 움직이는 힘이 될 수 있을 것으로 믿는다. 이 책은 한국사상사를 탐구하고 조명해가는 큰 길가에 세워지는 많은 가로등 틈 사이에 아주 작고 희미하나마 하나의 표지등의 역할을 할 수 있다면 더 이상의 다행이 없겠다. 많은 오류가 있을 줄 알고 지적과 가르침이 있기를 바란다.

이 책은 원래 1980년에 성균관대학교 출판부에서 간행되고 1984년 증보판이 나왔지만, 오랫동안 절판된 것으로 이번 기회에 교정을 다시 봐서 재간행한 것이다. 출판을 허락해주신 한국학술정보(주)에 감사하고, 교정을 도와준 서울대학교 대학원 종교학과의 안국진 군에게 고마운 마음을 전한다.

2007년 5월 26일
관악산 그늘에서
금 장 태

제1부 한국인의 유교적 삶

전통사상의 새로운 발견

1) 신시(神市)―자존(自尊)의 기반

우리 민족이 동물적 원시상태에서 인간적 삶을 시작하고 자연의 무질서 상태에서 하나의 질서를 창조하게 되는 사건을 설명해 주는 이야기로 단군신화(檀君神話)가 있다. 이 신화가 우리에게 던져주는 의미는 다각적으로 검토될 수 있겠지만 우선 여기서 한 가지 뚜렷한 특징으로 그 강한 자기긍정의 성격을 들 수 있다.

하느님의 아들 환웅(桓雄)이 인간세계를 탐내어 구하자 하느님은 직접 태백산(太白山)을 선택하여 그 아들을 내려 보냈다. 이 산정(山頂)의 신단수(神檀樹) 아래가 신시(神市)니 바로 우리 민족의 근원지이다.

우리는 자신의 삶의 터전을 한없이 밝은 산정에 자리 잡았던 것이요, 또한 하느님의 선택과 축복을 받은 곳에서 삶을 시작하였다는 깊은 신앙을 지니고 있는 것이다. 태백산은 바로 하늘과 땅이 맞닿는 곳이요,

'세계의 중심'(axis mundi)을 상징하는 것이다. 신단수 또한 우주의 중심에서 하늘과 땅을 연결시켜주는 나무(cosmic tree)요, 신시도 우리의 생활공간인 동시에 성전(聖殿)을 의미한다. 그것은 우리의 국토요, 이 땅이 지구표면 위의 임의의 한 부분이 아니라, 가장 중심의 자리요, 신(神)의 축복을 받은 신성한 땅이며 복지(福地)라는 확고한 믿음을 보여준다.

우리 민족의 신화는 우리 자신의 자리에 대한 절대적인 긍정을 내포하고 있다. 자기긍정 즉 자존(自尊)은 우리 민족이 역사를 창조하고 이끌어 갔던 삶의 원동력을 이루고 있는 힘이다. 끈질기게 지속하면서 위기를 이겨 나갔던 민족의 저력과 자랑스러운 문화를 창조하고 비굴하지 않았던 민족의 정신이 뿌리를 내리고 있는 자존의 민족신앙은 단군신화 속에서 이미 선명하게 표현되었던 것이다.

민족문화의 전통은 실제로 끊임없이 외래문화를 수용하고 이를 섭취・동화(同化)시키면서 이루어져 갔다. 불교가 전래되어 그 찬란한 문화의 꽃을 피웠을 때 그것은 민족신앙을 구현하고 있었던 것이다. 선덕여왕(善德女王) 때 자장율사(慈藏律師)는 황룡사(皇龍寺)에 9층탑을 세웠다. 이 9층탑은 모든 주변국가의 침입을 막고 항복과 조공(朝貢)을 받을 것이라는 계시를 자장이 신인(神人)으로부터 받았다고 한다. 그런데 이 9층탑을 토애 제1층은 일본을 지시하고 제2층은 중화(中華)를 지시한다 하였으니 한반도의 동남을 차지한 신라가 일본은 물론, 중국조차 누르고 올라서려는 민족자존의 신념을 불교신앙을 통하여 제시하고 있는 것이다.

8세기에 김대성(金大城)의 발원으로 조영(造營)되었다는 석굴암(石窟庵)과 불국사(佛國寺)는 건축술이나 조각의 예술성에서 전통문화의 정화(精華)를 이루는 유산이다. 여기서 불국사의 건축양식에 나타난 상징적 의미는 이 땅에 이상(理想)의 복지(福地)인 불국(佛國)을 세우는 것이다. 세속의 세계로부터 33천(天)을 의미하는 계단인 청운교(靑雲橋)와 백운교(白雲橋)를 올라 자하문(紫霞門)을 거쳐 다보여래(多寶如來)와 석가여래(釋迦如來)가 현신(顯身)하고 있는 대웅전(大雄殿) 뜰의 사바세계 불국(娑婆世界佛國)으로 오르거나, 칠보교(七寶橋)와 연화교(蓮華橋)를 올라 안양문(安養門)을 거쳐 아미타여래(阿彌陀如來)가 주재하는 극락전(極樂殿) 뜰의 극락세계불국(極樂世界佛國)으로 오르게 되며, 한층 깊이 비로전(毘盧殿) 뜰에 베풀어진 연화장세계불국(蓮華藏世界佛國)에까지 나아가게 되는 것이다. 이것은 신라의 불교신앙이 호국불교이기에 앞서, 이 땅을 불국(佛國)의 복지(福地)로 믿는 불국토신앙(佛國土信仰)인 것이다. 이것이 바로 한국민족의 뿌리 깊은 자기긍정이요, 자존의식(自尊意識)의 한 표현이라 할 수 있다. 맹자도 "자포자(自暴者)는 함께 말을 할 수 없고 자기자(自棄者)는 함께 일을 할 수 없다" 하였거니와 진실로 자긍·자존의 정신이 없다면 이상의 설계도 불가능하고 실현도 불가능할 것이다. 그러나 우리 민족은 그 뿌리에서 우리의 땅을 신성시하고 우리의 것을 사랑하는 긍지를 지켜왔던 것이다.

이 자존의 긍지가 민족의 신앙으로 뿌리를 내림으로써 우리 민족은 온갖 역경을 뚫고 나가면서도 결코 좌절하지 않았던 것이요, 이것이 최남선(崔南善)이 지적한 것처럼 조선역사의 특점(特點)으로 연면성(連綿性)과 강인성(强靭性)과 목적성(目的性)을 이루게 하였고 낙천적 민족성을 길러 내었다고 볼 수 있다.

또한 우리의 역사는 앞으로도 끊임없이 바로 이 국토를 세계의 중심이자, 축복된 땅으로 구현하려는 신념과 도전으로 이루어질 것임을 내다볼 수가 있게 된다.

2) 사직(社稷)—자주(自主)의 논리

우리 민족이 이 땅을 사랑하고 또 그 나라를 지켜왔던 것은 민족의
신앙이면서 동시에 투쟁으로서 나타나고 있다. 대륙과 일본열도의 가운
데 위치한 한반도에는 유사(有史)이래 주변국가들의 충돌로 인한 위협
이 그칠 날이 없었다. 이러한 상황 속에 민족의 역사와 전통을 지켜올
수 있었던 힘은 안으로 민족의 일체감을 다지고 밖으로 외교관계의 지
혜로운 운영으로써 이루어진 강인성(强靭性)과 유연성(柔軟性)의 결합
에서 찾을 수 있다.

중국대륙의 강대한 국력과 마주하여 우리의 민족국가를 보존하기 위
해 일찍부터 한편으로는 중국의 우월한 문물을 수입하여 우리의 문화
를 계발하고 국력을 기르면서 동시에 우리 자신의 고유성을 유지하는
전통을 창조하였다.

신라는 가무유렵(歌舞遊獵)하는 전통적인 풍류도(風流道)에 충효(忠
孝)의 유교적 윤리와 무위자연(無爲自然)의 도가적(道家的) 이상과 행
선피악(行善避惡)의 불교적 교화(敎化)를 포용함으로써 화랑(花郞)정
신이라는 삼국통일의 국민정신을 함양하였던 것이다. 다른 한편으로는
대륙의 무력위협을 외교적 친선으로 무마하거나 또는 저항적 투쟁을
전개하였다.

고구려가 수(隋)와 당(唐)의 양조(兩朝)에 걸친 침략을 받으면서도
이를 물리쳐서 대군(大軍)을 괴멸시켰던 것은 한국민족의 투지가 얼마
나 강인한 것인가를 뚜렷이 역사에 새겨 놓았던 기념비이다. 이러한 국
토수호를 위한 투지는 거란과 몽고의 침입 속에서 고려에 계승되었고
일본과 청(淸)의 침입 속에서 조선에 계승되었다.

한말(韓末) 일제(日帝)의 근대적 무력에 의한 침략정책에 부딪쳤어

도 고구려의 대수당(對隋唐) 항전투지를 다시 살려내려는 각성이 강하게 재연되었던 사실을 한말(韓末) 의리학파의 한 사람인 김평묵(金平默)에서도 생생하게 엿볼 수 있다. 그러나 대륙에 대한 투쟁과 도전으로만 일관하였던 주변민족들은 거의 중국에 병합되어 마침내 멸망하였지만 한국민족은 외교적인 지혜를 발휘하여 중국의 역대왕조로부터 자주권(自主權)을 공인받을 뿐 아니라 보호를 받을 수 있었다. 신라가 삼국을 통일한 것은 국민의지와 국력(國力)도 있었지만 대당(對唐)외교의 성공에 결정적으로 힘입었던 것이며, 임진왜란에 국토를 지켰던 것도 조선왕조의 대명(對明)외교를 통해서 가능한 것이었다.

동아세아의 국제관계 속에서 우리 민족이 유지해왔던 외교정책은 사대교린(事大交鄰)의 입장이다. 중국에 대한 사대외교는 강대국에 인접하고 있는 지정학적(地政學的) 현실 속에서 우리 민족의 자주성을 유지하기 위한 수단적인 것이었음은 말할 것도 없다. 따라서 사대(事大)는 자주(自主)와 모순된 것이 아니라 상보적(相補的)인 것이었다.

신라가 당(唐)에 대한 사대외교를 통하여 백제와 고구려를 정복하였지만 당이 한반도를 통치하려는 태도를 드러내자 다시 당에 대한 항전을 하여 국토통일을 성취하였다. 그리고 나서는 다시 사대외교관계를 회복하여 평화적인 방법으로 자주권(自主權)을 확보하였던 것이다. 조선왕조에서도 만주족과 중국대륙의 명(明)이 상쟁(相爭)하는 틈에서 광해군(光海君)의 중립외교로 안전을 유지하다가 국제정세를 잘못 파악한 인조(仁祖) 때의 배금정책(排金政策)으로 두 차례 호란(胡亂)을 겪었다. 그러나 신흥 청조(淸朝)에 사대(事大)의 예(禮)를 취하면서도 항복의 치욕을 씻기 위한 북벌론(北伐論)이 효종(孝宗) 이후 강렬하게 일어나 사대외교와 복속관계가 결코 일치하지 않음을 보여주고 있다. 더욱이 실학파의 사상가들은 홍대용(洪大容)의 「역외춘추론」(域外春秋

論)에서처럼 화이론(華夷論)에 대한 비판적 반성을 가하였다. 중국만이 화(華)가 아니라 우리 민족도 문화적으로 동등한 화(華)를 내세울 수 있음을 강조함으로써, 중국에 대해 사대(事大)의 외교관계 아래서도 정치적 자주권뿐만 아니라 문화적 자주성을 주장하기에 이르렀던 것이다.

강대국에 대한 외교정책인 사대(事大)와 국토의 수호신이요 국가의 상징인 사직(社稷)의 양자는 사대가 사직의 안전을 위한 수단이라는 관계에서 또는 사직이 사대에 우선한다는 비중의 평가에서, 언제나 지혜로 운영을 해왔던 정치문화의 전통이 바로 우리의 민족역사를 지켜주는 이념이 되어왔다.

3) 절의(節義) ─ 민족의 정기(正氣)

사생취의(捨生取義)란 생명을 버리면서도 지켜야 할 그 무엇이 있다면 그것이 의리(義理)라는 것이다. 의리를 위해 남자는 충절(忠節)을, 여자는 정절(貞節)을 지키는 것이 바로 우리 민족에 깊이 뿌리내린 기상(氣象)이요 정기(正氣)이다.

충담사(忠談師)는 기파랑(耆婆郞)이라는 화랑을 찬미하는 사뇌가(詞腦歌)에서,

> "일오천(逸烏川) 조약돌이
> 랑(郞)의 지니신 마음 갓을 좇고자,
> 아—잣[栢]가지 높아
> 서리[霜] 모를 꽃판[花判]이여"

라고 노래하고 있다. 잣나무처럼 높고 서리보다 매서운 굳은 절개는 수

난을 이겨내는 우리 민족의 이상적 인간상이었음에 틀림없다. 의(義)는 인간의 본능적 욕구인 이(利)를 넘어서서 더욱 가치를 실현할 수 있는 정신의 바탕이다.

화랑도의 한 사람인 김흠운(金歆運)은 전쟁터에서 백제군사의 기습을 받아 모두 도망하게 되었을 때 "이름 없이 죽지 말라"는 권유를 받고서 "대장부가 이미 나라에 몸을 맡겼거늘 사람이 알거나 모르거나 마찬가지다. 어찌 감히 이름을 구하겠는가"라고 하며 싸우다 전사하였다. 그는 공명심(功名心)을 벗어나서 생명을 바쳐 절의를 지켰던 것이다. 김흠춘(金欽春)도 황산(黃山)전투에서 그의 아들 반굴(盤屈)에게 "신하로서는 충성이 가장 중하고 자식으로서는 효도가 가장 중하다. 위급한 때를 당하여 목숨을 버릴 수 있다면 충성과 효도를 아울러 이룰 수 있다"고 훈계하니 반굴이 적진에 뛰어들어 전사하였다. 충성과 효도는 유교의 기본덕목이면서 한국인의 전통 깊은 실천윤리였다. 그러나 이러한 충효의 덕목도 현실 속에는 대립과 갈등을 일으키는 경우가 없지 않다. 여기서 생명을 버리면서 추구하는 의리를 실현할 때에 충성과 효도가 더욱 높은 경지에서 완성된다는 파악은 바로 한국민족의 정기(正氣)가 의리라는 더욱 근원적이고 숭고한 가치를 지향하고 있음을 보여주는 것이다.

정몽주가 고려왕조를 위해 지킨 충절은 조선왕조도 이를 높이 추장(推奬)하였던 것이요, 세조(世祖)의 왕위찬탈에 대하여 단종(端宗)을 위해 절의를 지킨 사육신 또는 생육신을 후세에 기리는 것도 그 정신이 권력이나 이익에 동요됨이 없이 정통을 수호하려는 의리를 지켰다는 데 있다. 불의와 타협하지 않는 민족의 정기는 부당한 외침을 당하였을 때 민중 속에서 언제나 의(義)를 주창하여 의병을 일으켰던 것이다. 임진왜란 때의 의병이나 한말의 의병이 전국에서 일어날 수 있었던

것은 정의를 통해서만 민중을 결속시킬 수 있다는 사실과 의리의 신념
은 무한한 용맹을 불러일으킬 수 있다는 사실을 민족역사를 통하여 여
실히 보여주고 있다.

병자호란 때 척화론(斥和論)을 주장하던 3학사의 한 사람인 홍익한
(洪翼漢)은 심양(瀋陽)에 붙잡혀 가서 청태종(淸太宗)의 심문을 받는
자리에서 청태종이 대세와 이해로 회유를 하고자 하였으나 그는 "내가
지키는 것은 대의(大義)일 따름이니 성패와 존망은 논할 것 없다"라고
하여 죽음으로써 의리의 신념을 지켰다. 북벌(北伐)정책을 추진하던 효
종(孝宗)도 송시열(宋時烈)에게 "나는 북벌의 이 일을 내 재주로 처리
할 수 있다고 생각하는 것이 아니다. 다만 천리(天理)와 인심(人心)이
그만둘 수 없는 것으로써 하게 되는 것이다"라고 그의 필연적인 신념
을 밝히고 있다. 국가의 운명을 걸고 청나라를 공격하겠다는 대사(大
事)를 계획하는 마당에서 현실적인 타당성만을 헤아리는 것이 아니라
의리에 마땅한 것이기에 하지 않을 수 없다는 신념은 진실로 민족정신
의 광명정대한 기상을 뚜렷이 제시하는 것이라 하겠다.

4) 인도(人道)－민족정신의 바탕

우리의 민족정신이 형성된 바탕에는 티 없는 맑음과 밝음이 깃들어
있으며 강한 긍정과 힘이 함축되어 있음을 볼 수 있다. 우리 민족이 좋
아하는 빛깔이 있다면 흰빛이라고 쉽게 동의하게 된 것은 백의민족이
라 불릴 만큼 흰 빛깔의 옷을 즐겨 입었기 때문이다. 흰 빛깔은 어둠이
나 비관의 그림자를 찾아볼 수 없는 밝음과 낙관의 상징이다.

인류의 여러 사상적 갈래에서는 인간의 본질을 이해하는 관점이 서

로 다르다. 인도의 사상처럼 생명을 비관적으로 파악하는 입장도 있고, 유태의 전통처럼 선과 악의 갈등하는 존재로 파악하는 입장도 있다. 그러나 우리 민족의 전통은 인간 그 자체를 전적으로 긍정하며 이상화하고 있는 것이다. 단군신화에서는 하느님의 아들이 인간세상을 탐내어 하강하였고, 곰은 사람이 되기를 기원하여 여자가 되었다고 하였다. 단군은 곧 하늘과 땅이 결합되어 사람으로 태어난 우리의 시조요, 우리 민족의 이상적 인간상이다. 따라서 우리 민족의 인간관은 생명을 전적인 축복으로 파악하고 있음을 보게 된다.

신라의 불교문화가 융성하던 시기에 원효(元曉)대사는 무애(無碍)라 이름붙인 바가지를 두드리며 수많은 촌락을 돌아다니면서 노래하고 춤추는 가운데 대중을 교화하였다 한다. 이러한 전교방법은 어려운 수행이 대중에게 적합하지 않기 때문이기도 하지만 동시에 불교교리도 염세적인 분위기가 아니라 낙천적인 즐거움의 분위기 속에서 받아들일 수 있는 우리 민족의 심성(心性)을 파악하는 데서 계발된 것이라 할 수 있다.

인간에 대한 긍정적이고 적극적인 관심은 유교사상의 수용과 더불어 더욱 깊어졌다. 삼국시대 이래 충(忠)·효(孝)·열(烈)의 정신은 국민정신으로 일반화되었다. 세종대왕은 훈민정음의 창제와 더불어 「삼강행실도」(三綱行實圖)를 편찬하게 하여 효자·충신·열녀의 일화를 그림과 함께 훈민정음으로 해설을 담아 국민교육의 교재로 간행하였다. 더 나아가 조선시대에 주자학의 발전과정에서, 특히 퇴계(退溪)와 기대승(奇大升)의 사단칠정논변(四端七情論辯)을 거치면서 태극이기론(太極理氣論)의 자연철학적 방면보다 심성이기론(心性理氣論)의 인간학적 방면을 중심과제로서 깊이 강구하여 한 특징을 이루게 되었다. 그것은 우리 민족의 정신적 바탕이 인간을 지향하고 있다는 사실을 다시 한번 입증해 주는 것이다. 19세기에 들어와서 동학(東學)이 민중신앙으로 발전하는 과정에서도 그 교리 속에 '인내천'(人乃天) 또는 '사인여천'(事人如天)을 내세운 것은 바로 우리 민족의 심성을 단적으로 표출하였던 것이라 할 수 있다.

오늘에 와서 물질문명이 극도로 발달하고 이데올로기의 대립이 우리의 목전에 절박하지만 우리 민족의 정신문화적 전통이 인간의 근원적 본성에 대한 긍정적 신념을 바탕으로 하고 있는 만큼 결코 기계문명이나 이데올로기 속에 인간을 파괴하고 상실시키는 자기부정에 빠지지는 않을 것이다. 오히려 우리의 전통문화가 현대의 상황 속에 재창조된다면 그것은 인간긍정의 인도적 사상의 방향을 열어줄 것이요, 또한 여기에 장래가 있어서 인간운명의 구원을 가능하게 하는 인류역사의 미래적 방향을 제시해줄 수 있을 것으로 기대한다.

한국인의 유교적 의식과 생활

1) 유교와 한국인

우리가 중국문화권 안에서 살아왔고 우리의 문자생활이 한자에서 출발하였다면, 이 사실은 유교의 뿌리가 우리 역사 속에 얼마나 깊고 오래된 것인가를 말해주는 것이다. 1,600년 전 고구려 소수림왕 때 태학이 세워졌다 하니 유교경전을 학교에서 가르친 기간도 또한 오래된 것이다. 이렇게 해묵은 사상이 되고 보면 우리의 생각하는 틀에서부터 행동하는 형태에 이르기까지 유교가 녹아들어 있지 않은 곳이 없을 것이다.

그러나 100년 전에 문을 열어 서양문물을 받아들이면서 세상풍속과 인심이 놀랍게 많이 변했다. 가히 천지개벽이요, 신천지라 할 만하다. 먹고, 입고, 자고, 말하고, 배우는 데 서양 것이 파고들어 가지 않은 곳이 없다.

이런 틈바구니에서 지금 우리 속에 유교적인 것이 무엇이 있는가 한번 음미해본다는 것은 가지 끝에 핀 꽃송이에 도취된 시선을 돌려 그 뿌리와 나무를 살펴보는 만큼이나 우리 자신을 전체적으로 이해하는 뜻을 지닌다고 하겠다.

2) 한국인의 유교적 의식구조

먼저 우리의 의식구조 속에 유교적 바탕이 어떻게 자리잡고 있는가를 보자. 우리는 타고난 성품이 무척 낙관적이다. 우리는 크게 죄지은 일이 없고 또 착하게 살아왔다고 믿는다. 따라서 하늘이 두려울 까닭이 없다. 오히려 하늘은 나와 별 차이가 없다고 생각할 수도 있다. 유교에서 하는 생각처럼 사람의 성품[人性]은 하늘의 성품[天性]과 같은 말이다. 사람의 마음[心]을 하느님[天君]이라고도 부른다. 좀 깊은 뜻에서 보면 사람의 도리[人道]는 하늘의 도리[天道]와 일치하는 것이다. 어쩌면 우리는 너무 하늘과 친하기에 하늘을 잘 부르지도 않을 만큼 잊고 지내는지도 모른다.

기독교가 전파되어 있지만 우리의 생각에는 우리 손으로 하느님을 못 박아 죽였다는 끔찍한 일이 그렇게 실감되지는 않는 것 같다. 십자가만 보면 죄지은 생각이 나는 게 아니라 복을 주는 힘으로 생각하는 게 우리의 일반적인 태도이다. 사람과 하늘을 그렇게 멀리 떼어 놓지 않고 저절로 어울려져 살아가는 삶에는 유교적 생각의 바탕이 자리잡고 있다고 꼬집어 말해도 괜찮을 것 같다.

또 하나, 우리는 그저 '우리'라는 말로써 편안하게 느낀다. '나'니 '너'니 심하게 가르면 왠지 서먹서먹하고 거북해진다. 소유와 소속을 분명히 해야 한다는 생각이 아직도 제대로 안 되고 있는 것 같다. 내가 먹은 만큼 내가 지불한다는 생각은 그만큼 나의 경계가 명백한 것이고, 어쩌면 그만큼 고립되는 것인지 모르겠다. "개성미가 넘친다"는 말의 끄는 힘보다 "모난 돌이 정 맞는다"는 말의 누르는 힘이 더 강한 것 같다.

'우리'라는 세계가 실감이 되는 것은 나와 남이 다르지 않다는 생각을 바탕으로 한다. 유교에서는 나를 내세우는 것은 '사'(私)라 하고 모두가 똑같은 것을 '공'(公)이라 하여 '공'을 좋은 것으로 '사'를 나쁜 것으로 보았다. 사람이 제각기 다르게 타고 나는 것을 가볍게 여기고 똑같이 타고 나는 것을 소중히 여기는 유교의 가르침은 우리로 하여금 모질지 않고 둥글게 살도록 훈련시켜왔다.

3) 우리가 지닌 가정의 의미

우리가 사는 생활의 틀에는 가정이 무척 중요한 의미를 갖는다. 가정은 부부와 자녀로 이루어져 있다. 그런데 유교의 전통에서는 가정이 곧 나라요, 우주와 같은 구조를 갖는 것으로 이해된다. 임금은 아버지와 같고 백성은 자녀와 같은 것이요, 아버지는 하늘과 같고 어머니는 땅과 같은 것이라 한다. 그렇다면 가정은 작은 국가요, 우주는 큰 가정이다. 가정을 떠난 사람은 국적을 잃은 백성이요, 우주의 미아(迷兒)라 할 수 있다.

우리의 가정은 나의 것이 아니다. 그저 우리 가정이다. 내 가정이라면 내가 깰 수도 있고 만들 수도 있지만 우리 가정은 내 마음대로 되는 것이 아니다. 조상 대대로 이어온 것이요, 자손 대대로 이어갈 것이다. 우리가 '근본이 있는 사람'이란 말을 들을 때 한 개인에 대한 평가에서 그 가정이란 배경이 얼마나 중요시되고 있는지 절실히 느낄 수 있다. 이미 우리들의 가정이란 말에는 시조(始祖)부터 시작하여 모든 조상이 함께 있는 것이다.

유교적 생각에 따르면 결혼의 가장 중요한 의미는 '조상을 받들고 자손을 이어가는 것'[奉祭祀, 繼後嗣]이다. 우리의 생활태도 속에 가문과 혈통의 연속을 얼마나 소중하게 여기는가를 보면 얼마나 유교적인지를 알 수 있다고 하겠다.

자녀와 부모의 가정적 윤리규범은 가정 안의 일로 그치는 것이 아니라 사회적 의미까지 지니는 것이다. 부모의 자녀에 대한 헌신적 사랑은 우리의 생활 속에 너무나 자연스러운 현상이다. 자녀의 성공여부가 부모자신의 삶의 성패요 의미로까지 인정되는 경우를 흔히 볼 수 있다. 그것은 본능 이상의 유교적 가족의식에 연결되어 있는 것이다. 자녀가 부모에 대해 가져야 할 의무로서 효도는 유교교훈의 핵심이 된다. 효도는 바로 사람으로서 사람됨의 기본조건이기도 하다. 부모에 대한 순종·봉사·존경은 또한 가정을 더욱 가치 있고 긴밀한 조직으로 만드는 방법이기도 하다. 오늘에서 우리가 효도를 강조하게 되는 것은 우리의 사회질서도 가정의 화목과 안정 없이는 불가능하다는 유교적 바탕 때문이라고도 생각해 볼 수 있다.

4) 국가의 유교적 성격

해방과 더불어 민주주의가 최고의 사회규범이 되고 개인의 자유가 근본적 가치로 강조되었다. 그러나 어느 것도 성공적으로 실현되는 데는 어려움이 많이 남아있는 것 같다. 백성은 종 없는 주인이고 자유는 정신 속에서 마음껏 향유될 수 있다. 오랜 유교의 전통에서는 민주주의란 말이 그대로 이해되기 어렵지만 오히려 민본주의라면 아주 쉽게 이해된다.

　백성이 근본이란 생각은 누가 권력의 주인이냐를 따지는 것이 아니라 국가에서 통치자와 백성은 어떤 역할을 해야 할 것인가에 관심을 갖는 것이다. 부모처럼 헌신하고 보살펴주는 국가와 자녀처럼 순응하며 신뢰하는 백성의 관계가 유교전통의 정치이상이었다. 뿌리처럼 땅속에 묻혀 열심히 물과 영양소를 흡수하여 줄기와 가지에 공급하는 유교적 백성의 모습을 우리 자신 속에서 본다. 국가를 위해 무엇을 할까부터 생각하는 충성스러운 백성은 유교적임에 틀림없을 것이다.

　유교의 사회적 가치의식은 '의리'라는 한마디로 나타낼 수 있다. 이기적 동기를 경멸하고 신의를 존중하는 것은 유교적 사회생활의 전통이요 규범이다. '의리 없다'는 비난은 우리의 생활 속에서는 가장 마음 아픈 충격이 된다. 자신의 이익을 돌보지 않고 체면과 신의를 존중하는 태도는 바로 우리의 생활형태요 동시에 우리국가의 역사적 전통이었다. 변함없는 충실한 맹방으로 남아 있고 또 앞으로 남아 있을 우리국가는 곧 국제사회에서 끝까지 의리를 지키는 국가일 것이다.

5) 유교가 우리에게 줄 수 있는 것

　유교가 우리역사에 오랜 전통의 뿌리를 내렸고 또 현재에서도 광범한 바탕을 이루고 있다는 사실을 음미한다는 것은 의미 있는 일이다. 그러나 더욱 중요한 것은 전통사회에서뿐만 아니라 오늘날에도 유교가 어떻게 긍정적인 기능을 발휘하고 있는가라는 문제일 것이다.

　유교사상이 우리에게 현재와 장래에서 가장 큰 의미를 가진 것은 이 세계와 인간에 대해 결코 좌절할 수 없는 근원적인 긍정을 하고 희망을 심는 철학이 유교와 더불어 우리와 함께 있다는 사실이다. 유교의

인도사상은 물질적 풍요와 기계문명 속에서 더욱 왜소해가고 상실되어
가는 인간성을 항상 새로이 가장 깊은 의미에서 일깨워 주는 사상으로
서, 우리가 요구하는 것이요 또한 우리 속에서 우리의 관심을 기다리고
있는 것이라 생각해 본다.

인간의 추구와 인간의 실현

1) 인간의 추구

물론 사람이 해낸 생각이지만, 사람으로 태어난다는 사실이 이미 일종의 축복이라는 믿음은 널리 퍼져 있다. 그러나 때로는 살아가는 데 온갖 고통과 고뇌가 따르는 현실을 경험하고는, 인생을 죄악과 허무에 더럽혀진 비극적인 것으로 주장하기도 한다. 그런데 한국인의 뿌리 깊은 정신 속에는 사람으로 태어나고 사람이 되는 것을 축복 이상의 것, 즉 이 세계의 궁극적 목적이요 의미라는 신념이 깃들어 있음을 엿보게 된다.

우리의 정신적 고향인 「단군신화」 속에는 하느님(恒因)의 아들(桓雄)이 항상 인간세상을 탐내었고[貪求人世] 하느님도 마침내 자기 아들을 인간세계로 내려 보냈다는 이야기가 있다. 하느님이 인간을 창조했다는 창조 신화가 없다고 우리의 신화에 어떤 결함이 있는 것은 아니다. 오히려 하느님의 세계와 동시적으로 인간의 세계를 얘기하고 있는 점에서 「단군신화」에 담긴 우리의 인간관이 지닌 깊은 뜻과 그 특징을 이해할 수 있는 것이다. 더구나 인간이 하느님을 찾기 이전에 하느님의 아들이 인간세계를 부러워하고 인간세계로 찾아오게 되는 사실은, 하늘이 인간을 지향한다는 하늘과 인간 사이의 관계에 대한 하나의 도식을 표현한다고 하겠다. 여기에 더하여 곰과 호랑이가 항상 하느님 아들에게 사람이 되고 싶다[願化爲人]고 빌어서 어려운 시련을 겪고 난 뒤에야 곰이 여인의 몸을 얻었다. 곰이나 호랑이는 이 대지 위에 살고 있는 존재요, 동물일 뿐 아니라 이 대지를 대표하고 상징하는 것이라 볼 수 있다. 그렇다면 대지도 인간을 지향한다는 관계의 형식을 지니는 것이다. 결국 하늘과 대지와 인간[天·地·人]의 근원적인 세 가지 존재형식 사이에 하늘과 대지는 인간을 정점으로 지향하고 있으며, 인간을 통하여 서로 만나게 되는 구조를 가진 것으로 설명될 수 있다. 이처럼 우리의 「단군신화」보다 더 인간의 지위를 높이고 인간의 의미를 깊게 하는 사상도 흔치 않을 것이다. 한 가지 덧붙여 생각해 보면 곰과 호랑이가 함께 인간이 되고자 하였으나, 굴속의 어두움과 굶주림을 참아낸 곰만이 인간이 되고 그렇지 못한 호랑이는 인간이 될 수 없었다는 이야기에서, 우리는 인간이 된다는 것은 저절로 얻어지는 것이 아니라 간절한 기원과 노력으로만 통과할 수 있는 관문이 있음을 말하는 것이요, 또한 인간이 되고자 하여도 되지 못하는 실패의 경우가 있음을 말하는 것임을 이해할 수 있다.

나는 분명히 인간으로 태어났다. 그러나 자연적 생명만으로 충분히 인간이 되었다고 할 수 있을까? 인간으로 태어난 내가 정말 인간이 되기 위해서 또 무슨 결단과 실천의 노력이 필요하단 말인가? 나 자신의 어떤 노력 없이는 나도 진정한 인간이 못 되고 말 수도 있는가?

　　유교의 전통과 사상 속에서는 인간에 대한 관심이 너무나 깊이 꿰뚫어져 있다. 유(儒)라는 글자에 이미 인(人)이라는 글을 내포하고 있다. 공자의 근본사상을 인(仁)이라 할 때 그 글자 속에도 인(人)이 들어 있다. 진리를 뜻하는 유교의 용어인 도(道)에도 사람의 머리[首]와 사람의 걸음[辵]이 들어 있다. "진리란 사람에게서 떨어져 있을 수 없고, 사람에게서 떨어질 수 있는 진리란 이미 진리가 아니다"<中庸>라 하였고, "사람이 진리를 넓히는 것이요, 진리가 사람을 넓히는 것이 아니다"<論語>라 하였다. 진리가 인간의 위에 있는 것이 아니라 인간의 속에서 말미암은 것이라 한다면 인간이 진리 위에 있음을 주장하는 것은 바로 유교의 기본입장이다. 그것은 「단군신화」의 정신과 마찬가지로서, 인간의 오만함을 조장하고 인간 본위의 사상을 드러내는 것이 아니라, 인간의 의미와 가치를 무궁한 깊이에서 발견하는 것이다. 이런 뜻에서 유교는 사람이 사람 되고자 하는 사상이요, 곧 인간을 추구하는 태도에서 출발하고 있는 것이라 볼 수 있다.

2) 수도(修道) – 학문의 이상

　　신라시대의 인물인 강수(强首)는 그의 아버지가 "너는 불교를 배우겠느냐 유교를 배우겠느냐"고 물었을 때 "제가 듣건대 불교는 세상을 벗어나는 가르침이요, 저는 사람들 사이의 한 사람이니 어찌 불교를 배우겠습니까. 유교의 도리를 배우고자 하나이다"라고 대답했다는 이야기가 「삼국사기·열전」에 실려 있다. 강수가 유교를 배우겠다는 이유는 자신이 이 세상의 인간이라는 자각과 그 인간으로서의 역할을 추구하겠다는 결단에서 찾아볼 수 있다. 유교를 선택하는 이유를 적절하게 제시해 주는 말이다.

유교경전의 하나인 「대학」(大學)은 대인(大人)이 되는 학문의 내용과 방법을 설명하고 있다. 대인이란 완전한 인격을 실현한 인간의 이상적 모습이다. 「주역」(周易)에서 설명하고 있는 대인(大人)의 성격은 "천지와 더불어 덕이 합치되고, 일월과 더불어 밝음이 합치되고, 사시(四時)와 더불어 질서가 합치되고, 귀신과 더불어 길흉이 합치되고, 하늘에 앞서 가면 하늘도 어기지 않고 하늘을 뒤따르면 천시(天時)를 받드는" 인간이다. 이러한 이상적인 완전한 인간이 「대학」을 통해 추구해야 할 인간의 목표로 제시되어 있다. 이 대인은 성인이요 또 각자(覺者)이다. 그것은 모든 인간이 도달하기에는 너무나 높고 또 어려운 이상일지 모르겠다. 그러나 유교에서는 모든 사람이 이러한 이상적 인간을 추구하도록 요구하고 또 그것이 가능하다는 신념을 내세운다. 공자의 제자인 안연은 "순임금은 어떤 사람이고 나는 어떤 사람인가"라고 하였던 말은 모든 사람이 성인과 본질적으로 다름이 없다는 확신을 표현한 것이다. 우리나라의 율곡은 19세 때 자경문(自警文)을 지었는데 그 첫 조목에서 "먼저 모름지기 뜻을 크게 할 것이니, 성인으로 표준을 삼아 털끝만큼이라도 성인에 못 미치면 나의 일은 끝나지 않는다"라 하여 자신의 목표를 성인이 되는 데 두었다. 유교의 모든 사람이 학문하는 목표를 대인과 성인에 둔다는 것은 모든 유교인이 대인이나 성인이 되었다는 말은 아니지만 그 추구하는 바가 무엇인가를 단적으로 밝혀주는 것이다.

「대학」은 대인이 되기 위한 학문의 기본과제와 방법을 제시하고 있다. '밝은 덕을 밝히고'[明明德]·'백성을 사랑하고'[親民]·'지극한 선에 머무른다'[止於至善]는 이른바 삼강령(三綱領)은 인간완성의 근본과제이다. 지선(至善)의 경지는 인격의 완성을 지시하는 하나의 이상이지만,

동시에 이상으로 그치는 것이 아니라 누구나 추구해야 할 마땅한 과제인 것이다. 현실적으로는 이 지선(至善)의 이상에 도달한 사람이 흔하지는 않다. 그러나 완전한 인격의 높은 이상을 제시하고, 이를 실현하려는 방법의 탐구와 실천의 노력이 추구됨으로써 유교 사회의 인격을 개발하는 데 중대한 기여를 할 수 있다.

인간이 덕을 밝히고 인격을 성취시켜 이웃에도 그 덕을 발휘할 수 있기 위해서 유교는 나름의 독특한 방법과 이념을 제시하고 있다. 공자가 일관하여 실천하고, 밝혔던 진리에의 길을 '충'(忠)과 '서'(恕)라 규정한다. '충'은 자기의 내면적 인격을 발휘하는 것이고 '서'는 자기를 미루어 다른 사람으로까지 확대시키는 것이다. 따라서 개인의 인격 완성에서 출발하여 사회적인 도덕 질서를 실현하는 데로 나아가는 방법적 단계가 설정되고 있다. 그리고 이상에 이르는 과정에는 결코 비약이 허용되지 않으며 한 걸음씩 단계적인 성장만이 인정된다. 높은 산을 오를 때 낮은 곳에서 출발하듯, 먼 곳을 갈 때 바로 이 자리에서 출발하듯, 비근한 데서 출발하는 것 그 자체가 유교의 도이요, 진리의 성격이다.

유교에서 강조하는 이념과 이상이 인간의 완성이요, 그 방법과 과정이 점진적인 성장이라 한다면 이 방법을 통하여 그 이상에 도달하기 위한 인간의 주체적 활동이 바로 배움(學)이다. 공자는 자신의 인격적 성장과정을 서술하면서 "15세 때 배움에 뜻을 두었다"는 데에서 배우기 좋아하는 사실을 강조하고 자부하였으며, 「논어」의 첫머리도 "배우고 때로 익히면 기쁘지 않겠는가"라는 말로 시작하고 있는 데서 배움이 유교 속에서 얼마나 중요한 의미를 갖는지 엿볼 수 있다. 그런데 유교에서 말하는 배움 곧 학(學)은 지식의 체계라는 대상적인 것을 중요시하는 것이 아니라 깨달음이라는 주체적 내면성을 중요시한다. 배우고 나서 익힌다는 말의 익히는 것은 인격적으로 익히는 것 곧 성숙하는 것을 의미하고 있다. "배우고서 생각하지 않으면 얻음이 없다"<論語>는 말도 배움의 인격적 내면화를 강조하는 것이다. 따라서 배움은 지식으로 그치는 것이 아니라 필연적으로 행동에 실현되며, 또한 실천의 행동 속에서 배움이 이루어지는 '지식과 행동의 일체화'[知行並進・知行合一]가 존중되고 있다.

우리나라의 위대한 학자인 퇴계는 그의 배움을 위한 노력과 태도에서 깊은 존경을 받아 왔다. 그는 20세 때 「주역」을 공부하면서 침식을 잊고 몰두하였다가 평생토록 병을 얻으리만치 배움에 노력을 하였을 뿐 아니라, 「주자전서」(朱子全書)를 구하자 여름날에도 대문을 닫고 독서와 궁리에 열중하였다. 사람들이 더위에 탈이 날까 염려하자, 퇴계는 "이 책을 읽으면 속이 다 시원하여 저절로 서늘한 기운이 생겨서 더운 줄을 모르게 된다. 무슨 탈이 나겠는가"라 대답하였다. 여기서 퇴계의 배움의 태도는 진실로 "분발하여 몸을 잊고 즐거워하여 근심을 잊는다"는 공자의 정신세계에 들어 있음을 엿볼 수 있다.

임진왜란 때 순절(殉節)한 중봉(重峯) 조헌(趙憲)은 밭갈이 하면서도, 아궁이 불을 지피면서도, 말을 타고 여행하면서도, 책을 손에서 놓지 않고 독서에 전념하였던 인물이다. 길주에 귀양 갔을 때 전염병이 돌아 환자를 치료해 주면서, 시체가 둘러싸인 속에서도 독서를 그치지 않았다. 이러한 배움의 노력은 곧 '힘'[平生讀書之力]으로 나타나 국가가 위태로움을 당하자 '도'를 밝히고 '의'를 내세워, 도끼를 들고 대궐에 나가 생명을 내놓고 상소를 올렸던 것이며, 선비를 모아 의병을 조직하여 왜병과 싸우다 외롭게 죽었던 것이다. 학문과 배움을 출세의 방편이나 생활의 수단으로 삼는 것은 사실이지만, 그것은 과업(科業)이라 하여 경멸하는 태도가 진실한 유학자의 태도로 일반화되어 있었던 것을 잊어서는 안 될 것이다. 맹자가 "학문의 도리란 흩어지는 마음을 거두어들이는 것일 뿐"이라 언급한 것처럼 유교의 정신은 학문을 통하여 자기존재를 각성하고, 인격의 성장과 완성을 추구하는 데 있으며, 그것이 또한 유교사회의 참된 인간상의 한 특징이라 할 수 있다.

3) 행도(行道)─선비의 의리

조선 시대의 유교를 특징지어 규정한다면 도학이라 할 수 있다. 도학은 중국 송나라 때의 유학자들에 의해 체계화된 새로운 유교의 학풍으로서, 특히 주자에 의해 집대성되었기에 주자학이라 일컬어진다. 도학은 성리설을 통해 우주와 인간의 근원적 문제에 대한 철학적 탐구의 이론을 제시하고 있지만, 성리설의 이론 그것만으로 유교의 전체가 드러나는 것은 아니다. 오히려 이 본질의 이념을 실현하고 구체화시키는 데에서 유교의 생생한 면모를 볼 수 있는 것이다. 이렇게 실천을 중요시하는 유교의 특징은 그 이념의 이론체계에서보다도 바로 유교적 인격을 실현하려는 의지로 충만된 인간인 '선비'[士]의 모습에서 나타난다.

"뜻있는 선비와 어진 사람은 살기를 구하여 사람됨을 해치지 않으며, 목숨을 버려서라도 사람됨을 이룬다"는 공자의 말이나, "선비란 도량이 크고 굳세지 않으면 안 되니, 임무는 무겁고 길은 멀다. 사람됨을 자기 임무로 삼았으니 짐이 무겁지 않은가. 죽어야만 그치는 것이니 길이 멀지 않은가"라는 증자(曾子)의 말에서 의지와 행동의 인간으로서 선비의 성격을 엿볼 수 있다. 또한 맹자는 "천하에서 가장 넓은 집[仁]에 살고 천하에서 가장 바른 자리[禮]에 서며, 천하에게 가장 큰 길[義]을 걷되, 뜻을 얻으면 사람들과 더불어 함께 걷고 뜻을 얻지 못하면 홀로 그 길을 걸어서, 부귀도 그를 어지럽히지 못하고 빈천도 그 뜻을 옮기지 못하며, 위무(威武)도 그를 굽히지 못하나니 이를 대장부라고 한다"
라 하여 선비의 떳떳하고 굳센 모습을 대장부라 불렀다.

신라의 박 제상은 왕제(王弟)를 구출하러 적국에 가는 임무를 맡고
서 "신(臣)이 들으니 임금께 근심이 있으면 신하가 욕되고, 임금이 굴
욕을 당하면, 신하가 죽는다 하였습니다. 만약 일이 어려운지 쉬운지를
헤아려서 행동한다면 이를 충성스럽지 못하다 하고, 죽게 될지 살 수
있을지를 꾀한 다음에 행동한다면 이를 용감하지 못하다 합니다. 신
(臣)이 비록 부족하지만 명령을 받아 행하겠습니다"라 하여 임무가 어
렵고 쉬움을 상관하지 않고 결과가 죽게 될지 살지를 돌보지 않는 용
기 있고 충성스러운 행동을 하였다. 선덕여왕 때 신라의 죽죽(竹竹)도
하급 장교에 불과하였으나, 백제군과 전투에서 마지막까지 성을 지키다
순사(殉死)하였다. 동료가 항복을 하여 뒷날을 도모하자고 권유하였으
나 그는 "나의 아버지가 내 이름을 죽죽(竹竹)이라 지어준 것은 겨울
이 되어도 잎이 떨어지지 말라는 뜻이니, 어찌 죽기를 두려워하여 살아
서 항복하겠는가"라고 하여 의연한 태도를 지켰다. 여기서 삼국시대 인
물의 충과 효를 실현하는 신념과 행동을 살펴볼 수 있다. 실제로 전투
에서 보인 화랑들의 용맹은 유교이념의 실천이었던 것이다.

유교가 지향하는 인격의 인간을 '군자'라고도 흔히 표현하는데, 군자
의 대립 개념인 '소인'과 대조시켜 "군자는 의리에 밝고 소인은 이해에
밝다"라고 규정짓고 있다. 의리도 지키고 이익도 얻을 수 있다면 가장
바람직한 경우이겠으나, 현실적으로는 의리와 이익이 상반되고 모순을
이루는 경우가 많다. 특히 순조로운 환경이 아니라 어려운 상황에서는
더욱 의리와 이익은 양립하기가 어려워진다. 봄과 여름의 따뜻한 기후
에는 모든 나무들이 푸르지만 가을과 겨울의 차가운 날씨에서는 상록
수만이 푸른 잎을 지키고 있다. 공자도 "날씨가 차가워진 다음에야 소

나무와 잣나무가 잎이 늦게 지는 것을 알게 된다"라 술회하고 있지만, 사회가 혼잡하고 위태로운 상황에서 의지를 지키는 군자 내지 선비의 모습이 더욱 뚜렷이 나타난다.

고려왕조가 망할 때 정몽주는 생명보다 왕조의 정통성을 소중히 여겼기에 "백골이 진토 되어 넋이라도 있고 없고, 임 향한 일편단심이야 가실 줄이 있으랴"라 노래하였던 것이다. 마침내 조선시대의 선배는 물론 정부에서도 큰 학자요 개국공신인 정도전이나 권근을 젖혀 두고, 정몽주와 길재를 충신으로 높이게 되었던 것은 정치적 이유를 넘어서 유교적 의리관에 따른 평가에 의한 것이다. 세조의 왕위 찬탈에 협조하고 많은 학문적 정치적 업적을 남긴 정인지와 신숙주를 경멸하고 단종의 정통성을 옹호하다 희생된 사육신을 길이 기념하는 것은 이들 사육신의 학문이나 업적에 있는 것이 아니요, 생명을 넘어서서 의리를 지켰던 정신의 숭고함에 있다. 이들의 충성은 특정한 군주 개인에게 바쳐진 것으로써 높여지는 것이 아니다. 폭군인 연산군이나 무도한 광해군을 위해 죽은 자를 충신으로 높이지는 않는다. 또한 조선시대 선현으로 문묘에 배향되었던 인물이 관직에 따라 선정된 것도 아니다. 그의 학문도 중요하지만 그의 행동이 의리에 부끄러움이 있다면 끊임없는 비난을 면할 수 없었던 것이다.

의리가 이익을 돌보지 않는 것이기에 더욱 어렵고 가치 있다. 평강공주는 공주의 귀한 신분으로 비천한 온달(溫達)을 찾아가서 "옛사람의 말에 한 말의 곡식도 방아 찧을 수 있고, 한 자의 베도 바느질할 수 있다 하였으니, 진실로 한마음이 된다면 하필 부유한 다음에 함께 살 수 있다고 하겠느냐"고 청혼하는 것은 귀천의 이해관계를 떠난 의리를 밝히고 있다. 또한 강수도 저명한 인물이 되기 전에 사귀었던 비천한 여자를 버리고, 훌륭한 가문의 여자와 혼인하라는 아버지의 엄명에 대해서 "가난하고 비천한 것이 부끄러운 것이 아니라, 도를 배우고서 실행하지 않는 것이 진실로 부끄러운 일입니다. 일찍이 옛사람의 말을 들으니, 함께 빈곤한 생활 속에 고생한 아내는 내칠 수 없고 가난하고, 비천할 때 사귄 친구는 잊을 수 없다 하니, 비천한 여자라고 버릴 수 없습니다"라고 신념을 밝혀 그의 부친을 설득하였다. 신의(信義)를 가볍게 여기고 이해에 쉽사리 동요되는 인격이라면, 그의 학문이 무엇이든 이를 부끄럽게 여기는 것이 바로 진정한 선비의 태도이었다.

나아가 국가에 있어서도 그 추구하는 바가 오직 자기 나라의 이익뿐이요 신의를 무시한다면, 유교적 행동에 배반되는 것이라 하겠다. 조선왕조 중종 때 북쪽 변경을 어지럽히는 야인 추장 속고내(速古乃)를 체포하기 위해 비밀히 군대를 파견하기로 어전회의에서 결정을 내리고 출병을 하려는 때에 정암(靜庵) 조광조의 반대로 계획이 취소된 일이 있다. 이때 조광조는 "만약 조정이 스스로 도적의 꾀를 행하여 재상을 보내어 몰래 습격하는 일을 행한다면 의리에 있어서 어떻게 되겠습니까"라 반문하고 당당한 국가가 정당하게 적을 문죄하여 토벌할 것이지 속임수를 써서는 안 된다고 반대한 것이다. 만주족의 청병(淸兵)이 병자호란을 일으켜 남한산성을 포위하자 국가의 존망이 걸려 있는 위급한 순간에 유신(儒臣)들 사이에 논쟁이 일어났다. 최명길(崔鳴吉)은 우선 항복하여 국가의 명맥을 보전하자는 입장이요, 김상헌은 불의의 침략자에게 굴복하느니 끝까지 싸워 나라와 함께 죽겠다는 입장이었다. 물론 그 상황에서 김상헌의 입장이 옳고 또 그렇게 되었어야 할 것이라고 단정하기는 어렵다.

그러나 김상헌과 3학사가 지켰던 의리는 존망의 이해를 넘어 천리의 정당함을 높이는 것이었고, 국가의 위기에 생명을 버릴 수 있는 이념을 실현하는 것이었다. 한말에 외국 세력, 특히 일본 제국주의의 침략에 저항했던 척사 위정론자(斥邪衛正論者)나 유림 의병(儒林義兵)은 비록 실패하고 말았지만, 끝내 항일 정신으로 꺼질 수 없는 민족정신 속에 계승되었다. 조선시대 유교는 그 의리정신의 발휘를 통해 또한 선비들의 강인한 의리의 실천을 통해 유교이념 그 자체와 더불어 실현되었던 것이다.

4) 풍화(風化)─사회의 조화

어느 시대에서나 그 시대 그 사회 나름의 풍속이 있다. 다만 어떤 경우에는 인간의 아름답고 착한 본성이 잘 드러나는 건전한 풍속을 이루고, 어떤 경우에는 인간의 교활하고 악한 욕망이 지배하는 퇴폐적 풍속을 이루게 된다. 모든 종교는 이러한 사회의 풍속을 성격지우고 이끌어 가려는 어떤 입장이나 방법을 제시하기 마련이다. 즉 종교는 풍속을 형성하는 데에도 작용하며 변화시키는 데에도 작용한다. 유교가 사회의 풍속에 관심을 가진 것은 뿌리 깊은 근거가 있다. 공자는 유교적 인격으로서 군자의 덕을 바람(風)에 견주었고 대중을 풀(草)에 견주었다. 바람이 순조롭게 불면 풀도 부드럽게 바람을 따라 기울어진다. 그러나 바람이 어지럽게 불면 풀은 따라서 어지럽게 흔들리게 된다. 그렇다면 풀이 안정되었는가 어지러운가는 바람의 태도가 순조로운가 아닌가에 따라 결정되는 것이요, 곧 민중의 풍속에 대해서는 군자가 그 책임을 져야 하는 것이다. 그것이 바로 교화의 기능이다.

유교의 교화기능은 유교적 도덕규범을 통하여 이루어진다. 교화기능을 크게 세 가지 측면으로 분석해 보면 질서와 균형과 조화라고 할 수 있을 것이다. 유교는 사회의 질서에 깊은 관심과 책임을 가졌고, 따라서 정치적 역할에도 스스로 깊이 관여하였던 것은 사실이다. 이 질서는 유교 도덕의 기본형식으로서 삼강(三綱) 또는 오륜(五倫)에 의해 추구되었다. 아버지와 아들, 임금과 신하, 남편과 아내 또는 어른과 아이, 친구들 사이를 구별하고, 각각에 그 역할을 규정해 주고 있다. 이렇게 인간관계를 분별하는 것은 섞여져 구별되지 않는 데서 오는 혼란을 극복하고 질서를 부여하기 위하여 필연적이라 생각한다. 그리고 이 구별은 더욱 엄격하게 세분화되고 있다.

친족 안에서 까다롭고 복잡한 친족 등급을 나누어 호칭을 구별할 뿐 아니라 경어의 사용에서도 세심한 배려를 한다. 사회 안에서는 신분계급이 상당히 세분화되었다. 봉건적 제도에 따라 천자·제후·대부·사(士)·서인의 오복제도(五服制度)가 있고, 시대에 따라 변형을 가지면서도 신분적 차별은 엄격히 유지되어 왔다. 특히 이러한 인간관계의 신분이 구별됨에 상응하는 예제(禮制)가 세분화되어 있어 의복·행동 절차 등을 구별하여 생활화시킴으로써 풍속을 형성시켰다.

그러나 이러한 구별의 목적이 사회적 질서를 유지하는 데 있는 만큼 그 정신은 사랑과 공경을 바탕으로 하는 것이기에, 서로 단절되고 대립하는 모순적 관계는 결코 아니다. 물론 부모가 자식을 억압하는 경우나, 양반이 서민을 수탈하는 폐단이 없었던 것은 아니지만, 그것은 유교적 교화의 기능이 마비되었을 때 나타난 타락상이다. 순조로운 교화가 이루어질 때에는 인간의 다양한 위치에 따른 각각의 분수와 역할은 안정될 수 있었다. 가정의 엄격한 법도는 아름다운 가풍(家風)을 이루었고, 사회의 예절 바른 행동은 우리 문화의 미풍양속이었던 것이다.

교화 기능의 두 번째 측면인 균형은 오늘에 있어서도 이상적 사회상이라 할 수 있다. 경제적으로 빈부의 격차가 심화되면 사회의 일체감이 깨뜨려지게 된다. 유교사회에서는 신분제도를 긍정하면서도, 경제적 균형을 항상 강조해 왔다. 인간이 인간답게 살기 위한 최소한도의 물질적 충족이 요구되는 것이다.

맹자는 "산 사람을 부양하고 죽은 사람을 장사지내는 데 아쉬움이 없도록 하는 것이 왕도 정치의 시작"이라고 강조하였다. 공자는 '의식(衣食)을 넉넉히 하는 것'[足食]을 정치의 필수적인 기본조건으로 제시하면서, "백성이 적은 것을 근심하지 않고 생활이 고르지 못한 것을 근심하며, 빈곤한 것을 근심하지 않고 불안한 것을 근심한다"고 하여 국가의 안정을 균등한 데서 찾고 있다. 주나라 때부터 정전법(井田法)이 존중되었고, 조선시대에도 실학자들이 균전법(均田法)・한전법(限田法)・여전법(閭田法) 등을 주장하여, 권력자가 토지를 독점하는 것을 비판하고 경제적 균등을 보장하기 위한 방법을 모색하였던 것이다.

사회에 균형이 이루어질 때 정의도 가능한 것이요, 사회가 불평등이 심화되면, 의리도 헛된 형식적 구호에 지나지 못한다. 백성을 하늘로 삼고 백성을 위한 정치가 왕도의 기본이념이라면, 전통 사회에서 왕도의 실현에 실패하였더라도 현재와 미래에서 균형된 사회를 지향하기 위해 유교적 사회관은 그 신념을 버릴 수 없을 것이다.

교화 기능의 세 번째 요소인 조화는 유교 사회의 이상이다. 백성의 즐거움을 통치자 자신의 즐거움으로 삼는 '여민동락'(與民同樂)의 자세는 사회의 일체화를 이루는 근원적 추진력이 된다. 예법이 사회의 질서를 추구한다면 음악은 사회의 조화를 추구한다. 예법에는 엄격한 구별이 있지만 음악에는 더불어 즐거워함이 있을 뿐이다. 따라서 예(禮)와 악(樂)은 유교의 두 가지 기본적인 교화수단을 이루고 있다.

삼국시대부터 거문고와 가야금을 만들어 음악을 보급하려던 노력은 바로 공동체를 일체화시키려는 사회적 요청에 따른 것이다. 세종대왕이 악기를 만들게 하고 악곡(樂曲)을 짓고 또 악보를 편찬시킨 것은 오직

풍속을 교화시키려는 목적에서 나왔다. 퇴계는 도산 12곡을 짓고 아이
들에게 연습시켜 노래로 부르고 춤을 추게 하며, 감흥이 일어나도록 하
고자 하였다. 몇 사람의 유학자들도 시가를 지어 보았으나, 광범한 보
급과 생활화를 적극적으로 힘쓰지 않았다. 그리하여 민중의 감정과 전
통을 무시하고 한문에 얽매인 시문(詩文)과 중국 제도를 따른 아악(雅
樂)의 시행은 결국 대중 속에 보급하는 데 실패하자, 예법이 우세한 가
운데 풍속의 조화 있는 발달을 성취하지 못하고 말았던 것이다.

　사실상 대중은 예법을 유교식으로 따르면서 음악은 고유의 향악(鄕樂)
으로 생활하였다. 따라서 조선 시대의 사회는 예법의 논쟁 속에 엄숙성
과 긴장감을 지닌 유교인의 모습이 부각되었지만, 화락하고 온화한 선비
의 모습은 빛깔이 희미해지고 말았다. 고종 때 김일부(金一夫)가 「정역」
(正易)이라는 새로운 역학(易學)을 체계화하면서 영가(詠歌)와 무도(舞
踊)를 힘써 중요시하였던 것도 전통적 교화방법에 일종의 개혁을 시도
했던 것이라 생각해 볼 수 있다.

5) 인간의 실현

　오늘날의 우리시대는 이미 세계가 하나의 무대로 열려 있다. 특히 근
대화 과정에서 서양의 우세한 문물이 수용되었고, 우리 자신도 이를 모
방하고 생활화하기 위해 적극적인 노력을 기울여 왔다. 그런데 서양의
현대문명이 지닌 체제 속에서 때로는 인간의 자율성을 위협하는 폐단
이 지적되고 있다. 더구나 우리가 서양적인 것을 받아들여 개혁하는 것
만이 우리의 삶을 풍부하고 의미 있게 해주는 것인지에 대하여도 심각
한 반성을 하지 않을 수 없다. 여기에 우리의 전통 문화를 재음미하게

되고, 또한 동양적 전통 사상으로서의 유교에 내포된 이념을 주의하게
되는 것이다.

유교가 인간존재의 깊은 의미를 중시하고 인간의 완성을 이상으로
추구해 왔다는 사실은 결코 낡은 전근대적 유물이 아니라, 현재의 우리
자신에게 절실한 문제와 일치하는 것이라 하겠다. 인간 내면에 영원성
의 하늘이 깃들어 있고, 어떠한 물질적 힘도 인간성을 넘어설 수 없다
는 유교적 신념은 현재의 우리 자신에게 심각한 반성을 촉구하고, 강한
호소를 하는 것으로 받아들일 수 있다. 그것은 곧 자기 발견의 자각을
요구하는 것이요, 그 위에서 인간 이상을 지향하는 강인한 노력과 끊임
없는 성장을 통해 인간 실현을 추구하는 것이다. 유교가 인간을 저버릴
수 없다는 사실은 언제나 기억될 필요가 있다.

한국유교의 자율성과 사회적 기능

1) 유교의 기본성격

유교의 포괄적 근본개념은 '도'(道)라고 한다면 '도'는 사람이 마땅히 가야할 길[當行之路]이라는 당위성의 뜻에서 '인도'(人道)라 할 수 있고, 동시에 형상을 넘어선 것[形而上者]이라는 뜻에서 '천도'(天道)라 할 수 있다. 실질적으로 유교의 근본문제는 '천'(天)과 '인간'의 문제로 집약된다고 하겠다.

하·은·주(夏·殷·周)의 상고대 이래로 유교적 전통 속에서 상제(上帝) 또는 천(天)은 인간의 제사에 흠향하고 강복(降福)하는 존재이고, 인간행위에 대한 화복(禍福)의 상벌을 관장하는 주재자요 절대자로서 외경(畏敬)의 대상이었다. 특히 상고대에서 '상제'(주대(周代) 이후는 '천')는 기뻐하고 분노하는 감정과 통치자를 선택하고 명령하는 의지를 드러내는 인격신(人格神)의 모습을 보여준다. 이러한 '상제'(또는

'천')에 대한 의식을 양계초(梁啓超)는 '천치주의'(天治主義)라 지적하였다. 그러나 '천'은 주대 이래로 그 지고(至高)한 초월성과 지공(至公)한 보편성에 따라 '천명'(天命) 또는 '천도'(天道)로 이념화하고, 통치제도가 정비되면서 천자(天子)를 통한 '간접적 천치주의'로 변천하고 있다.

공자는 초월적 천명을 인식하며 천명이 개체 속에 내재한 덕(德)을 자각함으로써 '인도'(人道)를 제시하였다. 공자에 있어서 천명은 천자에게 내려진다는 형식보다도 개별 인간의 덕에 내재한다는 형식이 본질적인 의미를 갖는 것으로서 사고의 일대변혁이 이루어졌다. 공자에 있어서 자신의 '도'[吾道]는 하나로 꿰뚫어지는 것[一以貫之]이다. 그가 "아침에 도를 들으면 저녁에 죽어도 좋다"고 할 때의 '도'가 초월적 '천도'라고 한다면 '나의 도'[吾道]에서 '도'는 내재적 '인도'라 할 수 있다. 그렇다면 '인도'와 '천도'가 하나로 꿰뚫어지는 것으로 파악하는 것이 공자의 '도'라 할 수 있겠다. 증자(曾子)가 "공자의 도는 충서(忠恕)일 뿐이라"고 제시한 데 대하여 정자(程子)가 '충'은 천도요 '서'는 인도라 해석하고 있는 것은 깊은 의미를 암시해 주는 것이라 생각된다.

따라서 "사람이 도를 넓힐 수 있다"는 말에서 보이듯이 공자의 도는 일차적으로 '인도'요, 이 '인도'는 '천도'와 일관하며 '천도'를 내포하는 것이라 할 수 있다. 인(仁)·효제충신(孝悌忠信)·인의예지(仁義禮智)·지인용(知仁勇) 등 유교적 기본덕목은 인도의 형식이지만, 그 근거에 천도가 내재하고 있음을 망각하지 않는데 바로 유교의 기본입장이 있다고 하겠다. 다시 말하면 '천'(천도)은 인간(인도)의 존재근거요, 인간은 '천'의 인식근거로서 유교의 천인관계(天人關係)에 대한 입장을 이해해 볼 수 있겠다.

유교가 인간에 대한 집중적 관심을 가졌다고 하여 결코 초월성을 상실하는 것이 아니요, 인간의 무한한 가능성에 대한 긍정과 신념이 윤리사상이나 철학의 한 입장에 한정되는 것이 아니다. 유교적 인간은 천명을 받아[順受天命] 하늘을 따르고 섬기며[順天事天], 상제를 마주하여[對越上帝] 하늘을 공경하고 두려워하는[敬天·畏天] 신앙적 삶 속에서 올바른 자신의 모습을 찾을 수 있을 것이다.

2) 한국유교의 전통과 자율성

고종(高宗)은 1899년에 내린 윤음(綸音)에서 "우리나라의 종교는 공자의 도가 아니겠는가"(我國之宗敎, 其非吾孔夫子道乎)라 하였다. 그리고 이어서 우리나라는 기자(箕子)에서 '나라의 종교'가 비롯한다고 밝히고, 삼국시대는 유술(儒術)이 밝혀지지 않았다 하며, 고려 말엽에 정주학(程朱學)이 전래한 뒤로 조선시대에 와서 유풍(儒風)이 크게 행해졌다고 한다. 또한 근세에는 허문(虛文)을 숭상하고 실학에 어두워 마침내 예의와 윤리가 무너지게 된 것은 '종교가 밝혀지지 못한 화(禍)'라 지적하였다. 그리고 고종은 자신과 동궁(東宮)이 앞으로 우리나라 유교의 종주(宗主)가 되겠노라고 선언하고 있다. 이 윤음은 갑오경장 이후 한말의 급변하는 정치상황에서 군주로서 유교전통을 재확인하고 '종교'라는 의식 속에 유교를 재건하려는 결의를 보여주는 것이다.

삼국시대에서 고려시대까지는 불교와 도교의 융성에 따라 유교는 사회규범이나 정치제도 속에 제한된 역할을 담당하여 왔다. 고려 말에 주자학의 전래는 한국 유교의 신기원을 이룩하게 하였다고 하겠다. 고려 말 조선 초에 걸쳐서 확립되어갔던 유교의 새로운 학풍은 몇 가지 측면에서 새로운 특징을 찾아볼 수 있다.

첫째, 유교 교리체계의 성리학적 이해이다. 당시에 동방 이학(理學)

의 시조라고 인정받은 정몽주나, 천인·심성(天人·心性)의 문제를 비
롯하여 유교의 기본사상을 도형으로 해설하여 「입학도설」(入學圖說)을
짓고 우리나라 최초의 유교경전주석인 「오경천견록」(五經淺見錄)을 저
술한 권근(權近)은 성리학의 이론체계를 통하여 유교의 근원적 세계를
설득력 있게 제시하였던 것이다.

둘째, 불교를 이단으로 배척하는 벽이단론(闢異端論)의 제기이다. 정
도전의 「불씨잡변」(佛氏雜辨)은 성리학적 이론체계 위에서 불교를 극
복하고 유교를 진리로 선언하는 포교서(布敎書)라 할 수 있다.

셋째, 예제(禮制)의 개혁과 제도의 정비이다. 정몽주가 「주자가례」를
받아들여 민중의 불교식 상제(喪祭) 의례를 유교식으로 고치게 하고,
가묘(家廟)를 설립하게 하였던 것은 유교의례의 대중적 생활화를 위한
중대개혁이었다. 정도전의 「경제문감」(經濟文鑑)과 「조선경국전」(朝鮮
經國典)은 유교이념에 근거한 정치제도의 정비를 위한 설계이었다고
볼 수 있다.

넷째, 강상(綱常)의 의리를 정통정신으로 확립하였던 것이다. 왕조교
체 시기에 정몽주의 강상론(綱常論)과 정도전의 혁명론(革命論)이 대
립되었다면, 세종 때 「삼강행실도」(三綱行實圖)에서 정몽주를 충신에
열거하는 것은 강상론이 정통화되고 있음을 알 수 있다.

조선시대의 유교는 이러한 성리학·의리정신·예학·벽이단론의 과
제를 포괄하여 '도학'(道學)을 확립하였던 것이다. 도학은 성리학의 이
론적 정통과 의리정신의 행동적 정통을 포함하는 '도통'(道統)을 골격
으로 삼고 있다. 도통의 자기기준이 확보되었을 때 도학은 자율적 영역
을 확보하고 있는 것이다.

도학이 훈구관료가 아니라 정몽주→길재→김숙자→김종직→김굉필→
조광조로 이어지는 사림파(士林派)를 도통으로 삼을 때, 도학은 정치권

력과 혼동될 수 없는 독자적 조직을 갖는다. 조선조의 도학이 주자(朱子)를 존중하는 데 극진한 것은, 주자 이후의 원(元)·명(明)·청(淸)대 중국유학을 배제하고 주자에 이어지는 도통의 정맥(正脈)을 조선조 도학자에서 찾음으로써 중국유교로부터 독립하고 있는 것이다.

종묘(宗廟)나 사직(社稷)과 구별된 문묘(文廟·聖廟)의 지위를 높이는 것은 왕조나 국가를 넘어서 도학의 자립적인 정통성을 지키는 성역(聖域)을 확보해 주었다. 선조(宣祖) 이래 사림정치가 정립되면서 사림이 정치와 결합한 데 따라 도학의 독자적 영역을 새롭게 개발하지 않을 수 없었다. 여기에 성균관·향교의 국가교육기관과 달리 사림의 자율적 조직으로서 서원(書院)이 발달하게 되었고, 서원·사우(祠宇)를 통한 분파조직이 형성되었던 것을 볼 수 있다.

조선조 도학은 그 이념구현의 담당자요 사회적 지도계층으로서 '선비'[士]의 지위를 보장하고 존중하였다. 선비는 "필부로 천자와 벗하여도 참람하지 않다"는 말에서, 선비는 군왕의 권위에 예속되지 않음을 보여주고 있으며, 권력으로부터 도학의 자율성을 지키고 있음을 보게된다. 오히려 "선비는 국가의 원기(元氣)"라 지적되고, 국가의 표준을 도학의 이념에서 찾는 것이 유교의 신념이라 할 수 있다.

3) 한국유교의 사회적 기능

역사시대 이래로 우리 민족의 생활과 의식 속에 지속되어 왔고, 근세 500년의 통치이념으로 확립되었던 유교는 한국인의 사고구조와 행동양식에 체질화되었다고 할 수 있다. 이러한 한국유교가 우리의 역사와 사회 속에 작용되었던 기능을 이념적 측면과 제도적 측면에서 검토해 보고자 한다.

(가) 이념적 측면의 기능

유교이념이 한국역사에 일관하여 나타나고 있는 것을 먼저 의리정신에서 찾아볼 수 있다. 그것은 사생화복(死生禍福)의 이해관계를 넘어서 천리(天理)의 명령에 따르는 것이다. 박제상이 "쉽고 어려움을 의논하여 실행한다면 충성스럽지 못하다 하고, 죽는지 사는지를 도모한 다음 행동하는 것은 용기 없다고 한다"라는 말이나, 김흠춘이 아들에게 "위험을 당하여 목숨을 버리면 충성과 효도가 함께 온전하다"고 한 말은 의리정신이 죽음을 넘어서는 가치기준이요 행동의 원리를 이루고 있음을 보여준다. 의리정신은 개인적 이해를 버리고 도덕적 가치를 선택하는 인격에서나 사회적 불의(不義)에 항거하고 간쟁(諫爭)하며 국가의 위기에 거의(擧義)·순절(殉節)하는 강인한 힘으로 발휘되었던 것이다.

이 의리가 삼강오륜의 규범형식으로 받아들여졌을 때 그 규범은 절대불변의 가치기준으로서 사회질서의 핵심을 이루었으며, 가장 빈약한 행위기구로서도 모든 사회계층을 분수(分數)에 안정하게 함으로써 수백 년간 사회적 안정을 확보해가는 원동력이 되었다. 또한 의리가 존왕천패(尊王賤覇)와 사대사소(事大事小)의 형식으로 국제사회에 확인되었을 때 국가의 안전과 국제평화의 원리로서 유교문화권의 세계질서를 유지해 주었다. 그러나 빛이 비치는 어디에나 그늘이 지듯이 긍정적 기능의 뒷면에는 부정적 기능이 있다는 것을 지나쳐 볼 수 없다. 의리정신이 형식적 규범 속에 고착함에 따라 현실적 변화에 대한 적응에 무력하게 된다. 국가의 위기에서 '수도'(守道)와 '행권'(行權)의 입장이 분열되면 현실적 해결은 '행권'의 입장에 빼앗기고 의리정신은 소수의 저항으로 소외당하는 비극을 불러일으켰던 경우를 볼 수 있다.

다음으로 조선시대의 유교이념으로서 정통주의가 작용한 기능에 주
의할 필요가 있다. 주자학을 중심으로 하는 도학의 정통주의가 조선조
를 꿰뚫어 왔다고 볼 때, 도학은 불교와 도교를 비롯한 비유교적 신앙
과 의식을 극복하고 도학지상(道學至上)의 사회로 통일한 실력을 발휘
하였다. 나아가 훈구파를 비판하고 사림정치를 확립하며, 양명학이나
서학을 배격하여 도학의 순수성과 정통성을 확립함으로써 조선사회를
사상적 동질성 속에 통일시켜 왔다. 그러나 정통주의의 배타적 성격이
강화되어 조화와 포용성을 잃었을 때 순수성의 뒷면에는 폐쇄성이 드
러나는 것이다. 심성이기론(心性理氣論)의 학파적 대립이 당쟁에 연결
되고 분파의 확대와 대립의 격화를 조정하려는 노력이 끝내 성공하지
못하였던 현실을 반성하지 않을 수 없다.

(나) 제도적 측면의 기능

한국유교의 제도적 형태로서 먼저 예제(禮制)를 든다면, '예'(禮)는
모든 행동양식을 규정하고 있지만, 「주자가례」가 가장 광범하게 생활화
되었다고 하겠다. 관(冠)·혼(婚)·상(喪)·제(祭)의 의례는 가족집단
을 중요시하는 유교전통에서 가족공동체를 결속시키고 그 구성원에게
삶의 의미를 부여해주는 기능을 발휘하였다. 종법(宗法)제도에 따른 제
사와 상복(喪服)제도는 친족의 관계에 안정된 질서와 유대를 확립해주
고 있다. 또한 종묘(宗廟)는 가묘(家廟)구조의 확대로서 국가도 가족질
서 위에 친족적인 일체감을 확보할 수 있게 한다. 또한 가묘의 신위(神
位)와 가족의 제의적(祭儀的) 공동생활은 죽은 이에게 삶의 연장(延
長)을 향유하게 한다. 가례를 통한 가족의 공동체의식이 강화됨으로써
개인은 고립되지 않으며 사회적 안정성을 보장받을 수 있는 것이다. 그
러나 가례는 농업사회의 향토적 기반이 무너지고 산업화의 급격한 변

화 속에서 그 예제의 형식에 상당한 개혁이 불가피하다는 어려운 과제
를 안고 있다.

유교가 수기(修己)와 더불어 치인(治人)을 기본과제로 삼고 있는 만
큼, 정치제도에 대한 관심과 구상을 버릴 수 없다. 군주제도가 유교전통
의 기본형태이었고, 그 유지에 유교적 역할이 크게 기여한 것은 사실이
다. 그러나 군주제도라는 형식은 유교적 왕도(王道) 내지 민본(民本)의
이념 아래 있는 것이요, 군부(君父)·군사(君師)로서의 군덕(君德)을
전제로 할 때 긍정되는 것이다. 따라서 유교사회는 그 시대의 제도 속
에서 통치자의 덕(德)을 바로잡기 위한 장치를 개발해왔다. 경연(經筵)
은 유교이념을 군주에게 교육함으로써 군덕(君德)을 배양하고, 간관(諫
官)은 군주의 실덕(失德)과 실정(失政)을 교정하며, 사관(史官)은 군주
의 치적을 역사 속에 비판하는 역할을 가졌다. 언로(言路)를 열어 민심
을 정치에 반영하는 것이나 공론(公論)을 일으켜 국시(國是)를 제시하
는 것이 사림의 책임이었다. 여기서 군주제도의 붕괴와 더불어 유교의
쇠퇴가 일어난다면 그것은 사림이 군주를 이끌어가지 못하고 군주에 예
속되었다는 그 본래의 기능을 망각하는 데서 오는 결과이다. 유교는 도
학으로서 정치를 넘어서는 자율적 이념세계를 갖는 것이요, 또한 민주
주의제도가 유교이념에 배반되는 것이 아니라면, '인도'의 이념에 따라
정치와 제도를 바로잡고 이끌어가야 할 임무를 벗을 수는 없다.

4) 유교이념의 장래

유교는 '인도'로서 덕(德)을 밝혀가야 한다는 일과 그 인도 속에 천
도를 인식하고 정립하여야 한다는 일을 자신의 도(道)로써 가지고 있

다. 이 인도는 의리의 엄정함을 존중하지만 인(仁)의 포용력을 잃어서는 안 될 것이고, 정통의 순수성을 지킬지라도 중용의 조화를 망각해서는 안 될 것이다. 인도는 배타적이고 폐쇄적인 것이 아니라 융화적이고 개방적인 데 그 진실한 모습이 있다.

유교는 오랜 역사를 통하여 복잡한 예제의 유산을 가지고 있다. 그러나 예제는 변화를 전제로 한 것이요, 변화[易]는 유교이념의 근본원리 속에 깃들어 있다. 곧 유교는 초월적 근거에 원천을 두고 있기 때문에 무궁한 변화를 가능하게 할 수 있다. 여기서 오늘의 유교는 낡은 형식을 거의 버리고 있는 단계에 이르렀으며, 앞으로의 새로운 창조를 과제로 안고 있는 허심탄회한 상태에 와있다. 낡은 껍질을 벗은 '도'의 순수한 바탕 위에서 유교는 모든 전통적 종교와 현대의 문화현상에 열려 있는 자세이다.

인도는 어떠한 기성의 형식이 아니라 미래에 열어야 할 방향인 것이요, 인간존재의 초월적 근원성과 사회적 연대성에 대한 지향 내지 보편성과 정당성의 원칙만을 제약조건으로 갖고 있을 뿐이다. 유교의 인도사상이 기계화되고 조직화되어가는 현대사회에서 어떻게 그 기능을 발휘할 것인가 하는 것은 유교가 안고 있는 당면한 현실적 과제라 하겠다.

제2부 조선시대의 유교사상

조선시대 유학의 정통이념과 이단(異端) 비판

1) 벽이단(闢異端)의 본질과 형태

(가) 벽이단의 본질

중국철학의 근본이념은 '도'(道)라는 이름으로 표현되고 있다. '도'는 가장 일상적인 생활 속의 '길'이며, 행위의 규범인 동시에 초월적인 존재이요, 진리자체이며, 순수한 이념적 원리로서 이해되는 것이다. '도'라는 명칭에 대하여는 중국철학사에 있어서 모든 학파들이 그들의 궁극존재의 명칭으로서 타당한 것으로 받아들이고 있다. 그러나 '도'가 인간의 의식 속에 들어와 개념화되고 표현되었을 때에는 그 내용이 다양한 차이를 나타내고 있다.

사실상 인식내용으로서의 도는 모든 인간에 있어서 꼭 같은 것은 하나도 없다고 말할 수 있을 것이다. 그러나 인간존재는 비록 개별적 존재이기도 하지만 그 심성(心性)에 보편성이 부여되어 있음을 부인할 수 없으며, 또한 중국철학의 가장 기본적 공통성은 이러한 인간의 보편적 심성에 근거하고 있는 것이다. 따라서 도는 궁극존재라는 그 자체의 본질적 성격에서뿐만 아니라 인간적 차원에서도 통일성과 유일성을 지향하고 있다. 이러한 통일성의 요구는 집단적 사회생활의 질서에 대한 필요와 더불어 더욱 강화되어 발전하였던 것도 지나쳐 볼 수 없는 사실이다.

도의 발현이 인간의 의식을 통해 다양하게 나타나면서, 객관적으로 표현된 도에 있어서 그 의미 내용의 상이성을 인식하게 되자, 여기에 중대한 사건이 발생하게 된다. 즉 어느 것이 옳고, 어느 것이 그릇된 것이냐 하는 시비의 문제가 대두되었다. 도는 추상적 관념에 그치는 것이 아니라 동시에 인간이 일상생활 속에 움직이는 길이므로, 어떤 도를 따르느냐는 것은 어떤 생활과 행위를 낳느냐하는 것으로 나타나게 된다. '도'라는 말은 '이치'라는 뜻을 갖는 동시에 '말하다' '말미암다' '따르다' '길' 등의 실천적 의미를 강하게 갖고 있다. 따라서 도는 실천되는 것이요 그 결과가 현실 속에 구체적으로 나타난다. 또한 이러한 결과는 인간에게 이롭다거나 해로운 것으로 파악되며, 해로운 결과를 낳는 도는 그릇된 도로 인식되고 이로운 결과를 낳는 도는 옳은 도로 인식된다. 이처럼 도의 시비·이해의 문제는 인간의 생활과 더불어 철학의 역사 속에서 가장 오래고 근원적인 문제로서 중요성을 갖고 있다.

'이단'의 문제도 바로 도의 시비·이해의 문제에서 나오는 것이다. '단'(端)이란 말은 구체적 사건의 시초, 싹, 단서(端緖), 끝을 의미하는 말로서 선악·시비에 대한 판단이 들어있지 않았다. '단'은 한 사건에 적어도 단초(端初)와 말단(末端)의 둘이 있고, 여러 사건이 얽혀 있는 큰 사건에는 많은 '단'이 있다. 그러나 실제로 한 사건을 해결하기 위하여 어떤 단에서 시작한다는 것은 마치 얽혀있는 실뭉치를 풀기 위하여 어떤 끝에서 시작하느냐처럼, 전체를 최후까지 순조롭게 해결해 주기도 하고 또는 점점 더 얽혀들게 하기도 한다. 이때에 전체에 질서를 회복시킬 수 있는 해결의 단은 올바른 도라고 하겠으나, 더욱 엉키게 하는 단은 그릇된 도 즉 이단이라고 할 수 있는 것이다. 따라서 '이단'은 도의 그릇된 것이요 사건의 해결에 해로운 것이라는 의미를 갖는 것이며, 올바르고 이로운 도와 기본형식이 다른 것은 아니라 할 수 있다. 그러므로 '이단'은 정도(正道)를 떠나 있는 것이 아니요 정도에 상대적으로 존재하는 것인 만큼 정도도 이단의 문제를 항상 고려하지 않을 수 없는 근원적인 관계에 놓여있다.

정도를 실현하기 위하여 이단에 대하는 태도는 공격하고 배척하는 대립적 관계에만 그치는 것이 아니다. '벽이단'(闢異端)이란 말에서 '벽'(闢)은 원래 '열다'는 뜻이요, 아울러 '피하다'는 뜻을 갖는다. 정도는 하나뿐인데 이단은 무수하게 가능하므로 공격과 배척으로 사면의 적에 둘러싸인 진리의 성을 지키는 것만을 의미하는 것이 아니다. 이미 도가 길이요 실행이며, '벽'은 '정도'가 아닌 벌판에 정도의 길을 열어나가는 것이다. 따라서 정도를 방해하는 모든 장애물은 제거되어야 하지만 공격하는 횡적인 작용보다 전진하는 종적인 활동이 더욱 중요한 의미로 내포되어 있다.

벽이단정신은 밖으로 이단에 대립하는 자세와 더불어 안으로 정도를 확보하려는 의지가 병존하고 있는 것이다. 또한 외적 배척력의 근원은 내적 정도의 진지성에 있으며, 내적 추진력은 외적 이단의 시련을 통하여 더욱 강화되는 것이라 할 수 있다. 따라서 벽이단정신이 갖는 본질적 의미는 진리의 현실적·역사적 파악에 있는 것이요, 이전투구(泥田

鬪狗)의 대립에 있는 것은 아니다.

(나) 중국유학사를 통한 벽이단적 전통

중국의 유학은 역사적 사실을 넘어 경전적 사실로서 요·순·우 3성왕(聖王)의 정신에 뿌리를 두고 있다. 서경(書經)의 첫머리에서 요임금을 칭송하여 "빛을 사방에 펴시니 하늘과 땅에 이르렀다. 큰 덕을 밝히시어 9족(族)을 화목하게 하시며……"라고 그 덕이 빛으로 어두운 세상을 밝히는 감동적인 장면을 묘사하고 있다. 요가 순에게 전한 도의 요체는 "진실로 그 중용을 잡으라"는 것이요, 요가 우에게 전한 것도 "인심(人心)은 위태롭고 도심(道心)은 희미하니 오직 정밀하고 오직 한결같이 하여 진실로 그 중용을 잡으라"는 것이다. 요·순을 통한 유학의 도가 확립되어 밝혀지는 과정에는 요가 아들 주(朱)와 공공(共工)을 버렸고, 순이 공공과 환두(驩兜), 삼묘(三苗), 곤(鯀) 등의 4흉(凶)을 유배하는 출척(黜陟)의 사건이 병행하고 있다. 순의 지혜는 그가 양단(兩端)을 잡고서 그 중용을 실현하는 데 있는 것으로, 이것은 벽이단정신의 본질적 형식이라고 볼 수 있는 것이다.

하·은·주 3대에 걸쳐 성군과 폭군이 교차하면서, 덕을 밝혀 천명을 따름으로써 선치(善治)를 이루거나 천명을 거슬려 욕망을 좇아 세상을 어지럽히는 정(正)·사(邪)와 치(治)·난(亂)의 양상이 대조를 이루었다. 이때 폭군은 새롭게 천명을 받은 덕 있는 자에 의하여 토벌을 당하게 된다. 탕(湯)이 걸(桀)을 치고 무(武)가 주(紂)를 친 것은 신하가 군왕을 공격하는 반란이나, 쿠데타가 아니다. '천'을 대신하여 토벌하는 것[天討]이요 '천'이 명을 바꾸는 것[革命]이다. 여기에 '도', 즉 천명의 실현은 덕의 바탕 위에서 명을 받는 것인 동시에 덕을 잃어 천을 거슬린 죄를 징벌하는 것이다. 이것이 벽이단의 상고대(上古代)적 양상이었

다. 천명을 받은 천자의 정통성에 대한 신념은 중화(中華)의식의 근거
로서 천자의 세력이 미치지 않는 변방에 대해서는 융적(戎狄)으로 일
컬어 이단으로 규정하게 되는 것이다.

주(周) 말 춘추시대에 들어오면서 인간의식의 발전은 정신사에 새로
운 국면을 열어 주었다. 이전까지 자연의 재화와 사회적 무질서에 대한
투쟁은 이념적 체계사이의 대립과 투쟁으로 나타나게 되었다. 이러한
시대전환의 분수령에 등장한 인물이 공자다. 공자는 요순과 3대(代)의
문물을 계승하여 그 시대에 이념과 제도를 제시하였다. 그러나 그는 현
실주의를 넘어 인간내면의 보편성을 인(仁)으로 파악하여 교설(敎說)
을 베풀었다. 그는 제도와 예법이 정신의 보편적 근거를 잃고 사의(私
意)와 이욕(利欲)으로 타락하는 것을 비판하여 참월(僭越)과 외식(外
飾)을 거부하였으며, 모든 사회관계에서 명분(名分)을 바로잡아 치도
(治道)를 이루기를 주장하였다.

그가 교언영색(巧言令色)이나 향원(鄕原)을 증오하거나, 군자와 소인
을 의리에 따라 분별하며, 난세에 도피하는 은자(隱者)에 대하여 "새짐
승과 함께 떼를 지을 수 없다. 내가 이 세상 사람들과 함께 하지 않으
면 누구와 함께 한단 말인가"라 하여 부정의 태도를 취하였던 것은 충
서(忠恕)로 일관하는 도를 실현하기 위한 벽이단정신의 발현인 것이다.
공자가 「춘추」를 편찬한 것은 그의 도에 입각한 사관(史觀)의 제시이
지만 「춘추」는 난신적자(亂臣賊子)를 누구나 주륙(誅戮)할 수 있다는
비판정신의 극치로서 받아들여졌다. 춘추시대의 혼란한 사회상에 대한
비판적 사상으로서 노자의 무위자연주의(無爲自然主義)가 등장하였다.
*도가(道家)는 일체의 인위적 행위나 사유를 버리고 자연의 질서를

* 노자의 도가사상은 유가사상이 화북(華北)문화인 데 비하여 남방문화의 이
  질적 성격이 보인다. 따라서 객관적 증거가 부족하지만 화북의 전통에서 춘
  추시대에 유가와 도가로 분리된 것이라기보다 주대의 영역이 확대되면서 남

좇아가도록 방임과 자유를 주장하는 것이지만 국가질서나 사회윤리에 대립되어 극단적 비판정신으로 나타나게 되었다.

맹자가 활동하던 전국시대에는 근본이념을 달리하는 여러 학파의 학설이 팽팽히 맞서 도가 절대의 권위를 잃고 논쟁 속에서 방황하고 있었다. 이러한 사상적 상황을 "성왕(聖王)이 일어나지 않아 제후가 방자하며 처사(處士)가 제멋대로 의론을 내세운다"고 설명하였고, 맹자는 특히 그의 시대가 양주(楊朱)의 사상이나 묵적(墨翟)의 사상에 기울어져 있음을 지적하였다. 이러한 시대진단이 맹자의 변론태도에 대한 근거이며 또 그의 사명으로서 인식되고 있는 것이다. 맹자는 유학사에 있어서 변론을 통한 벽이단정신의 기수라 할 수 있다. 공자가 이미 "이단을 전공하는 것은 해로울 따름이다"라고 경계한 바 있지만 그는 사상적으로 대립된 입장에서 정면의 도전을 받지는 않았다.

그러나 맹자는 공자의 도를 계승하여 실현하려고 할 때 이미 양주의 위아주의(爲我主義)와 묵적의 겸애주의(兼愛主義)라는 세련된 논리의 체계로부터 저항을 받았었다. 그는 이때 위아주의가 사회규범인 군신(君臣)의 의(義)를 부정하는 것이라 비판하여 무군(無君)으로 규정하고, 겸애주의의 무차별한 사랑이 자기 어버이를 무시하는 것이라 하여 무부(無父)로 단정함으로써 이들이 인륜을 저버린 금수(禽獸)의 세계를 초래하는 사설(邪說)이라 하였다. 그는 자신이 성인의 도를 지키기 위하여 양주·묵적을 배척한다고 선언하여 벽이단정신의 논리를 수립하였으며, 후대 유학자에 정통주의 전형을 제시하였던 것이다. 맹자의 이러한 벽이단적인 신념은 그의 말속에 잘 나타나고 있다.

"양주와 묵적의 도가 없어지지 않으면 공자의 도가 드러나지 않으리

방문화가 중앙에 진출하여 춘추시대에 유가와 대립하여 체계적 사상으로 형성된 것이 도가의 연원으로 생각된다.

니, 이것은 사설(邪說)이 백성을 속여 인(仁)·의(義)를 막아버리는 것
이다. 인·의가 막히면 짐승을 이끌어다 사람을 잡아먹게 하며, 사람이
서로 잡아먹게 될 것이다. 나는 이를 두려워하여 선성(先聖)의 도를 지
키고 양주·묵적을 막아내며, 문란한 말을 몰아내고 사설이 못 일어나
게 하고자 한다. 사설은 마음에서 일어나면 일을 해롭히고, 일에서 일
어나면 정치를 해롭히는 것이니 성인이 다시 나오시더라도 나의 말을
고치지 않을 것이다."

　맹자의 벽이단정신은 양주·묵적에 대한 비판으로 그치지 않는다. 모
든 사람이 노동을 하여야 한다는 농가(農家)의 주장을 하는 허행(許
行)에 대하여 치자와 피치자의 임무를 구분하지 못하는 것이라 비판하
고, 백규(白圭)가 소득의 20분의 1로 세금을 줄이기를 주장한 데 대하
여 정부를 약화하는 오랑캐의 제도라고 비판하며, 전쟁을 잘하려는 병
가(兵家)와 제후를 연합시키는 종횡가(縱橫家)와 토지개간에 주력하는
자들을 모두 인정(仁政)에 어긋나는 것으로 비판하고 있다.

　맹자가 인·의의 도를 주창하는 과정에서 근본적인 비판을 가하는
것은 곧 양혜왕(梁惠王) 제선왕(齊宣王) 등의 제후에게 그들의 이욕을
부정하고 인의의 덕으로 애민의 정치를 하도록 강조하는 데서 찾아볼
수 있다. 그는 송경(宋牼)이 진(秦), 초(楚)를 설득하려는 논거가 이해에
있고 인의에 있지 않음을 변론하여 비록 평화를 위한 설득이라도 이해
에 근본한다면 결국 인의를 저버리는 것이요 패망하게 될 것이라 강조
하였다.

　또한 맹자는 고자(告子)와의 인성(人性)에 관한 논변을 통하여 후기
유학의 근본 명제가 된 성선설(性善說)을 확립함으로써 철학사상의 주
요계기를 이루었던 것이다. 장자·열자의 유가비판이나, 묵자의 비판
및 순자(荀子)의 맹자를 포함한 제자(諸子) 비판은 선진시대 변론정신

의 전성기를 드러냈으나, 진(秦)의 통일을 전환점으로 하여 제자의 학설은 도태되었고, 한대 이후 유교가 정통으로 재등장하였을 때는 노장사상이 외곽에서 전승되었을 뿐이다.

후한(後漢) 초 불교가 전래된 후로 당(唐)대에 이르기까지 정치제도는 유교적 전통이 지속되었으나 유학사상은 침체기에 접어들고 불교와 도교 내지 도가사상이 사상계와 대중신앙의 중추를 이루고 있었다. 그 사이 몇 차례 왕조에 따라 불교에 탄압이 가해지기도 하였으며, 사상적 논변은 유교를 제치고 도가와 불교 사이의 대립 속에서 일어났었다. 이 때에 유학의 입장에서 불교와 도가를 변척하는 데는 당대 한유(韓愈, 768-824)가 대표적 인물이다.

그는 「원도」(原道)를 지어 유학의 근본이념으로서 인의와 도덕을 밝히고, 노자가 인의를 과소평가하는 것은 우물 속에서 하늘을 보고 하늘을 작다고 말하는 것처럼 그 본 것이 작은 데 지나지 않는다고 비판하여 동일한 용어의 의미내용의 차이를 지적하고 있다. 그는 호불(好佛)의 군주인 헌종(憲宗)에게 「불골표」(佛骨表)를 올려, 불타가 이적(夷狄)의 인물이요 그 가르침이 선왕(先王)의 가르침과 제도에 어긋나며 군신부자의 인륜을 저버리는 것이라 비판하고, 불교를 신봉할수록 나라가 빨리 망하니 불골(佛骨)을 물과 불 속에 던져 재앙의 근원을 막으라고 요구하였다. 그러나 한유(韓愈)의 시대에서는 이미 지식인의 깊은 이해를 받고 있는 불교사상에 대항할 수 있는 유학의 철학적 체계를 형성하지 못하고 있었으므로, 그의 벽이단 사업은 실패에 그쳤으나 송(宋)대를 기다리는 중간적 계기를 만들었던 의의는 중요시할 만하다.

송대 성리학은 주렴계(周濂溪, 1017-1073)로부터 발단하여 장횡거(張橫渠, 1020-1077), 정명도(程明道, 1032-1085), 정이천(程伊川, 1033-1107)을 거쳐 주회암(朱晦庵, 1130-1200)에 이르러 집대성되었다. 노장사상과

불교의 철학체계에 강한 영향을 받았지만 이들 성리학자의 유학사상에 끼친 위업은 유학의 근본정신을 철학적으로 정착시켜, 세력에 있어서나 사상사에 있어서 도가와 불교를 극복한 사실이다. 성리학의 철학적 기본과제는 태극론·이기론의 형이상학적 문제와 심성정론·성경론(誠敬論)의 인간학적 문제로 집약될 수 있다. 이러한 여러 문제는 개별적으로 독립되는 것이 아니라 유학적인 도의 일관성에 입각하여 하나의 논리로 통일되고 있으며, 방법상의 모든 분석은 본질적 실재에 있어서 동일성에로 수렴되는 것이다. 따라서 그 어느 한 측면의 정연한 논리도 전체와의 통일성을 확보하지 못하면 편망(偏妄)된 것으로 비판된다. 성리학에서 도가와 불교를 불합리한 것으로만 비판하지는 않는다. 그 논리의 근사함은 인정하면서도 다른 한 면에서 결핍된 것임을 제시함으로써 그 오류를 지적하고, 나아가 근원적 본질에 대한 근소한 오류가 얼마나 큰 과오의 결과를 낳는지를 강조하고 있다.

송유(宋儒)는 도가와 불교에 대한 비판의 과정에서 벽이단정신의 논리를 더욱 정밀하게 하였으며, 이것은 동시에 성리학자체의 문제에 대한 논리적 체계화에도 중요한 계기를 이루고 있는 것이다.

그러나 성리학의 벽이단적 전통은 송대 이학(理學) 안에서 학파 간의 대립에 있어서 상대방을 비판하는 논리로서 적용되고 있다. 송대에 육상산(陸象山, 1139-1192)이 심즉리설(心卽理說)을 내세워 정·주(程·朱)의 성리학에 대립하였고, 명(明)대의 왕양명(王陽明, 1472-1528)이 이 학풍을 계승하여 육·왕(陸·王)의 심학(心學)을 수립함으로 명대를 통하여 정주학과 육왕학은 서로가 정통유학임을 주장하여 상대방을 이단으로 비판하였다. 그러나 양자가 근거하고 있는 공통의 바탕인 유교의 근본이념은 이들의 비판정신 내지 벽이단정신을 통하여 더욱 확대되고 심화되어갔던 것이다.

명말청초(明末淸初)에 이르러 서학(西學) 내지 천주교와 서양문명이 전래하면서 중국사상사는 전례 없는 가장 큰 충격을 받았으며 유학사에 있어서 제2의 한당(漢唐)대를 맞이하는 양상을 보이고 있다. 청조(淸朝)는 처음에 서양과학을 수입하는 면을 주로 하고 천주교 전교활동은 부차적인 것으로 관용하는 태도를 취하였다.

그러나 초기의 예수회전교사들의 유교와의 조화적 태도와 달리 유교적 전통과 제도를 거부하는 전교사들의 활동이 나타나고 천주교의 세력이 증대하자 이를 이단으로 규정하여 탄압을 가했다. 이때의 유학은 도를 구현하려는 진실한 동기에 충만된 것이 아니라 전래의 양주·묵적과 도가·불교에 대한 비판이론을 형식적으로 빌어다 서학을 배척하여 유교세력의 안정성을 지속하려는 정치적 보수성에 근거하였다. 따라서 벽이단을 통한 유학의 발전도 성취하지 못하였으며, 또한 벽이단활동조차 궁극적 성공을 거두지 못하고 서양문명의 대세 앞에 전근대적 사회체제의 해체와 더불어 유학사상자체가 전에 없는 침체기에 빠져들게 되었다.

그러나 현대의 세계는 서양사상만이 세계를 지배할 수 있다는 독단을 넘어서서 현실의 많은 어려운 문제에 대답할 수 있는 사상의 등장을 요구하고 있다. 이러한 과제를 감당할 수 있는 사상은 비판정신이 강한 동시에 그 이념의 근원적 창조력이 탁월하여야 할 것이다. 따라서 우리는 여기서 유학의 벽이단정신이 발휘하였던 도의 실현에의 의지에 관심을 갖고 유교이념을 사상사 속에서 재음미할 필요성을 인정할 수 있을 것이다.

(다) 고려 말·조선 초의 성리학과 벽이단정신

송(宋)대에 발달한 성리학이 한국에 전래된 것은 고려 후기의 충렬왕

(忠烈王, 1275-1308) 때이며, 이때는 남송(南宋)이 망하고 원(元)이 중원을 지배하던 초기였다. 안향(安珦)은 당시의 유학이 극도로 침체한 것을 안타까이 여겨 유학진흥에 진력하여 양현고(養賢庫)를 부흥시키고 원으로부터 공자와 제자들의 상(像) 및 제기(祭器)·악기(樂器) 등을 구해 와서 유풍(儒風)을 일으켰다. 안향은 주자서(朱子書)를 처음 수초(手抄)해왔고 주자를 흠모하여 스스로 회헌(晦軒)이라 호를 지었던 것이다. 백이정(白頤正)은 정주(程朱)의 성리학을 원에서 연구하고 귀국하여 제자를 가르침으로써 한국유학의 새로운 시대를 열게 되었다. 그러나 성리학의 전래초기에는 이에 대한 깊은 이해가 결여되어 있었으며 고려 말의 정몽주 때에 이르러 비로소 학풍의 정착을 보게 되었다.

성리학이 유학사상의 신 기풍으로 성장하던 이 시기는 불교교단이 너무나 비대해지자 사상적으로 신선한 기풍은 사라지고 사회적 폐단이 극성하던 시기로서, 고려 말의 유학자들 사이에는 불교교단과 교리에 대한 비판이 일어나기 시작하였다. 정몽주(1337-1392)는 주자가례(朱子家禮)를 받아들임으로써 유교의 생활화에 중요한 전기(轉機)를 만들었던 것이다. 또한 그는 불교에 대해 "그 교리가 무한한 것에로 확대되고 미묘한 것에까지 사무치므로 이치에 가까운 듯하지만 과연 만사에 처응(處應)할 수 있으며 정의(精義)를 궁진(窮盡)할 수 있는가"라고 비판하여 근본이념에 대한 송학적(宋學的) 벽이단정신을 보여주고 있다.

고려 말의 혁명적 유학운동은 한편으로는 불교를 이단으로 규정하여 맹렬한 배척을 가하였고, 다른 한편으로는 신진세력을 주축으로 사회의 전면적 개혁과 왕조의 교체운동으로 발전하게 되었다. 이러한 움직임의 중심인물로서 정도전(鄭道傳, 1342-98)이 있다. 그는 정몽주가 능엄경(楞嚴經)을 읽는다는 말을 듣고 벽이단의 중임(重任)을 받은 자로서 자중하도록 충고하는 편지를 써 보낼 만큼 척불(斥佛)에 진지하였으며,

스스로 불교의 교리와 역사에 대하여 논리정연한 비판을 가하여 「불씨
잡변」(佛氏雜辨)을 저술하였다. 정도전이 조선개국에 끼친 위업은 왕조
교체기의 사회이념개혁에 결정적인 역할을 하였던 것이다. 그는 불교를
배척하여 유교가 나아갈 길을 환하게 밝히려는 신념 속에서 연구와 교
육·저술을 하였으며, 또한 정치적으로 경제 및 사회제도를 유교이념에
따라 구체적으로 건설함으로써 조선조의 유학이 사회적으로 구현될 길
을 닦았던 것이다.

그의 벽불론적 업적을 평가하여 권근(權近, 1352-1409)은 "그가 불교
를 배척함으로써 죽음도 편안히 여겼던 것은 사람들의 미혹됨을 걷어
주려한 것이니 그 보여주는 뜻이 매우 절실하다. 맹자는 우(禹)·주
공·공자를 계승하였고, 그는 또한 맹자를 계승하였다"라고 하였다. 또
한 벽불론(闢佛論)의 저술은 한유(韓愈)를 비롯한 중국유학자들도 이
루지 못한 것인데 정도전이 조선 개국 초에 완성하여 조선조유학의 기
반을 견고히 하는 데 기여하였던 것은 주목할 만하다.

성리학의 학파적 계승은 고려 말의 정몽주에서 발단한다. 정몽주는 동
방 이학(理學)의 시조라고 일컬어지며, 그는 고려조에 충절을 지켜 죽음
으로써 세력에 저항하는 의리정신의 표본을 보여주었던 것이다. 그의 문
하에 길재(吉再)가 나왔으며, 길재(1353-1419)는 신왕조에 벼슬하지 않
고 향리에서 연구와 후진교육에 전념하였다. 길재의 뒤로 김숙자(金叔
滋, 1389-1456), 김종직(金宗直, 1431-1492), 정여창(鄭汝昌, 1450-1504)
과 김굉필(金宏弼, 1454-1504)이 학풍을 계승하여, 조선전기 사림학파
(士林學派)의 정맥(正脈)을 이루었다. 이들 사림은 의리를 중시하고 성
리학을 연구하는 데 노력하며 권력에 쉽게 영합하는 것을 수치로 여기
어왔다.

또 한편 성리학을 학문의 바탕으로 연구하면서도 왕조교체기에 두 왕

조에 벼슬한 학자로서 정도전·권근이 있었고 그 밖의 이러한 주류에
속하는 많은 인물들은 조선 초부터 대대로 관료로서 활약하여 정치적
세력의 기반을 갖고 있었다. 이러한 유학자들을 훈구학파(勳舊學派)라
불렀으며, 이들은 정치적 현실을 중요시하고 그 위에 유교적 제도와 질
서를 수립하는 데 노력함으로써 조선 초기 유교문화의 담당자들이 되었
다. 조선유학의 출발점에서 보여준 학풍의 이러한 이원적 구조는 전자가
이념의 본질적 추구에 충실한 데 비하여 후자는 이념의 사회적 실현에
공로를 세움으로써 조선후기의 유교사회의 구조와 그 성격을 특징짓고
있는 것이다.

2) 벽이단정신의 조선조유학적 전개

(가) 성리사상의 사회적 전개와의 의리정신

유교의 근본이념 속에 치인(治人)의 문제가 제시되어 있는 만큼 정
치사회가 그 이념전개의 터전으로 나타나고 있다. 따라서 정치행위가
유교는 아니지만 유교는 정치적 원리를 포함하고 있는 것이다. 또한 정
치사의 모든 국면에 있어서 유교이념의 실천을 위한 노력은 곧 도(道)
의 실현을 위한 기본적 양식의 하나인 것이다. 정치적 현실 속에는 모
든 다른 사회양상에서보다도 그 대립적 구성요소 사이의 갈등이 뚜렷
하고 강하게 나타나고 있다. 특히 고려 말에서 조선조에로 전환하는 왕
조교체기는 물론이요, 조선조 500년의 역사는 한국역사의 다사다난한
체질을 가장 잘 보여주는 시기이다.

왕조교체가 유교이념으로 승인될 수 있는 유일한 논거는 천명(天命)
이 바뀌는 것이다. 그러나 군신(君臣)의 윤리는 신하로서 임금을 바꿀

수 없으며 또 두 임금을 섬길 수도 없다. 따라서 혁명을 성취하는 자는 자신이 천명을 받았음을 주장하나 유교사회는 임금에 충성하여 혁명에 반대하는 자를 충신으로 인정하여야 하며 혁명에 가담하여 새 왕조에 봉사하면 변절자로 비판되는 것이다. 따라서 유교이념은 정치의 터전 위에 있으면서 정치역학적 질서를 거부하는 본질적 요인을 내포하고 있다. 이것이 곧 의리정신이 제시하는 유교적 가치관이요, 인간학이다.

정도전과 권근은 학문의 업적에서나 조선왕조건국의 공로에서 정몽주와 길재를 능가하지만, 조선조유학은 고려조를 위해 혁명세력에 항거하다가 살해된 정몽주와 신왕조에 벼슬할 것을 거부한 길재를 도통으로 삼고 충신으로 받들었다.

단종(端宗)이 12세에 즉위하니 숙부인 수양대군(首陽大君)이 대신을 죽이고 왕위를 찬탈하였다. 이때 유신(儒臣)들이 세조(世祖)를 제거하고 단종을 복위시키기 위하여 모의하였으나 사전에 발각되어 참혹한 고문에도 굽히지 않고 주륙당하였다. 그러나 죽임을 당한 이들 6명의 유신들이나 살아서 세조에게 벼슬을 거부한 6명의 유학자들은 역대로 그 충절이 숭앙되었으며, 세조의 찬위를 도왔던 정인지(鄭麟趾)·신숙주(申叔舟) 등은 그 학문과 업적이 뛰어났지만 모멸을 받아왔다. 이러한 사건은 정치적으로는 서로 다른 군주를 받드는 권력투쟁으로도 보일 수 있다. 그러나 조선조의 역사관은 유교정신에 입각한 것이며, 따라서 이도행인(以道行仁)의 왕(王)인가 이력가인(以力假仁)의 패(覇)인가를 나누는 통치관의 정통성에 대한 비판적 판단과 더불어 존왕천패(尊王賤覇)의 의리가 제시되고 있다. 또한 신하가 두 임금을 섬기지 않고 [臣不事二君] 아내가 두 지아비를 따르지 않는다 [婦不從二夫]라는 충절(忠節)은 효와 더불어 최고의 덕목이었다. 이러한 유교이념의 실현을 위한 원동력인 의리정신은 사생취의(捨生取義)하는 결단 속에

생명을 바쳐 지켜지는 것으로 "나라에 도(道)가 없을 때는 도를 위하
여 죽는다"는 순도(殉道)정신으로 나타나는 것이다.

절의를 존중하고 성리학연구에 정진하였던 재야(在野)의 유학자들
즉 사림세력이 중앙관계에 진출하면서 여러 대를 관료로 활약하던 훈
구세력에 대립하였던 것은 단순한 파벌의 대립이 아니라, 권력과 이익
을 추구하는 무리를 소인으로 규정하여 배척하고 의리정신에 입각하여
사회정의를 확립하려던 사림들의 이념투쟁인 것이다. 연산조(燕山朝)에
무오사화(戊午士禍, 1498)를 맞아 김종직의 제자들인 사림이 몰살을 당
하였으나, 이 사화(士禍)는 정치적 권력투쟁을 넘어서 훈구세력이 신진
사림의 비판정신에 권력을 동원한 탄압을 가하였던 것으로, 이념투쟁
속에 사림의 희생이라는 의미를 갖는 것이다.

군자와 소인의 준엄한 판별은 인격의 차별이나 사회적 계층화에 뜻
이 있는 것이 아니라, 의리정신을 실현하려는 의지를 통하여, 유교이념
을 높이고 이익과 권세를 추구하는 세속적 의식을 배척하는 벽이단정
신의 발현이라 볼 수 있다. 조광조(1482-1519)는 이러한 군자·소인의
분별을 왕도정치의 기틀로 보고 소인의 해독을 밝히기를 "임금이 조종
(祖宗)의 중대한 업(業)을 맡아서 누가 군자를 쓰고 소인을 물리쳐 사
직(社稷)을 보존하지 않으려 하겠습니까마는 그렇게 못하는 것은 일찍
이 분별하지 못하기 때문입니다. 군자와 소인은 얼음과 숯처럼 서로 용
납할 수 없으니, 소인은 밤낮으로 군자를 공격할 것을 생각하며 반드시
군자를 죽여 없애고야 말리라 하니 그 술책을 펴도록 하면 참혹한 화
를 이루 다 말할 수가 있겠습니까"라고 말하였다. 조광조는 중종 때에
사림을 주도하여 군심(君心)을 바로잡고 정학(正學)을 받들어 이상정치
를 실현하려고 서정개혁을 주창하였으나 그 자신 소인들의 모함으로
38세에 사사(賜死)되었던 순도자(殉道者)이었던 것이다.

조선 후기의 정계와 사회는 격심한 당쟁에 빠져 대립과 갈등이 지속되었으나, 당쟁자체가 유교정신은 아니다. 붕당(朋黨)의 출발은 군자소인의 변척(辨斥)에 있었으며, 또 그 폐단이 심하였지만, 당쟁의 근본논리는 벽이단정신에 근거하고 있는 것이다. 분당(分黨)의 초기에 율곡(栗谷, 1536-1584)은 정치현실을 유교이념에서 비판하여 양시양비(兩是·兩非)의 논리를 제시하였다. 심의겸(沈義謙)과 김효원(金孝元)이 서로 소인이라는 비난을 하여 동인·서인의 분쟁을 일으키고 있을 때, 율곡은 양자가 사류(士流)로서 인물됨은 쓰일 수 있지만 행위는 양쪽 모두에 과오가 지적되므로, 분열을 극복하고 조화를 이루도록 주장하였다. 이러한 조화론은 정권투쟁의 차원에 있는 당쟁을 유학의 중용사상으로 지양하는 것이며, 이러한 조화는 중도(中道)의 대의에 입각하여 권력투쟁의 대립을 비판하는 높은 차원의 벽이단정신을 발현하는 것이다. 이것이 곧 유학의 도통으로서 요순으로부터 전승되는 '능히 그 중(中)을 잡는 것'(允執厥中)이며 '두 끝을 잡아 그 중(中)을 백성에 쓰는 것'(執其兩端, 用其中於民)으로의 도를 실현하는 길이다.

동인이 남·북으로, 서인이 노·소로 끊임없이 분열을 이루어 투쟁하는 과정의 대립된 견해는, 정책상의 주요문제에 대한 것도 있으나, 성리학의 학설상 입장의 차이나 예법에 대한 해석의 차이와 같은 유학이론의 문제가 줄거리를 이루고 있었다. 따라서 이러한 대립은 비록 정쟁으로 확대하여 반대파에 대한 탄압으로 나타나 정치적 혼란과 사회분열의 막대한 폐단을 일으켰지만, 날카롭게 대립하던 쌍방의 주장은 유교이념에 따른 의리를 실현하려는 의지의 표현이었다. 또한 이들 대립된 주장을 통하여 인신공격과 모함도 있었지만 이론의 정비와 문제를 천착하는 논리의 치밀함을 가져왔던 것이다. 그러나 조선시대 유학사를 반성할 때에 당쟁은 벽이단정신의 소극적 측면으로서 의리에 대해 자

신의 신념과 대립된 상대방에 대한 공격에 과도한 정열을 기울였던 것
을 부인할 수 없으며, 대립을 넘어선 중화의 이념인 유교의 도를 실현
해나가는 적극적 측면은 쇠퇴하고 있었다고 볼 수 있다.

또 한편 유교이념적 왕조로서 조선정부는 군신의 의리를 최고의 가
치규범으로 확립하였으며, 왕도정치의 실현을 위한 사림의 보호와 언로
(言路)의 보장이 군주의 기본의무로 제시되어왔다. 따라서 유학자의 정
치적 의견은 광범하게 개진되었고 이러한 표현수단인 상소(上疏) 등은
권력에 의한 탄압이 있었으나 의리정신의 배경에서 희생을 무릅쓰고
제시되었다. 정치제도상 사헌부(司憲府)·사간원(司諫院)·홍문관(弘文
舘)의 간관(諫官)은 여론의 반영뿐만 아니라 정치전반에 관한 비판을
임무로 하는 기관으로서 조선정부의 뛰어난 제도라 할 수 있다. 또한
춘추관(春秋舘)을 중심으로 한 사관(史官)의 역할은 유교이념에 의한
역사기록을 통하여 군주와 정부를 춘추(春秋)의 비판적 사관(史官) 아
래서 그 업적의 평가를 내리는 것이다. 이러한 정치제도와 유학자의 정
치참여는 근본을 유교이념에 두고 있으며, 조선조의 성쇠(盛衰)는 의리
정신의 활력이 소장(消長)함과 병행하였다고 할 수 있다.

(나) 외침(外侵)에 대한 저항과 자주의식

한반도는 지형적으로 중국대륙의 영향을 벗어날 수 없다. 고구려는
한사군과 수당(隋唐)의 침략에 저항하면서 존속하였고, 신라는 당을 끌
어들여 삼국을 통일하였다. 중원의 강대한 정부는 그에 저항하는 세력
으로서의 한반도를 허용하지 않았으며 한반도 안의 왕조교체는 오직
중원이 혼란한 때에만 이루어졌었다. 이러한 중국의 경계와 위압뿐만
아니라 만주의 걸안·여진과 일본은 끊임없이 한반도를 침략하였으며,
이러한 외침 속에서 국가의 독립과 명맥을 유지하기 위한 투쟁이 곧

한국의 역사였다.

고려 말에 원(元)이 쇠약해지고 명(明)이 일어나자 그동안 고려영토로서 원의 직할지로 점령된 곳을 회복하기 위하여 북진정책을 폈었다. 그러나 원이 망하자 명과 친교를 원하였지만 명이 만주를 공략하면서 원의 점령지를 요구하자 고려 말의 정부는 요동을 공격하여 명의 세력을 축출하려고 출정을 하였다. 이 출병(出兵)과 이성계의 회군(回軍)은 친원·친명파의 대립이라기보다 국토를 지키려는 의지와 명나라에 적대함이 불가능한 현실을 파악한 타협이라는 입장의 대립이었음을 이해하여야 할 것이다. 조선조는 건국하면서 친명정책을 통하여 외교적 타협으로 국토를 확보하였다. 명에 대한 사대의 체제를 지켜 신하로 칭하고 명의 연호를 사용하였던 것은 자주의식이 없는 사대주의나 모화사상이 아니라 중국세력권 안에서 국가의 독립을 유지할 수 있는 유일한 방법으로서 사대외교의 정책을 채택하였던 것이다.

사대는 자기를 버리고 타에 예속하는 것이 아니라 자기를 보존하는 법칙이다. 맹자가 "작은 것으로서 큰 것을 섬기는 자는 외천(畏天)하는 자이며, 그 나라를 보존한다"고 한 것이 사대의 정신이다. 이 말은 중국에 사대할 것을 주장하는 중화의식이 아니라 현실의 원리인 것이다. 유교사상이 현대인에게 사대주의를 조장한 것이라는 비판은 편견에서 온 오해가 들어 있다. 사대주의는 유교정신이 아니며, 한반도의 세력이 국제관계 속에 받는 압력에 대한 반응이요, 또한 오랜 세월 동안 형성된 관습이다. 유교적 행동은 본질적으로 의리정신에 있으면서 현실 속에서는 시의(時宜)와 행권(行權)을 받아들이고 있다. 따라서 조선시대사를 통하여 국제관계에서 사대와 교린의 외교적 시의를 추구하면서 자존과 독립이 유린될 때는 의를 주창하고 세력에 저항하는 강한 주체의식을 발휘하여 왔던 것이다.

유학의 이념은 자아와 자주를 부인하고는 근거할 곳이 없으며, 세력에 의한 패도(霸道)를 비판하고 인정(仁政)과 덕화(德化)의 왕도(王道)를 실현하려는 데 있다.

세종대의 육진·사군의 개척과 대마도정벌은 침략정책이 아니라 영토의 안전을 공고하게 하기 위한 것이요, 한글의 창제는 민족고유성에 대한 자각과 국민교육의 요청에 상응한 것이었다. 중종 때에 여진의 변경 입구(入寇)를 불의에 습격하기 위하여 장수를 보내려 할 때 조광조는 반대하여 "이 일은 도적의 속이는 꾀요, 왕자(王者)의 오랑캐를 막는 도가 아니다. 당당한 조정이 하나의 오랑캐를 잡는 데 도적의 꾀를 쓰는 것은 국가를 욕되게 하고 위신을 손상시키는 것이다"라고 하여 출병을 중지시켰다. 이처럼 정대한 정신적 자세는 국가에 대한 상대적인 자주의식을 넘어서 절대적인 자존(自尊)의식을 바탕으로 하고 있으며, 국가관의 관계를 의리정신 위에 확립하려는 유교이념의 구현임을 볼 수 있다.

일본의 위협이 마침내 조선의 길을 빌어 명을 치겠다는 제안으로 나타났을 때, 조정에서는 타협과 무마를 주장하는 의론이 지배적이었다. 그러나 조헌(趙憲, 1544-1592)은 시역(弑逆)으로 집권한 왜주(倭主) 도요토미 히데요시(豊臣秀吉)의 죄를 대의로 성토하였으며, 수호(修好)를 거부하여 사신을 목 베고 중국과 유구 등 각국에 알려 토죄하도록 상소를 올렸다. 임진왜란이 일어났을 때 관군의 패주(敗走) 속에서 산림의 유학자들이 충의(忠義)의 정신에서 민중을 모아 의병을 일으켜 왜병에 항전하였다. 의병에는 승려도 참여하여 큰 공을 세웠지만, 대부분 곽재우(郭再祐), 조헌(趙憲), 고경명(高敬命), 김천일(金千鎰) 등 유학자들이 의병을 지휘하여 생사를 넘어선 충의를 발휘하였다. 특히 조헌 등 700여 선비들은 금산(錦山)에서 대적하다가 함께 장렬히 죽으니 그 정신은 의(義)를 내세운 국가에 대한 의리정신이요, 의를 위하여 목숨을 버림으로써 이들 의사의 묘에 순의비(殉義碑)가 세워졌던 것이다. 조헌은 의병을 모아 선서하면서 오직 '의'라는 일자를 항상 생각하라고 강조하였고 금산전에서 마지막 훈시를 할 때 "'의'에 부끄럽지 않게 사생에 처하라"고 말하였다. 충무공의 충렬(忠烈)정신과 아울러 의병들의 충의(忠義)정신은 유교적 이념의 바탕에서 발현된 것이며 외적이 국가의 안전을 위협할 때 생명을 버려 국가에 충성하는 의리를 취하였던 결단은 주체정신의 발로라 할 수 있다.

외적의 침입은 또한 북쪽에서도 일어나 여진이 정유와 병자에 두 차례 입구(入寇)하여 마침내 인조(仁祖)가 삼전도(三田渡)에서 청태종에게 항복하는 굴욕을 당하였다. 이 호란 동안 조정의 유신들 사이에는 항복하여 화친을 맺자는 주화론(主和論)과 오랑캐에게 신하로 일컫는 화친을 할 수 없다는 척화론(斥和論)으로 나뉘어 대립하였으나, 최후의 상황에서 항복할 때까지 척화론이 주도하였다. 척화론자였던 3학사와 김상헌(金尙憲, 1570-1652) 등이 심양으로 붙잡혀 갔으며, 이들의 주체의식도 의리정신으로 관철되어 있다. 홍익한(洪翼漢, 1586-1637)은 청태종의 심문에 대해 "내가 지키는 것은 대의(大義)일 따름이니 성패와 존망은 논할 것이 없다"고 죽음으로 대의를 지켰고, 김상헌도 심양 옥중에서 "성패는 천운에 달렸으나, 반드시 의를 살펴 돌아간다"(成敗關天運, 須看義與歸)고 시를 읊어 그의 의리정신을 보여주었다. 화(和)는 자체가 유학의 이념으로서 존중되는 것이지만 의를 저버리고 자존(自尊)의 주체성이 상실된 것일 때에는 이미 절도에 맞는 '화'의 본래정신에 어긋난 것이다. 이때에는 도리어 화를 배척하여 의를 지키고 주체성을 찾는 것이 도를 실현하는 벽이단정신의 진정한 표현이라 할 수 있다. 효종은 삼전도의 치욕을 씻고자 중원을 지배하는 청조에 대항하여 북벌계획을 추진하였다. 효종 자신도 청을 정벌하는 일이 재주와 힘으로서 할 수 있는 것이 아님을 알면서 천리(天理)와 인심(人心)의 대의에 합당하다는 신념 속에서 성공을 확신하였던 것이다. 또한 조선의 유학자들이 이미 멸망한 명의 마지막 숭정(崇禎) 연호를 사용하였던 것도 명에 대한 사대주의라기보다 세력을 거부하고 의리를 추구하는 저항정신의 표현으로 이해하여야 할 것이다. 영·정조(英·正朝)부터 서양문명과 천주교신앙이 사회문제로 등장하기 시작하였으며 서양선박이 해안에 출몰하자 조선정부는 양이(洋夷)라는 새로운 적을 맞이하게 되었다. 고종대의 19세기 후기에 병인·신미양요로 프랑스와 미국의 침입을 받았지만 그들을 물리치고 서양세력을 배척하는 척화비(斥和碑)를 세웠다. 이 척화비는 "서양 오랑캐가 침범해오니, 싸우지 않으면 화친하는 것인데, 화친을 주장하는 것은 나라를 파는 것이라"(洋夷侵犯, 非戰則和, 主和賣國)라고 써서 외세의 침입에 화평을 거부하여, 이른바 대원군은 쇄국정책을 강행하는 것이었다. 물론 이때에 통상도 거절하여 근대화에 낙후하게 된 원인을 이루고 있으나 서양세력의 무력적 위협에 대한 저항은 국가의 전통질서를 확보하려는 주체의식의 발로이며 오랜 역사를 통하여 외침에 시달려온 민족의 반응인 것이다.

조선보다 일찍 문호를 열고 명치유신으로 근대화를 이룬 일본이 고종 때부터 조선에 다시 침략의 손을 뻗치기 시작하였다. 병자수호조약(1876) 이후 일본의 야욕이 드러나자 개화운동을 하는 친일파가 매국(賣國)의 흉적으로 규탄되며 척양·척왜의 주장이 대중에서 나타나니, 이것이 곧 동학란(東學亂)과 항일의병운동이다. 이들은 창의(倡義)를 주창하여 8도의 백성에게 포고함으로써 외세와 불의를 비판하고 무력으로 저항하는 국민운동을 전개하고 있었다. 이들 가운데 때로는 전통적 유교질서를 비판하고 근대문명을 수입하고자 주장하는 입장도 있지만 국가위란 시에 처하여 일제히 내세우는 정신적 근원은 의(義)와 충(忠)이 핵심을 이루고 있었다. 일제침략에 저항한 의병운동에서 19세기 말엽 이항로(李恒老)의 제자들인 최익현(崔益鉉)·유중교(柳重教)·유인석(柳鱗錫) 등 유학자들이 중대한 역할과 영향력을 발휘하였던 것이다. 한일합병을 당할 때 많은 친일매국자도 나타났지만 국가의 독립과 민족의 자주 의식을 회복하기 위해 투쟁한 의사·열사들은 유학의 의리정신과 주체의식에 기반한 것으로 볼 수 있다.

사대의 예도 본래 사직보다 중요할 수 없음을 밝혀 최대의 위압세력인 중국에 대하여도 통치권의 확보를 보장하는 범위에서 외교적 예법으로 사대관계를 확립하였던 것이다. 일제의 식민지 지배에 대하여 거족적인 항일저항운동을 하는 중에 유림세력이 보인 의리정신은 민족주체의식의 바탕으로서 면면히 계승되어 왔다. 따라서 의리정신은 조선조유학의 근본이념으로서 성리학의 철학적 근거 위에 확립된 신념이며, 현실 속의 어떠한 불의의 요소도 거부배척하는 생명력의 주체로서 민족역사를 이끌어가는 원동력이 되어왔다고 할 수 있다. 조선시대사에서 모든 이민족이 침략해올 때마다 이들 외적을 오랑캐로 규정하고 배척하였던 것은 존왕양이(尊王攘夷)의 춘추대의(春秋大義)와 위정척사(衛正斥邪)의 벽이단정신이 주체의식의 유교적 표현으로 전개되었던 것이라 하겠다.

(다) 철학적 논변에 나타난 도학의 순정성(純正性)

송대의 성리학은 조선조 500년 유학의 정통으로 확립되어 학문상의 절대적 권위를 누려왔다. 정주(程朱)의 성리학체계가 이처럼 정통이념으로 한 시대를 지배할 수 있었던 것은 정주학의 핵심내용이 조선조의 시대적 문제에 대답할 수 있던 사상적 기반이었기 때문이다. 조선조의 시대적 정신은 의리와 주체성에 가치기준을 두고 있는 것이라 할 때

성리학의 체계는 이러한 시대정신의 철학적 배경을 제공하고 있음을
볼 수 있다.

고려 말 조선 초의 변동기에 유학계는 성리학의 벽이단론의 체계로
서 노·불(老·佛)을 변척하였다. 정도전의 「심기리편」(心氣理篇)·「불
씨잡변」(佛氏雜辨)은 고려시대의 불교적 정신풍토를 개혁하는 데 유학
의 치밀한 논리적 근거를 확립하였던 것이다. 또한 권근은 정도전의 벽
불론적 저술을 같은 시대에 주석하여 그 중요성을 입증시킬 뿐만 아니
라 스스로 「오경천견록」(五經淺見錄)과 「입학도설」(入學圖說)을 저술
하여 성리학의 체계로써 조선조유학의 기초를 정립하였다. 길재를 통하
여 전승된 사림학파의 학풍은 경전과 소학(小學)을 중심으로 효(孝)·
제(悌)·충(忠)·신(信)의 실천궁행에 진력함으로써 의리정신을 배
양·발현시켰던 것이다.

성리학은 노·불(老·佛)사상과 대립 속에서 형성되었으며, 유학의 정
통성에 대한 신념은 유학이 아닌 모든 사상체계를 이단으로 규정하여
철저히 배격하고 있다. 따라서 타사성과 구별되는 유학의 근본입장을
철학적으로 구명할 뿐 아니라, 그 근본입장 사이의 미세한 차이마저 분
석하여 정사(正邪)를 분변하고 있다. 또한 유학의 이념을 실천하는 의
리정신의 이론적 근거를 추구하는 과정에서 심성정(心性情)의 인간학
적 문제와 인간존재의 근원을 해명하는 과제로서 태극·이기의 우주론
적 문제가 규명되었던 것이요, 이것이 곧 성리학의 철학적 체계를 구성
하고 있는 것이다.

도의 정대함이 곧 인간이 마땅히 행하여야 할 의리로 파악되고 의리
의 주체인 인간의 내면적 동기에 대한 분석은 심성정론으로 집약되는
것이다. 조선조유학의 특징은 곧 심성정의 인성론(人性論)에 최대의 관
심을 기울이어 태극·이기의 우주론적 문제도 인성론 속에 흡수시키고

있는 데서 찾아볼 수 있다. 서화담(徐花潭)의 주기론적(主氣論的) 철학체계가 중요시되지 않고 퇴계(退溪)와 기대승(奇大升) 사이에 사단칠정(四端七情)·이발기발(理發氣發)의 논변이 조선조유학사의 정화(精華)로 평가되는 것은 의리의 근거로서 인성(人性)의 문제가 최대의 관심대상이었기 때문이라 할 수 있다. 퇴계의 이기호발설(理氣互發說)과 율곡의 기발이승일도설(氣發理乘一途說)이 후기유학의 주요쟁점으로서 영남학파와 기호학파의 대립논변을 낳았던 것은 조선조 유학사의 중대한 사실이다. 그러나 그 대립의 각 입장은 정약용(丁若鏞)이 지적하는 바와 같이 퇴계는 오로지 인심에 있어서 이기를 논하고 율곡은 태극론을 포함하여 우주론과 인성론의 전체 속에서 이기를 파악하였던 것으로 이해할 수 있다.

개국 초의 불교변척이나 조광조에 의한 도교(道敎)의 소격서(昭格署)를 혁파(革罷)시키려는 주장은 유학의 정통성을 밝히고 도학의 순정성을 확립하려는 노력의 일단이며, 벽이단정신의 구현인 것이다. 그러나 도학의 순수정대한 발현을 위해서는 타사상체계의 배척으로만 되는 것이 아니라 유교가 통치이념으로 확립된 조선시대에서는 오히려 유학내부의 정화와 철저화가 유학의 학문적인 중대과제였다.

송대의 육상산(陸象山)과 명대의 왕양명(王陽明)의 학설이 정주학에 대립되는 육왕학으로 조선중기 이후에 소개되었을 때, 퇴계는 당시의 유학계에 육왕학자가 있는지 문제 삼지 않고 오직 정주학의 입장에서 양명에 대해서 날카로운 비판을 가하여 「전습록론변」(傳習錄論辯)을 저술하였다. 퇴계를 비롯한 당시학자들의 양명학비판은 명대의 중국유학계까지 비판함으로써 마침내 조선조유학의 도통을 더욱 견고히 하여 육왕학 내지 양명학이 조선사회의 표면에 등장할 수 있는 길을 봉쇄하였던 것이다. 양명학의 지행합일설(知行合一說)을 비판하면서 퇴계는

형기(形氣)에 있어서 지행합일은 가능하지만 의리에 있어서는 불학불
면(不學不勉)하면 알 수도 행할 수도 없다고 주장하여, 의리를 강조함
으로써 정주학의 근본성격을 재확인하고 있다. 이처럼 양명학에 대한
비판이나 정주학 내에 있어서 이기·성정의 문제에 날카로운 논변을
전개하는 것은 발상의 근원에서 호리(毫釐)의 차이를 허용하면 의리의
실행에 이르러 천리(千里)의 오류가 나타나게 되는 것을 경계하는 비
판적 자세이며 벽이단정신의 이론적 근거인 것이다.

정주의 성리학체계가 도학의 정통으로 확립되면서 주자의 학문적 권
위가 절대화되었다. 주자의 학설과 어긋나는 이론을 제시하면 사문난적
(斯文亂賊)으로 단정되어 통렬한 비판을 받아 왔었다. 효종·숙종 때 유
학계에 군림하던 송시열(宋時烈, 1607-1689)은 윤휴(尹鑴, 1617-1680)가
경전주해에 주자의 학설을 무시하고 독자적인 입장을 주장하자 이를 사
문난적이라 단죄하고 이단으로 배척하였으며, 윤휴를 옹호하는 윤선거
(尹宣擧, 1610-1669)까지 춘추정신의 치란지법(治亂之法)을 들어 비판하
였다. 박세당(朴世堂, 1629-1703)도 「사변록」(思辨錄)에서 경서를 주해하
고 「노자」와 「장자」까지 주석하여 학문태도에서 주자학의 체계에 구속
되지 않는 기풍을 보였으며, 이로 인하여 송시열 문인들에 의해 사문난
적이란 단죄를 받았고 유배까지 당하였다. 이러한 비판정신은 당쟁의 정
치적 요소와도 관련되어 극심한 대립의 상대방 공격수단으로서 이단지
변(異端之辨)을 끌어들여오는 학문적 분쟁의 양상을 보이기도 하였으나,
주자학자체의 권위는 동요되지 않았던 것이다.

성리학의 문제는 퇴·율(退·栗)이래의 사단칠정·이발기발문제에서
한걸음 나아가 인간의 내면세계에 관한 본질적 탐구자세에서 인성과
물성(物性)의 이동(異同)을 논변하는 호락(湖洛)논쟁으로 발전하였다.
또한 이기론은 영남학파와 기호학파의 대립논변이 보이는 주자학의 범

위를 넘어서 조선조유학의 성리학적 영역을 확대하였으니, 이것이 곧 이현일(李玄逸, 1627-1704)에서 이항로(李恒老, 1798-1876)·기정진(奇正鎭, 1811-1876)·이진상(李震相, 1818-1885)에 이르는 주리론과 임성주(任聖周, 1711-1788)에서 임헌회(任憲晦, 1811-1876)까지의 주기론(主氣論)이 양극적으로 발달하였던 것이다. 이러한 성리학의 전개는 의리학의 철학적 근거를 구명하려는 노력으로서 조선조말기까지 한국유학의 도학적 정통성을 유지하는 원동력이었으며, 각 시대의 상황 속에 의리의 표준을 제시하는 지성으로서 여하한 반론도 비판·변척하여 도학의 순정성을 확립하려는 벽이단정신을 철저히 발현하여 왔다.

성리학은 의리의 근거를 윤리 이상의 차원에까지 심화시킴으로써 종교적 영역까지 포괄하고 있는 것이다. 이러한 성리학의 이념은 그 현상적 표현형태로 예법을 엄밀히 구성하여 사회질서의 기초를 확립하고 이에 따라 예학(禮學)의 발달을 가져왔다. 정구(鄭逑, 1543-1620)·김장생(金長生, 1548-1631)·김집(金集, 1574-1656)·정경세(鄭經世, 1563-1633)·송준길(宋浚吉, 1606-1672)·박세채(朴世采, 1631-1695) 등 퇴율 이후의 유학자들은 예론(禮論)을 강구하여 의리정신을 제도적으로 구체화하는 데 진력하였다. 현종에서 숙종 때까지 예송(禮訟)의 대립투쟁을 일으킨 것도 예(禮)의 형식에 대한 이견을 넘어 의리에 근거한 비판정신에 기인하는 것이다. 그러나 논변·배척의 말류(末流)에서는 본래의 의리정신을 망각하고 사사로운 감정의 대립이나 문구와 형식에 구애되는 폐단을 낳았던 것도 사실이며, 이러한 말폐가 조선조 유학에 대한 전반적 오해와 비판을 초래하고 있는 것이다.

성리학 및 의리학이 과격한 당쟁과 대립의 와중에 빠져 들어 번쇄한 논쟁을 일삼게 되자 상호의 대립배척이 사회의 혼란을 가져왔다. 현실을 무시한 도덕론에 열중하여 유학의 본래이념인 도(道)의 현실적 실현에 배반되는 공리공담에 젖는 폐단이 나타나자 유학계 안에 새로운 학풍이 일어나 경세제민(經世濟民)·실사구시(實事求是)·이용후생(利用厚生)을 주창하는 실학파(實學派)가 나타났다. 유형원(柳馨遠, 1622-1673)·이익 (李瀷, 1681-1763)·안정복(安鼎福, 1712-1792)·박지원(朴趾源, 1737-1805)·홍대용(洪大容, 1731-1783)·박제가(朴齊家, 1750-?)·정약용(丁 若鏞, 1762-1836)·김정희(金正喜, 1786-1856) 등 실학자들은 경학·역 사·지리·경제 등 다양한 방향에서 연구와 저술을 통하여 활발한 학술 활동을 하였으며, 때로는 반주자학적 입장을 제시하기도 하였다. 그러나 이들의 학문이 시대적인 현실을 잘 파악하고 새로운 해결책을 많이 계발 한 공로가 있지만 그 당시의 정책에 거의 반영되지 못하고 말았으며, 주 자학적 정통성에 대립세력으로 성장하지도 못하였다.

　영·정조 시대로부터 천주교가 유교적 전통사회에 전파되면서 하나의 커다란 사회문제와 사상사적 갈등을 보여주었다. 특히 실학파의 주류를 이루는 기호남인(畿湖南人)들의 일부가 천주교의 연구와 신앙활동에 참 여하자 유학계뿐만 아니라 정부도 천주교를 이단으로 규정하여 탄압을 가하였다. 이승훈(李承薰, 1756-1801)·이가환(李家煥, 1741-1801)·이벽 (李蘗, 1754-1786)·정약용형제 등 당대의 명문사족(士族)이 천주교신앙 에 입교하자 뒤따라 비판의 공격이 집중되어 이들은 처형되거나 유배되 었고, 정쟁과도 얽혀 천주교신앙을 배교하여도 형벌을 면할 수가 없었다. 더욱이 봉건질서 속에 억압을 받던 하층민이 천주교에 대거 입교하자 유 교적 전통질서가 위협을 받게 되었으며, 정부는 국법으로 모역죄에 해당 시켜 천주교신도들을 수차의 사옥(邪獄)으로 무수히 처형하였다. 조선조 말기의 사회상황이 이미 유교이념의 숭고한 도학정신은 쇠퇴하였고 봉건 질서의 말폐가 극도에 달하여 사회붕괴가 일어나는 과정이었으나, 수백 년 정착한 유교체제는 제사를 거부하고 가족윤리와 국가윤리에 대한 이견(異見)을 내세우는 천주교를 개국이래의 최대최악의 이단으로 단죄하여 배척하는 데 최후의 정열을 기울였던 것이다. 정조의 관용정책아래서도 신해사옥(辛亥邪獄, 1791)을 비롯한 천주교도의 처형이 있었고 천주교 서적을 불태우며 금교령을 내렸었다. 순조 이후 고종대까지 전국적으로 오가작통법(五家作統法)으로 신도를 색출하는 소요가 그치지 않았고, 청조와 서양제국의 국제관계로까지 확대되는 중대문제가 되었다. 이러한 천주교신앙은 옥사(獄事)를 일으키기 이전 학문적 관심에서 연구하던 유학자들에 의하여 일찍부터 비판이 제기되었다. 이익(李瀷)은 「천주실의발」(天主實義跋)을 써서 천주교가 환적(幻迹)을 말하여 미혹시킨다고 경계하였고, 신후담(愼後聃, 1707-1761)은 「서학변」(西學辨)을 지어 천주교 서적인 「영언려작」(靈言蠡勺) 「천주실의」(天主實義) 「직방외기」(職方外記)에 대한 체계적인 이론적 비판을 가하여 양묵(楊墨)이래의 이단들과 마찬가지로 천주교도 의(義)를 저버리고 이(利)를 추구하는 이단으로 변척하였다. 안정복의 「천학고」(天學考)·「천학문답」(天學問答)이나 이헌경(李獻慶, 1719-1791)의 「천학문답」(天學問答) 등도 천주교를 이단으로 규정하고 배척할 것을 역설하였다. 또한 사옥(邪獄)을 전후하여 조정에서는 척사(斥邪)상소가 폭주하였고 군왕의 이름으로 토역반교문(討逆頒敎文, 1801, 순조 1년)과 척사윤음(斥邪綸音, 1839, 헌종 5년)이 반포되었다. 그러나 이단배척론은 유학의 벽이단적 전통에서 도입된 개념을 그대로 논리적 근거로 삼고 있으며, 벽이단론변을 통한 유학자체의 이념심화는 진전을 보이지 못하고 말았던 것으로, 벽이단정신의 소극적 측면인 배척의 활동은 강하였으나 적극적 측면으로서 도의 실현을 위한 유학이념의 계발에는 실패하였던 것이다.

도학의 순정성을 확보하려는 의지는 때때로 폐쇄적이고 편협한 데 빠져서 외적 공격에는 과감하면서 내적 충실에는 취약한 면을 보이게 되었다. 이러한 과오에 대하여 유학 안에서 반성과 경고가 있었고 때로는 개방적 자세로 다양성을 포용하여 조화와 균형의 중도를 이루도록 요구하는 주장이 나타났었다.

율곡은 양명학을 비판하는 주자학파의 진건(陣建)이 지은 「학부통변」(學蔀通辨)에 대한 발문(跋文) 속에서 "우리나라 학자들이 육·왕(陸·王)에 물들지 않은 것은 인심이 순정하기 때문이 아니라 속습에만 힘써 학문을 하지 않기 때문이요, 자기의 욕망에 따르는 것이 곧 이단이라"고 반성을 촉구하였다. 양명학에 기울어졌던 장유(張維, 1587-1638)는 "우리나라에서 정주학만 칭송하고 타학설을 모르는 것은 진실한 마음으로 배우는 것이 아니라 심하게 구속을 받아 지기(志氣)가 없는 까닭이며, 따라서 유학이 부진하게 된다"고 비판하고 있다. 또한 정약용은 "이단이란 한 구절의 말에 집착하는 데 있는 것이라" 하였으며, 성인(聖人)의 도(道)는 구속되거나 막히는 것이 아니요 의(義)가 따르는 시중(時中)의 도라는 것을 강조하여 양·묵(楊·墨)의 입장도 일면 속에는 취할 것이 있음을 인정하는 관용과 진지한 자세를 보여주고 있다.

진리로서의 도는 인간의 일상생활을 떠나 있는 것이 아닐 뿐더러 고정적으로 규정될 수 없는 생명적인 것이다. 따라서 정통성은 도의 추진력인 동시에 정통이 고정될 때 벗어버려야 할 낡은 껍질로서 거부되고 만다. 유학의 벽이단적 전통은 타사상체계에 대한 비판만큼 자기반성에 성실하였다면 항상 참신한 시중지도(時中之道)로서의 생명력을 지속할 수 있었을 것이나, 의리정신이 형식의 틀 속에 보수화할 때 비판의 논리도 객관성을 잃고 정치세력과 얽혀서 마침내는 보수정신의 형태로 현실에서 유리되어 생명력을 상실하는 이른바 세쇠도미(世衰道微)의 상태에 빠지게 되었던 것이다.

3) 이단비판론의 반성

중국과 가장 근접한 지리적 조건 아래서도 한국유학의 사상사적 형태가 중국과는 상당한 차이를 보이는 만큼 한국은 그 문화적·역사적 환경의 특이성을 나타낸 것이며, 또한 민족적 고유성을 보여주는 것이다. 유학의 이념자체는 보편적 정신 위에 있는 것이지만 유학의 이념을 역사의 현실 속에 실현하려고 하였을 때, 중국은 중화의식 아래에서 사상의 다양성이 포용되면서 주류를 이루는 이념이 다른 입장을 정치적으로 조종하는 면이 있었다. 그러나 한국은 하나의 입장이 정통으로 확립되면 이를 사회전반에 걸쳐 철저화하여 국론통일의 주축을 이루고 타 사상을 강력히 억제하여 장기간의 보수적 안정세력을 구축하였던 것이다. 이러한 중국문화의 수용양상은 민족의 동질성을 확립하여 외세로부터 독립을 유지하려는 민족의 주체적 의지에 기인하는 것으로 파악하여야 할 것이다.

특히 삼국 이래로 중국에 대한 기본정책이 되어 온 사대외교는 조선조에 와서 모화(慕華)의식에 젖은 일부지식층이 있었으나, 그 기초에는 중국과의 정치적 조화를 통하여 국가의 안정을 확보하려는 역사현실의 이해가 놓여 있는 것이다. 또한 중국의 사상적 종주성(宗主性)에서 존주(尊周)의식 내지 존명배청(尊明排淸)을 내세웠던 것이요, 이 사상적 종주성은 유학의 인도정신인 것이며, 정치세력으로서 중국정부와는 구별하여 이해하여야 한다. 따라서 화이론(華夷論)도 중국을 중심으로 한 지리적 개념이 아니라 왕도(王道)의 이념이 실현되는 곳을 화(華)로 인정할 수 있는 것이며, 공자도 "오랑캐에 군왕이 있으면 중국에 군왕이 없는 것보다 낫다"고 언명하였던 것이다. 따라서 송시열도 "춘추정신에 따르면 중국도 오랑캐의 도를 행하면 오랑캐"라고 규정하였다. 이

러한 입장은 사대와 존주(尊周)의 태도가 의리와 왕도에 근거한 것이
며, 나아가 주체정신의 기반이 되고 있는 것이다.

조선유학은 송대성리학의 벽이단정신을 그 핵심 속에 수용하여 엄밀
한 비판정신을 발휘하였던 면에서 기본적 특징을 찾아볼 수 있다. 이러
한 비판정신은 개국 초에 고려조의 기본이념이었던 불교의 거대한 세
력을 억압하는 데 효과적으로 발휘되었으며, 조선시대사를 통하여 양명
학·서학 등 반주자학적 사상을 철저히 배격하여 타 사상의 세력형성
을 불가능하게 하였고, 이를 통하여 조선조의 사상적 전통은 주자학적
정통성의 관철을 실현하였다. 이러한 국가적 사상의 통일은 미약한 국
력으로도 국가의 안정과 자주성을 확보하는 데 크게 기여한 것은 사실
이다. 그러나 벽이단적 배척의 과잉은 사상의 자유를 억압하는 결과를
낳았고 정통이념이 권력의 비호 아래 보수적 안정을 누리자 그 스스로
생동력을 잃고 정체에 빠지게 되었다. 이러한 폐단에 대한 비판과 자기
반성이 있었으나 이미 관습과 권위의 껍질에 스스로 갇히자 유교의 본
래적 정신인 대립의 조화를 통한 시중지도의 실현에 실패하였고, 한말
의 외세 앞에 응고된 질서와 사상체계가 붕괴되었던 것이다.

그러나 유학이념이 융성하던 시기에서 보였던 의리정신의 생동력은
조선조문학의 핵심을 이루며 민족사의 정화로서 유학이념의 저력을 유
감없이 발현하였다.

불의에 대항하는 의리정신은 생명을 바쳐 실현하는 유학의 순도사(殉
道史)라 할 수 있다. 이욕을 배척하고 의리를 내세우는 인간정신의 투쟁
은 의리를 천리(天理)에로 승화시키는 종교적 측면과 더불어 인간심성
의 내면 속에 성리를 탐구하는 철학적 측면이 심화되어 조선조유학이
인류정신사에 의미 깊은 업적을 남기게 하였던 것이다. 이러한 면에서
벽이단정신은 타 사상에 대한 비판에서보다도 유교의 도를 실현하는 원

동력으로서 조선조유학의 근본정신을 이루고 있다. 따라서 유학의 이념을 역사 속에 실현하는 데는 벽이단정신을 떠나서는 불가능하다고 할 수 있을 것이다. 그러나 다만 벽이단정신의 진정한 본질에 관하여는 끊임없는 반성과 규명이 요구되고 있음을 망각해서는 안 될 것이다.

유학의 이념 속에는 역사의식이 깊이 침투되어 있다. 유교적 역사의식은 맹자가 일치일란(一治一亂)으로 역사를 파악하는 데서 그 특징적인 양식을 찾아보게 된다. 유학의 입장에서 보더라도 오늘의 현실은 세쇠도미(世衰道微)한 난세이다. 공·맹의 도가 끊어져 1600년 만에 정주에서 계승되었고 정·주의 심법이 300년 후 조선조에서 정암(靜庵)과 퇴·율에 계승되었다는 도통론이 인정된다면 일란(一亂)의 현실을 극복하고 다시 유학의 도를 새롭게 창도하여 일치(一治)를 이룰 수 있는 시기는 어느 때일까? 또한 다시금 출현할 유학은 어떠한 이념적 본질을 계승하고 어떠한 형식적 표현의 탈바꿈을 이룰 것인가? 이러한 문제는 현대의 침체된 유학이 미래를 내다보며 발버둥치는 모습을 보여준다. 그러나 예견을 위해서가 아니라 조선조유학사의 반성과 현실의 상황을 음미할 때 우리는 다음의 문제에 주의할 필요가 있을 것이다.

(ⅰ) 유학의 인간심성에 관한 관심은 본질적이며 계승되어야 할 것이다.

(ⅱ) 벽이단정신은 대립을 객관적으로 승인하고 조화를 통한 지양으로만 중도의 실현이 가능할 것이다.

(ⅲ) 장래의 한국유학은 중국의 영향에서 벗어날 것이며, 이러한 현실은 새로운 정신적 의존이 아닌 진정한 주체 속에서 보편적 정신을 창조함으로써만 한국사상의 전통을 계승할 수 있을 것이다.

삼봉(三峯)의 벽불론(闢佛論)

1) 불교의 전래와 려말선초(麗末鮮初)의 배불론(排佛論)

불교가 중국에 전래된 것은 동양사상사에 있어서 하나의 획기적인 사건으로서 중국문화권 속에서 불교가 이룩한 정신적 문화적 업적과 영향은 막대한 것이다. 문헌의 기록에는 불교가 중국에 처음 들어온 것이 후한(後漢) 명제(明帝) 때(A. D. 67)이며, 우리나라에는 고구려 소수림왕 때(A. D. 372)이라 하나 이보다 좀 더 먼저 민간에 전래된 것으로 보인다. 공인을 받으면서도 불교는 원래 발생지인 인도와는 다른 독창적인 형태에로까지 발전하여 중국불교 또는 한국불교로서 토착사상 내지 신앙으로 확립하게 되었다.

중국의 당대(唐代)와 한국의 통일신라 및 고려시대는 불교문화의 전성기로서 사회적인 영향력에 있어서도 유교를 압도하는 감을 주고 있다. 그러나 하나의 사상도 성장·소멸이 있는 듯이 융성의 극치에서 불교의 정체가 시작되고 유교에 새로운 학풍이 진작되어 송대(宋代)의 성리학이 성립되었다. 성리학은 발생과 형성과정에서 유교의 정통성을 강조하며 유교의 근본사상에 입각하여 비유교적인 제반사상, 특히 도가(道家)와 불교를 비판하는 데 날카로운 논리를 전개하였으며, 드디어 도(道)·불(佛)을 이단(異端)으로 규정하고 유교를 정통으로 확립시키는 데 성공하였던 것이다.

한국불교의 한 특성으로서 호국적 성격을 말하고 있는데, 그 대표적 예의 하나를 고려 태조의 십훈요(十訓要) 가운데 제일 조에서 고려가 여려 부처의 호위력으로 건립되었다고 명시하는 데서 찾아볼 수 있다. 따라서 고려시대에서 불교는 태조 이래 국가이념으로 받아들여져 역대의 군왕이 불교를 장려하는 데 힘써 사탑(寺塔)의 조영이나 장경(藏經)의 각간(刻刊)을 크게 일으켰고, 정종(靖宗 2년, 1036) 때는 아들이 넷 있는 집에는 한 사람을 출가하도록 허락하게 하여 많은 승려를 육성하였다.

그러나 불교의 과도한 비대는 고려조의 후기로 내려오면서 점차 퇴락상과 폐단을 나타내었다. 따라서 말기의 불교신앙은 사상적 심화와 독창성을 잃었을 뿐 아니라, 계율의 실천을 통한 사회윤리의 규범적 역할을 감당하지 못하였으며, 주로 개인적 안심입명(安心立命)이나 소재구복(消災求福)을 위한 세속신앙적인 특성을 갖는 것이었다. 군왕을 비롯한 권력층의 혹신(惑信)으로 불교의 정치적 영향력과 경제적 실력이 팽배하게 되고 이에 따라 사회적 비중이 과도하게 높아졌으며, 따라서 그 폐단도 심각하게 나타나게 되었다. 사전(寺田)의 비대화는 국가의 토지제도를 문란케 하였으며 불사(佛事)의 성행은 국가의 재정을 낭비시키고, 승려와 사노(寺奴)의 과다는 인력자원의 고갈을 초래하였으며, 승려의 타락은 사회문제로까지 나타나게 되어 그 비판의 여론이 높았던 것이다.

고려 초부터 국왕의 미불(媚佛) 행사와 승려의 영리행위로 인한 폐해
가 심하였음은 성종(成宗) 원년(982)에 최승로(崔承老)가 올린 28조의
시무상소에서 이미 지적되고 있는 것이다. 이처럼 사원과 승려의 타락
이 극심한 사태에서는 호불(好佛)의 군주도 제재를 가하지 않을 수 없
었으며 문종(文宗) 10년(1056)에 내린 교시에서도 계율을 어기는 승려
를 도태하여 사원의 기강을 세울 것을 말하였다. 이처럼 불교교단의 정
화문제는 고려 초부터 정치문제로까지 나타났던 것이다. 그러나 이러한
태도는 고려시대를 통해서 계속 나타났지만 어디까지나 불교교단의 타
락과 과도한 비대화로 인한 폐해를 제어하려는 것이었으며, 억불적(抑
佛的) 입장에서 불교를 배척하려는 시책이나 사상과는 다른 것이었다.

이러한 불교일변도의 고려사회에 있어서 유교는 정치원리와 교육내
용으로서는 계승되어 왔으나 불교의 성행과 무신집권 등의 상황 속에
서 별다른 세력을 떨치지 못하고 사장론(詞章論) 내지 사관학(仕官學)
으로 명맥을 유지하였던 것이다. 충렬왕 때(1275-1308) 이래로 안향(安
珦)과 백이정(白頤正)에 의하여 원(元)으로부터 주자학이 수입되었고,
이들의 유학을 진흥시키려는 노력과 후진의 양성으로 고려 말의 많은
인물을 배출하였으며 유학의 새로운 학풍으로 성리학이 사상적으로 대
두하게 되었다. 고려 말의 석학으로서 이제현(李齊賢, 益齊)과 이색(李
穡, 牧隱), 정몽주(鄭夢周, 圃隱), 이숭인(李崇仁, 陶隱) 정도전(鄭道傳,
三峰), 권근(權近, 陽村), 길재(吉再, 冶隱) 등이 성균관을 중심으로 성
리학의 학풍을 일으키면서 또한 유교이념을 정치적으로 구현하는 데
진력하였던 것이다.

고려 말에 이르러 왕권이 쇠약해지고 불교의 폐단과 더불어 사회적
혼란이 극심하여 개혁의 요구가 강렬해지게 되면서 성리학의 새로운

이념은 신진세력을 형성하여 토지제도를 비롯한 사회제도의 개혁과 불교의 배척을 주장하게 되었다.

일반적으로 불교에 대한 배척태도는 이색(李穡)의 상소문에서도 볼 수 있는 것처럼 불법(佛法)자체를 비판하는 것이 아니라 승려의 타락과 불사(佛事)의 과도함을 비난하는 온건한 태도였으며, 정몽주도 불교는 일용평상(日用平常)의 도(道)가 아니라고 비판하는 정도에 그쳤던 것이다. 그러나 한편 김자수(金子粹), 허응(許應), 정총(鄭摠) 등 노인층의 온건한 억불론을 넘어서 성균관의 신진기예인 김초(金貂), 박초(朴礎) 등의 격렬한 척불운동은 불교를 이단으로 규정하고 유교와는 양립할 수 없다고 확신하여, 불교를 분쇄하려는 종교개혁운동의 기개를 발휘하였었다. 그렇지만 이들의 척불론은 불교사상을 조직적으로 분석하는 것이 못되고, 전체적으로 불교는 비현세적이며 이적(夷狄)의 교(敎)라 규정하고 그 폐단을 격렬하게 비난하는 데 치우쳐 있었다. 이때에 삼봉 정도전(1342~1398)은 강경파 척불론자들의 거두로서, 이성계(李成桂)를 중심으로 한 신진정치세력의 핵심인물로서, 왕조교체를 전후하여 유교이념에 의한 시정방책을 논구할 뿐 아니라, 성리학의 이론적인 근거 위에서 불교를 철학적·신앙적·사회적인 면으로 논리적인 변척을 하였던 점에서 이 시대의 가장 중요한 인물의 한 사람으로 고려될 수 있는 것이다.

2) 정삼봉의 벽불론적 신념

삼봉은 이단을 배척하고 유교를 현양하는 데 있어서 학문적 탐구로 또는 정책적 실현으로 진력하여 뚜렷한 자취를 남겼다는 점에서 한국

의 근세유학사에서나 정치사에서 커다란 의의를 갖는다 하겠다. 이러한
벽이단(闢異端)―특히 벽불(闢佛)―의 입장은 그의 확고한 신념으로서
철저히 일관되었으며, 그의 주요저술을 2분하였을 때 「심기리편」(心氣
理篇)과 「불씨잡변」(佛氏雜辨)은 불교를 배척하는 데 주력하는 소극적
방면으로 보고, 「조선경국전」(朝鮮經國典)과 「경제문감」(經濟文鑑)은
구체적으로 사회제도와 정책에서 유교이념을 시행하려는 적극적 방면
이라고 할 수 있다. 권근(權近)도 「삼봉집서」(三峰集序)에서 삼봉은 후
진에게 이단을 배척할 것을 가르치는 것으로써 자기의 임무로 삼았다
고 지적하였으며, "그가 이단을 배격함에는 먼저 이들의 서적에 능통하
여 그 이론을 상세하게 설명하고 나서 그 잘못됨을 변척하니 듣는 사
람이 모두 신복하였다"고 언급하여, 척불론이 삼봉의 학문적인 제일과
제에 속하는 것이며, 그의 변척방법이 학문적 논리를 갖추고 있음을 보
여주고 있다. 또한 삼봉 자신도 「불씨잡변」을 쓰고 나서 그 책을 권근
에게 보여주면서 "내가 뜻을 펼 기회가 있으면 불교를 척벽(斥闢)하여
환하게 트이도록 할 수 있다고 생각했지만 마침 태조의 청종(聽從)함
을 얻었으나 뜻대로 되지 않아서 저술을 후대에 남겨 사람들이 깨닫도
록 할 수 있게 되었으니 죽어도 마음이 놓인다"고 말하였음을 보아도
실로 벽불론은 삼봉의 필생의 신념이었음을 넉넉히 알 수 있는 것이다.

물론 삼봉이 불교와 노장(老莊)을 이단으로 규정하고 배척하는 것은
당대(唐代)에 한유(韓愈)가 노불(老佛)을 배척한 이래 송대 성리학의
형성과 더불어 유학의 정통을 확립하려는 철저한 벽이단정신의 태도에
서 결정적인 영향을 받고 있음을 쉽게 알 수 있는 것이다. 삼봉은 이단
특히 불교를 변척하는 것을 그의 학문적 사명으로 삼고서 후진을 가르
치며 저술을 하였던 것으로 고려 말 조선 초를 통한 유불교체의 사상
전환기에 있어서 배불숭유(排佛崇儒)의 기수로서 그가 이룬 업적은 한

국유학사에 획기적인 것이라 하겠다. 이러한 면에서 권근은 삼봉을 전국(戰國)시대에서 양·묵(楊·墨)을 배척하여 유학의 정통을 확립한 맹자에 견주어 칭송하였던 것이다.

3) 정삼봉의 벽불논변 체계와 논리

우선 여기서 삼봉의 벽불관계 저술을 중심으로 하여 그의 벽불사상을 검토해 보고자 한다. 이제 그가 전개한 논변의 체계를 1) 철학적, 2) 윤리적, 3) 신앙적, 4) 역사상의 사실에 관한 문제와 5) 유·불의 대비와 벽불의 논거 등 다섯 가지로 분석하고 그 논리적 성격을 해명하여 보고자 한다.

(가) 철학적 문제에 대한 논변

삼봉은 성리학의 근본문제를 이루는 이(理)·기(氣)와 심(心)·성(性)·정(情)의 개념을 근거로 하여서 불교의 '심'과 도가(道家)의 '기' 개념을 대조시켜 비판하는 데에 그의 철학적 문제에 대한 논변의 초점이 놓여있다고 하겠다. 「불씨잡변」에 앞서서 사언체의 형식으로 읊은 「심기리편」은, 불교의 '심'으로 도가적 '기'의 세계를 부정하는 「심난기」(心難氣) 편과 도가의 '기'로서 불교적 '심'의 세계를 비난하는 「기난심」(氣難心)의 두 편을 먼저 제시하여 '심'이나 '기'가 각각 일면에 치우친 것임을 보여주고 나서, 「이유심기」(理諭心氣) 편에서 이 두 가지를 포괄할 수 있는 근원적 개념으로 '이'를 제시하여 유교의 진실함을 밝히고자 하였다.

이러한 불교적인 '심'의 개념은 그 본체가 공(空)하며 적연무짐(寂然

無眹)한 것으로 모든 상(相)과 체(體), 념(念)과 정(情)을 떠나서 불변
하며 독립하여 있으므로 가장 신령하며 무궁한 것이라 하겠다. 따라서
불교적 입장에서 보면 현상적·신체적·의식적인 모든 작용은 가(假)
요 환(幻)이며 허망한 것으로서 심(心)을 해치는 적(賊)이 되는 것이
다. 이처럼 삼봉은 불교의 근본개념인 '심'은 현상세계를 부정하는 초월
적인 것으로 규정하고 있는 것이다.

　권근에 의하면 「기난심」 편에서는 이 '심'의 개념에 대하여 도가의
'기' 개념을 통하여 기가 없으면 심이 부착할 곳이 없다는 점과 심의
지각·사려작용은 정기와 신령의 안식을 파괴하는 것으로 화(禍)의 근
원이 된다는 점을 들어 비난하고 있다고 한다.

　그러나 「기난심」에서 비난되고 있는 심은 불교의 근본개념으로서의
심이나 진심(眞心), 일심(一心)과는 달리 무명(無明)이나 망심(妄心)에
해당하는 것이라 하겠다. 따라서 「기난심」 편에서는 장자(莊子)에서
"마음으로 듣지 말고 기로 들어라"(無聽之以心 而聽之以氣)나 "아무
사려도 없으면 비로소 도를 안다"(無思無慮 始知道)라 할 때에 심의
분별·사려작용을 떠나서 양기(養氣)를 주장하는 도가의 입장을 소개
하는 데 그친 것이라 볼 수 있다. 이러한 면에서 삼봉은 불교가 '심'을
강조하고 도가가 '기'를 강조하여 다른 한쪽을 거부하는 특성을 먼저
지적하였던 것이다. 그리고 나서 「이유심기」 편에서 삼봉은 유교의 근
본개념으로 '이'를 제시하여 '이'는 심과 기의 근원으로 선천적인 것이
며, 이를 떠난 심은 이해에 빠지고, 이를 떠난 기는 동물의 세계로 돌
아가고 만다는 그 폐단을 비판하고 있다. 이러한 유교적 이의 개념은
순수한 본질적 존재이며 선천적인 근원적 존재인 동시에 현실적 세계
를 관철하여 실현되는 것으로 전체를 거부하는 것이며 이러한 이를 근
거로 하였을 때에 심은 더욱 허명(虛明)하게 되고, 기는 호연(浩然)하

게 생양(生養)할 수 있게 되는 것이다.

「심기리편」에 나타난 삼봉의 벽이단론은 앞에서 살펴본 바와 같이 불교에서 현상세계의 부정을 통하여 심의 본체를 파악하는 것이나, 도가에서 사려·분별을 떠남으로써 기를 기르려는 부정의 논리를 편벽한 것으로 비판하며 양자의 세계를 더욱 근원적인 포괄개념(즉 '이')에 흡수시킴으로써 일관과 통일 및 조화를 추구하는 유교의 입장을 밝히려 하였다는 데에 그의 논리적 특성을 찾아볼 수 있는 것이다.

「불씨잡변」의 둘째 편인 「불씨인과지변」(佛氏因果之辨)에서 논하는 인과(因果)의 개념은 불교적 세계관과 신앙의 핵심을 이루는 윤회설(輪廻説)의 논리적 근거가 되는 것이라 하겠다. 이 편에서는 "사람에게 지·우(智愚), 현·불초(賢不肖), 빈·부, 귀·천, 수·요(壽夭)의 차별이 있고, 사물은 사람에게 부려지는 수고로움을 당하며, 그물이나 낚시에 걸리게 되고, 약육강식하게 되어 공평하지 못한 것은 왜 그럴까? 여기에 불교에서 살았을 때 지은 선악은 원인이 되어 다른 날 그 보응을 받는 결과를 초래하게 된다고 하는 인과론이 근거 있는 것이 아닌가"라는 질문에 대하여 삼봉이 논변하는 것을 내용으로 한다.

삼봉은 현상세계의 다양한 차이를 음양오행의 '기'가 운행하는 과정에서 발생하는 것으로 보아 객관적 자연질서를 제시함으로써 업인(業因)·과보(果報)의 주관적 운명론의 면을 배제하고 있다. 즉 인간이나 사물이 현실적으로 다양하게 분별되는 것은 '기'에 있어서 통·색(通塞), 편·정(偏正), 청·탁(淸濁), 후·박(厚薄), 고·하(高下), 장·단(長短)의 상이성에서 오는 것이다. 따라서 '기'의 정(正)하고 통(通)한 것을 얻으면 인간이 되고, '기'의 편(偏)하고 색(塞)한 것을 얻으면 사물이 되는 것이다. 이처럼 삼봉은 음양오행의 교운질행(交運迭行)은 현상세계를 자연질서 내지 법칙의 객관성에 근거시키고 있으며, 그 논거로서 「주역」의 "건도가 변화하여 저마다의 성명을 바르게 한다"(乾道變化 各正性命)는 말이나 "천도는 사사로운 마음이 없어 만물에 두루 한다"(天道無心 而普萬物)라는 말을 인용하고 있다. 나아가서 삼봉은 불교에서 화복(禍福)이나 질병을 선악의 행위에 대한 과보(果報)로 설명하는 것에 대하여 인간의 화복을 정론(定論)하는 복자(卜者)나, 질병을 진단하는 의자(醫者)가 모두 오행의 쇠왕(衰旺)과 상감(相感)으로 명확하게 처리해 나가고 있으므로 인과의 보응을 말하는 것은 황당한 오류라고 비난하고 있다. 이러한 면에서 삼봉은 불교의 인과론을 변척하는 데 있어서 어디까지나 자연현상의 객관성을 한유(漢儒) 이래의 오행설과 송유(宋儒)의 기론(氣論)으로 설명하는 합리적 과학적 입장을 취하였으며, 성명(性命)도 내면적 윤리문제를 결부시키지는 않았던 것이다.

「불씨잡변」의 「불씨심성지변」(佛氏心性之辨)에서는 불교와 유교의 '심'과 '성' 개념 및 심성관계에 대한 이해태도의 차이를 들어 불교의 관점을 비판하고 있다. 불교의 심성에 대한 설명으로 인용된 것은 "미혹하면 심이요, 깨달으면 성이다"(迷之則心 悟之則性), "심·성의 명칭이 다른 것은 안·목의 칭호가 다른 것과 같다"(心性之異名 猶眼目之殊稱), "원묘는 명심이요, 명묘는 원성이다"(圓妙明心 明妙圓性, 능엄경), "마음 밖에 부처가 없고 '성' 밖에 법이 없다"(心外無佛 性外無法) 등의 말이다. "미혹하면 '심'이다"에서의 심은 망심(妄心)으로서 성과 대립된 것이고 "심·성의 명칭이 다른 것은 안·목의 칭호가 다른 것과 같다"에서의 심은 진심(眞心)으로서 성과 동일한 본체인 것이다. 따라서 불교에서 심을 언급할 때에는 경우에 따라 전혀 상반된 것이니 주의 깊게 이해하여야 한다. 이것은 가장 근본적 내용을 표현하는 개념이 때로 듣는 자에게 혼란을 일으키며, 삼봉도 여기서 불교에서 심의 개념이 애매하다고 비난하고 있다. 또한 능엄경에서 명(明)과 원(圓)으로 심과 성을 구별하고, 보조(普照)가 불(佛)과 법(法)에 따라 심과 성을 구별하는 것은 어느 정도 방불하게 이해한 것이라 인정하지만 확연하게 진실을 구명하지는 못하고 있는 것이라 비판하였다. 이러한 비판의 근거가 되는 유학의 심성론으로서 삼봉은 "심이란 사람이 하늘에서 얻어 태어난 기로서, 허령(虛靈)하여 어둡지 않아 한 몸의 주재가 되는 것"이라 하고 "성이란 사람이 하늘에서 얻어 태어난 '이'로서, 순수하고 지극히 착하여 한 마음에 갖추어 있는 것"이라 하여 심은 기로써 성은 이로써 규정하였다. 다만 이 심은 기이지만 허령불매(虛靈不昧)하여 한 몸의 주재(主宰)가 되는 것이므로 심속에 성의 이를 갖추고 있는 것이다. 그러므로 신안(新安) 진(陳)씨는 "성은 신명(神明)의 집이요 성은 심이 갖춘 '이'이다"라 하였고, 장횡거(張橫渠)도 "심은 성과 정을 통괄한다"(心統性情)라 하였다. 이러한 심은 기의 작용을 내포하므로 지각이나 작용이 있는 것이지만 성은 순수한 '이'이므로 지각이나 작용이 없으니 "심은 성을 다할 수 있으나 성은 심을 검속할 줄 모른다"라 할 수 있다.

불교에서 "심을 관조하고 성을 보니 심이 곧 성이다"(觀心見性 心則性)라 하며, "심으로 심을 관조하는 것은 입으로 입을 깨무는 것과 같으니 관조하지 않음으로써 관조하는 것이 마땅하다"라 표현하는 속에는 불교적 직관의 논리가 나타나고 있다 하겠다. 그러나 삼봉은 "심이 곧 성이라" 하거나 "심으로 성을 관조한다"라는 동일화를 반대하였다. "이미 심이 곧 성이라 하여 일심(一心)이라면 심을 다시 둘로 나누는 것은 무슨 까닭인가?"라고 반문하며, 유교에서 심을 "사방 한 치의 가슴속에 텅 비었으나 신령스러우며 어둡지 않고, 모든 이치를 갖추었으며 모든 일에 대응한다"라 설명한 것을 다시 "텅 비었으나 신령스러우

며 어둡지 않은 것"(虛靈不昧)이 심이요, "모든 이치를 갖추고 있는
것"(具衆理者)이 성이며 "모든 일에 대응하는 것"(應萬事者)이 정이라
분석하여 설명함으로써, 심·성·정이 긴밀하게 결합되어 있으면서 명
확히 구분될 수 있는 것임을 강조하고 있다. 이것은 곧 불교에서 즉
(卽)자로 표현하는 구족(具足)·원융적(圓融的) 일치의 논리에 대하여
본말(本末)과 내외(內外)를 구분하면서도 조화시키는 유교적 일관의
논리를 제시하였던 것으로 볼 수 있다.

또한 삼봉은 불교에서 심을 "공적(空寂)하고 영지(靈知)하여 연(緣)
을 따라 변하지 않는 것"이라 하는데, 연을 따르는 것(隨緣)과 변하지
않는 것(不變)사이에 갖추어 있는 '이'가 없으므로 사물에 접하였을 때
막혀 있는 자는 끊어버리려 하고 통달한 자는 좇으려 하는바, 이것은
시비(是非)를 가리는 이치가 기준이 된 것이 아니므로 끊으려 하거나
좇으려 하는 두 가지 태도가 모두 잘못이라고 비판을 하였다. 불교에서
비유하고 있는 하늘에 뜬 달과 천강(千江)에 비친 그림자 사이에 있어
서도 달은 참된 것이나 그림자는 거짓된 것이라 하므로 양자를 연속시
킬 수 있는 이치가 없다고 하여 불교를 이원론으로 규정하였으며, 결국
허무한 것으로 비난하고 있다.

「불씨진가지변」(佛氏眞假假之辨)에서도 불교에서 심·성을 진상(眞
常)이라 하고 천지만물을 가합(假合)이라 보아 현상세계를 부정하고
있는 점을 비판한다. 원각경(圓覺經)에서 여래(如來)의 원각묘심(圓覺
妙心)으로 본다면 법계(法界) 즉 현상세계는 공화(空華)와 같고 중생
의 망상(忘相)은 제2월 즉 월영(月影)과 같다고 한 말이나 능엄경에서
대각(大覺)을 바다에 비유하면 공(空) 즉 현상세계는 거품과 같은 것
이라 한 데 대하여 유교의 '이'는 천지만물에 앞서 존재하는 태극(太
極) 속에 이미 갖추어져 있는 동시에 천지만물에 두루 존재하는 것임

을 대비시키고 있다. 천체에는 운전(運轉)의 도수가 있으며, 일월성신(日月星辰)에는 거꾸로 가고 바로 가고 빠르고 느린 운행차례가 있고, 바람·비·어둠·밝음의 모든 현상도 선기(璇璣)와 옥형(玉衡)으로 헤아려지며 세월이 아무리 오래가도 24절기로 고르게 나눠지고 합삭(合朔)의 미세한 오차도 곱하고 나누는 두 방법으로 해결되는 것이다.

이러한 합리적 과학적 입장에서는 불교에서 현상을 환망(幻妄)이라 보는 신앙적 직관과 대립되지 않을 수 없을 것이다. 삼봉은 "태극이 양의(兩儀)를 낳고 양의가 사상(四象)을 낳는다"(주렴계: 태극도설)에 근거하여 모든 변화가 여기서 나오는 것이며 물이 근원에서 흘러나와 만 갈래로 흘러 감이나 나무에 뿌리가 있어서 가지와 잎이 무성함과 같다는 비유로써 본체와 현상이 이치로 일관되는 것임을 거듭 강조하고 있다. 이것이 곧 그가 말하는 실리(實理)이다. "불교가 현상세계를 가(假)라고 하는 것이 사실이라면 그것은 잠시에 그치는 것이며 천만세에 내려갈 수 없을 것이요, 환(幻)이 사실이라면 한 사람을 속일 수 있을 뿐이요 천만인을 속일 수 없을 것이다.

그러나 천지는 상구(常久)하고 만물은 상생(常生)하는 것이니 결국 불교의 궁리지학(窮理之學)은 천지만물의 이치를 포용하지 못하는 것이라"고 비난하고 있다. 이러한 점을 장횡거도 "천지와 일월을 환망한 것으로 보는 것이 곧 불교의 병든 곳이다"라고 지적하였던 것이다. 여기서 또다시 불교의 부정적 내지 초월적 입장에 대하여 유교의 일관성의 논리를 부각시키고 있음을 볼 수 있다.

「불씨잡변」의 「권말비설」(卷末備說)에서는 삼봉의 「불씨잡변」 19편을 어느 객(客)이 읽고 나서 무정(無情)한 물(物)은 법계성(法界性)에서 나오고 유정(有情)한 '물'은 여래장(如來藏)에서 나온다는 불교의 입장에서 삼봉이 무정한 것과 유정한 것을 구분하지 않고 모두 '기'로써만 설명하려 하는 것은 억지가 아니냐고 반문을 제기하고 있다.

이에 대하여 주렴계의 말을 빌려 움직이면서 움직이지 않고 고요하면서 고요하지 않아서 기가 통하지 않는 바가 없는 것을 신(神)이라 하고, 움직이면서 고요하지 않고 고요하면서 움직이지 않아 각각의 형기(形氣)에 갇히어 기가 서로 통할 수 없는 것을 '물'이라 규정하며, 이 '물' 가운데 움직이면서 고요하지 않는 것은 유정한 것이고 고요하면서 움직이지 않는 것은 무정한 것이라 설명하였다.

따라서 모든 자연현상은 기의 작용 속에 포섭되는 것이며 다만 기가 유행하는 과정에서 일어나는 통하고 막히며 치우치고 바름의 차이에 따라 인간과 사물, 금수(禽獸)와 초목(草木) 등이 구분되는 것이며 그 근본은 기로 통한다고 본다. 이런 논거에서 그는 유정과 무정이 둘로 구별되는 것이라면, 인간에도 혼백(魂魄), 오장(五藏), 오관(五官)과 같은 지각운동이 있는 부분과 모발(毛髮)과 손톱, 치아 등 지각운동이 없는 부분이 있으니 두 개의 몸이 있는 것이 되고, 한 사람의 부모도 두 가지의 몸을 갖고 있게 되니 두 부모가 있는 것이 된다고 반박하는 논증을 펴나간다.

이상과 같이 삼봉은 「심기이편」과 「불씨잡변」의 몇 편을 통하여 심법(心法)과 불성(佛性)을 본질적 존재로 보고 현상세계를 환망한 것으로 부정하는 불교적 세계관의 부정적 · 초월적인 특징적 요소를 송유(宋儒)의 심성정론(心性情論)과 이기론(理氣論)에서 제시되는 체용(體用)과 본말(本末)이 질서와 조화 속에 일관되는 긍정적 현실적인 유교적 세계관으로 변척하였던 것이다.

(나) 윤리적 문제에 대한 논변

「심기리편」의 「이유심기」에서 그는 불교의 심학(心學)과 도가의 기학(氣學)이 모두 '이'를 떠나므로 금수로 돌아간다고 비난하였다. 측은 (惻隱)의 정이 일어나는 것을 유가에서는 정념(情念)이 일어나는 것이 라 하여 두려워하지 않으며, 마땅히 죽어야 할 때는 의(義)를 따라 죽 으므로 양기탐생(養氣貪生)만을 추구하지는 않는다는 유교윤리의 기본 입장을 밝히고 있다.

의리는 금수와 구별하여 인간을 인간되게 하는 근거이며, 생사를 넘 어서 지향되는 근본적 가치기준을 이루는 것이다. 이러한 '의'개념이 유 교윤리의 핵심을 이루고 있음을 삼봉은 명확히 파악하고 있었다.

「불씨잡변」의 「불씨작용시성지변」(佛氏作用是性之辨)에서 성과 작용 과의 관계를 문제 삼을 때 방거사(龐居士)의 "신통(神通)과 묘용(妙 用)을 겸하니, 물 긷고 나무 나르는 것이네"라는 송(頌)을 인용하여 물 긷고 나무 나르는 것도 묘용(妙用)이 아님이 없다고 하여 성의 본질이 곧 작용과 동일시되는 윤리적 비약을 공격의 대상으로 삼았다. 성은 '이'이나 작용은 '기'인 것이며, 사람은 '형기'가 있고 나서 그 형기에 이 가 갖추어 있게 된다. 심에 있어서 인·의·예·지(仁義禮智)의 성이 있는 것도 그 예이다. 따라서 기 즉 작용에 갖추어진 '이'는 '당연한 법 칙으로서 바꿀 수 없는 것'이라는 규범으로 이해된다. 유강공(劉康公) 이 "인간이 천지의 중(中)을 받아 태어나는 것을 명(命)이라 하며, 그 러므로 동작에 위의(威儀)법칙이 있어 정명(定命)한다"라 말하는 데에 서 천지의 중(中)은 이요, '위의'의 법칙은 이가 작용에 발현하는 것이 라 설명된다. 이러한 이의 작용에 발현함이 곧 '의'의 윤리성이며, 의가 있으므로 작용이 '이'에 근거하게 되는 것이지 작용자체가 이는 될 수 없는 것이다. 이것이 곧 정이천(程伊川)이 말하는바 "사물에 존재하는 것은'이'이고, 사물에 대처하는 것은 '의'이다"라는 말에서처럼 유교에서 존재와 당위를 분석하는 동시에 종합하여 이해하는 근본입장을 갖고 있는 것이다. 이때에 분석의 측면이 명백하지 않으면 주자(朱子)처럼 "만약 작용을 성이라 한다면, 사람이 칼을 들고 사람을 죽이는 것도 '성'이라 하겠는가?"라고 불교에 대하여 비판을 하게 되는 것이다.

「불씨심적지변」(佛氏心跡之辨)에서는 심과 적(跡) 즉 성과 작용을 종합하지 못하고 분리만 시켜놓는 데 대하여 비판을 하고 있다. 불교에서 "문수(文殊)보살이 술집에서 놀았는데 그 행적은 잘못이나 그 마음은 옳다"라 하여 심은 취하고 적을 취하지 아니하는 것은 심과 적을 두 가지 별개의 것으로 나누는 것이라 하겠다. 그러나 유교적 입장에서는 심은 한 몸속에 주재하는 것이며 적은 일에 대응하고 사물과 접촉하는 데에 있어서 심이 발현하는 것이라고 규정하였을 때 성과 적은 분리되어 독립하는 데 그칠 수 없고 혼연히 결합되어 있음을 볼 수 있다. 심속에 있는 인성(仁性)은 어린아이가 기어서 우물에 들어가는 것을 보면 두렵고 가련한 마음을 일으키는 예에 있어서와 같이 심과 적의 관계는 본체와 작용이 한 원천이고 [體用一源] 뚜렷한 것과 미세한 것 사이에 틈이 없다[顯微無間]는 특성을 갖는 것이라 하였다. 여기에 정명도(程明道)가 "불교는 경(敬)으로써 마음속을 곧게 하는 것은 있지만, 의로써 바깥을 바르게 하는 것은 없다"라 하고 "불교에는 하나의 각(覺)의 이치가 있으니 경으로써 마음속을 곧게 한다고 할 수 있다. 그러나 의로써 바깥을 바르게 함이 없으니 그 마음속을 곧게 한다는 것도 요컨대 그 근본은 옳지 않다"라 하여 불교를 윤리성이 결핍되어 있는 것으로 비판하는 이유가 있다.

「불씨매어도기지변」(佛氏昧於道器之辨)에서는 본체와 현상의 관계에 있어서 앞에서 본 바와 같이 불교가 취하는 두 가지 양상에 대하여 유교의 성리학적 입장에서 비판을 하고, 이러한 철학적 근거에서 윤리적 문제에 대한 불교의 태도를 비판하고 있다.

유교적 입장에서는 '도'는 '이'이며 형이상자(形而上者)이고, 기(器)는 '물'이며 형이하자(形而下者)로서 서로 혼동될 수 없는 것이다. 그러나 본체로서의 도는 현상으로서의 기(器)를 떠나서 초월하여 있을 수 없으며, 어떠한 사물이나 어떠한 시간 속에서도 도를 떠난 현상이 있을 수 없는 것이다. 이러한 도와 기(器)의 관계는 섞이지 않으며 떨어지지 않는 것(不雜不離)으로 규명되는바 유교적 대립통일의 논리를 내포하고 있다. 가까이는 부자·군신·부부·장유·붕우의 관계에서 멀리는 천지만물에 이르기까지 인간이 그로부터 떠나서 존재할 수 없는 것이며, 그 속에 도가 없는 곳이 없으므로, 인간은 일에 대처하고 사물에 접촉할 때 그 도를 다하여 어긋남이 없어야 한다는 유교의 당위적 윤리가 있는 것이다.

이에 반하여 불교에서는 도와 기(器)를 분리하여 섞이지 않음(不雜性)을 강조하는 입장에서는 기(器) 즉 현상을 허망한 것으로 부정하여 "무릇 상(相)이 있는 것이란 모두 허망하고", "만약 온갖 상이 아님을 본다면 곧 여래를 볼 것이다"(凡所有相 皆是虛妄 若見諸相非相 卽見如來)라 하므로 결국 불교는 공적(空寂)으로 빠지는 것이라 비판하였다. 도와 기의 떨어지지 않음(不離性)을 강조하여 "선과 악은 모두 마음이요 만법(萬法)은 오직 의식이다"고 할 때에는 일체에 따라 순응하기도 하지만 미친 짓이나 방자한 일도 하지 않음이 없다고 비판하였다. 이러한 비판은 도·기의 관계에 대한 이해의 오류가 윤리의 근거를 마련하지 못하였다고 보며, 따라서 정명도는 불교적 수행(修行)에서도 도·기의 섞이지 않음만 보는 막힌 자는 마른나무 같은 데 들어가 버리고 떨어지지 않음만 보는 소통된 자는 방자한 데로 돌아간다고 비판하였던 것이다.

또한 「불씨훼기인륜지변」(佛氏毀棄人倫之辨)에서도 정명도의 말을 인용하여 유교에 있어서 '도'와 '물'은 서로 떠날 수 없는 것이며, 잠시

도 떠날 수 있다면 도가 아니라는 근거에서, 부자·군신·부부·장유·
붕우의 인륜이 모두 도가 아님이 없는데, 불교에서는 떨어지지 않음을
망각하고 이러한 인륜을 파괴하고 신체를 버리니 도를 멀리 떠나게 된
것이라 비난하고 있다.

「불씨자비지변」(佛氏慈悲之辨)에서는 불교와 유교에 있어서 도덕적
행위의 핵심적 규범을 이루는 자비와 인(仁)의 내용을 비교하여 분석
하고 있다. 삼봉에 의하면 인의 발현인 측은(惻隱)과 자비(慈悲)는 모
두 본체로서의 '인'에 대한 작용이며 서로 같은 의미를 내포한다고 하
였다. 그러나 측은과 자비의 구체적 실천에 있어서 양자는 근본적으로
서로 다른 방향을 지향하고 있다. 유교에서는 친족과 나는 동기(同氣)
이고, 남과 나는 동류(同類)이며, 사물과 나는 동생(同生)인데 어진 마
음이 베풀어지는 것은 가까운 데서부터 먼 곳으로, 즉 지친(至親)에서
타인에게로, 그리고 나서 사물에로 물이 흘러가듯 나아가는 것이므로,
맹자의 말과 같이 "어버이를 친애하고서 백성에 인자하며 백성에 인자
하고서 사물을 사랑한다" 하여 나가는 유교는 하나(一)이며 진실이고
연속이라 하였다. 그러나 불교의 자비는 승냥이와 범 같은 맹수나 모기
와 등에 같은 독벌레에게 몸을 베풀어 주고, 다른 사람은 굶주리거나
헐벗은 자에게 보시(布施)를 하면서도 인륜을 가합(假合)이라 하여 부
자의 지극히 친애한 사이나, 군신의 지극히 공경할 사이에는 끊어버리
고자 하며, 부모에 대하여 저절로 우러나는 효애(孝愛)의 마음을 "여러
전생(前生)에 익은 기질이 아직 다 제거되지 않았기 때문에 애착의 뿌
리가 오히려 남아 있다"라 하여 인륜을 저버리니, 나무에 뿌리가 없는
것과 같고 물에 근원이 없는 것과 같아서 불교에는 '의'와 '이'가 없다
고 비판하였으며, 사람을 이롭게 하고 사물을 정제하게 하는 효과가 없
으므로 제거시켜버려도 아까울 것이 없다고 공격을 하였다.

또한 불교의 지옥에 대한 설명이 너무나 참혹하여 자비와 크게 상반 된다는 점도 지적되고 있다.

이러한 윤리적 비판은 유교의 기본적 성격인 윤리성에 입각하는 것 으로 철학적 문제에 대한 유교의 근본체계에 근거를 두고 있다. '본체 와 작용이 한 원천'[體用一源]이라는 일관성에서 현상세계인 현실을 긍 정할 수 있는 유교적 윤리가 정립되며, 불교의 신앙적 비세속적 윤리의 부정적 내지 초월적 성격은, 유교의 인륜 및 의리 개념과 정면의 충돌 을 면할 수 없는 것이라 하겠다.

(다) 신앙적 문제에 대한 논변

인간이 처하고 있는 상황 속에서 삶과 죽음의 문제만큼 두렵고 어두 우며 절박한 문제도 드물다. 이 사생(死生)의 문제에 대한 대답을 통하 여 모든 종교는 그 근본적 태도를 밝히고 있는 것이다. 삼봉이 「불씨잡 변」의 첫 편에서 불교적 사생관의 핵심이 되는 윤회(輪廻)에 대한 논 변을 전개한 것은 의미 있는 일이라 하겠다.

「불씨윤회지변」(佛氏輪廻之辨)에서는 불교에서 "사람이 죽어도 정신 은 소멸하지 않으니 다시 태어남에 따라 형체를 받는다"라 하여 정신 불멸설에서 윤회환생(輪廻還生)의 논거를 제시하고 있다고 보았다. 유 교에서의 사생의 문제는 태극(太極)에 움직이고 고요함이 있어 음양 (陰陽)이 나타나고, 음양에 변(變)하고 합(合)함이 있어 오행(五行)이 갖추어지며, 무극·태극의 진실(無極太極之眞)과 음양·오행의 정기(陰 陽五行之精)가 오묘하게 결합하여 응결하는 데에 인간과 만물이 무궁 하게 생성하여나가 그침이 없는 것이라 하였다.

「주역」에서 "시초에서 찾고 종결로 돌아가니 사생에 관한 말씀을 안다. 정기(精氣)가 사물이 되고 유혼(游魂)이 변하니 귀신의 정상을 안다"라 하여 사생과 귀신의 문제에 대한 고전적 명제를 제시하였다. 천지의 조화는 생성하고 또 생성하여 그침이 없으나, 기(氣)의 모이고 흩어짐이 있으니, 기의 모임이 생(生)이요, 기가 흩어지면 사(死)가 되는 것이다. 기(氣)가 모여서 생성되는 것은 곧 정백(精魄)과 기혼(氣魂)이 합하여 사람과 사물이 생성되는 것이며, 혼(魂)과 백(魄)이 서로 떠나서 혼기(魂氣)는 하늘에로 돌아가고 체백(體魄)은 땅으로 내려가서 흩어져 변하는 것이 귀신의 현상이다. 삼봉에 의하면 이때의 변(變)은 변화의 의미가 아니라 변하면 없어지는 것이라 하였다.

따라서 천지 사이는 화로처럼 모두 소산(消散)시켜버리나 한번 흩어진 것이 그 동질성을 유지하면서 다시 합할 수는 없는 것이다. 사람이 호흡을 할 때 한번 뿜어낸 기를 다시 그대로 들여 마실 수 없고, 초목이 뿌리에서 줄기와 가지와 꽃과 나무가 한기(一氣)로 통하여 봄과 여름에 무성하였다가 가을과 겨울에 쇠락하면 다음해 봄에 지난해의 쇠락하였던 것이 다시 뿌리로 돌아갈 수 없는 것이라 비유된다. 또한 우물에서 길어낸 물이 다시 돌아가지 않아도 우물은 계속 솟아나는 것이나, 봄에 뿌린 10섬의 씨앗은 가을에 100섬을 거둘 수 있는 것도 기의 운행이 생성하고 또 생성하는 능력을 갖고 있기 때문이다. 이에 반하여 윤회설에서는 혈기(血氣)가 있는 것 [동물]은 수(數)가 정하여 있어서 태어나고 죽기를 계속하여도 전체의 숫자는 증감이 없이 윤회전생을 계속하는 것이라 보고 있다. 이러한 윤회설에 대하여 만물이 동시에 번성하거나 쇠잔할 수도 있다는 유교의 생성론적 비판은 합리적 정신이 강한 것이라 할 수 있겠다.

「불씨윤회지변」의 후기(後記)에서도 "'유혼(游魂)이 변한다'에 대한 해석에서 '혼과 백이 서로 떨어지면 혼기(魂氣)는 하늘로 돌아가고 체백(體魄)은 땅으로 내려간다'라 하여 혼·백이 각각 천지로 돌아간다니

정신불멸과 통하는 것이 아닌가?"하는 반문에 대하여 불이 나무에 의거하여 있음을 혼·백이 합하여 생명이 있음에 비유하고 사람이 죽어 혼과 백이 각각 천지로 돌아가는 것은 불이 꺼졌을 때 연기가 하늘로 오르고 타고 남은 재가 땅에 남는 것과 같아서, 불이 꺼진 후 연기와 재를 다시 합하여 불을 만들 수 없는 것처럼 사람이 죽은 후에도 혼과 백을 다시 합하여 생명을 만들 수 없는 것이라고 생명의 윤회를 철저히 부정하고 있다. 따라서 삼봉에 의하면 개체로서의 사후세계는 존재할 수 없는 것이다.

「불씨지옥지변」(佛氏地獄之辨)에서는 불교에서 인간이 현세에서 지은 선악에 따라 천당이나 지옥에 간다는 교설을 믿어서, 사람들이 부처에 공양하고 중에게 밥을 먹임으로써 죽은 자를 위해 죄를 없애고 복을 받아 천당에 가서 쾌락을 누리게 할 수 있고, 그렇게 하지 않으면 지옥에 가서 온갖 고초를 받게 된다고 생각하는 것을 오류로 지적하였다. 생사의 문제에서 이미 죽은 뒤에 정신과 신체가 남아 있다고 생각하지 않으므로 지옥에 썰리고·불타고·찧기고·갈리는 고통이 있다고 하더라도 베풀어질 곳이 없다고 부정하는 것은 당연한 것이다.

불교에서 지옥의 교설이 실재를 말하는 것이 아니라 하근인(下根人)으로 하여금 두려워하게 하여 악을 못하고 선을 하도록 하는 방편으로서의 의의를 갖는 것이라는 입장이 있다. 이에 대하여 정명도의 말을 빌려 "지성(至誠)이 천지를 꿰뚫어도 오히려 인간을 모두 교화할 수 없을 터인데 어찌 거짓 교설로 사람을 교화할 수 있겠는가?"라고 방편설을 부정하였다.

어느 승려가 삼봉에게 "지옥이 없다면 사람이 무엇을 두려워하여 악을 행하지 않겠는가?"라는 현실적 방법의 문제에 대하여 반문한 데 대하여, 그는 선을 지향하는 것은 인간의 본성에서 나오는 것으로 누구나 선을 좋아하고 악을 싫어하기를 아름다운 빛깔을 좋아하고 나쁜 냄새를 싫어하는 것처럼 한다고 하여 지옥설이 없어도 인간은 본성에 따라 윤리의 당연함에 따르게 되는 것이라 하였다.

「불씨화복지변」(佛氏禍福之辨)에서 인간에게 운명적으로 주어지는 화복(禍福)의 문제에 대하여 유교와 불교의 입장을 대조 비판하고 있다.

유교의 화복설은 천도(天道)의 복선화음(福善禍淫)이나 인도(人道)의 상선벌악(賞善罰惡)이 모두 인간의 옳고, 그르고, 사특하고, 바름에 따르는 것이므로 정심수기(正心修己)하면 복은 구하지 않아도 오고 화는 피하지 않아도 멀어진다고 하였다. 따라서 화복은 초월적 존재에 기도(祈禱)하여 얻어지는 것이 아니므로 공자도 "하늘에 죄를 입으면 빌곳이 없다"라 하였다. 유교적 수양에서는 외부에서 발생한 화(禍)는 추위와 더위를 당하듯이 순응하여 받아들일 뿐이지 변화시키려고 할 필요가 없는 것이다. 그러나 불교에서 부처에 귀의하면 화를 면하고 복을 얻을 수 있다 하여 온갖 악을 범하였더라도 부처에 귀의하면 화를 면하고, 도가 있는 사람도 귀의하지 않으면 화를 면할 수 없다고 하는 것은 모두 사심(私心)에서 나온 것이지 공도(公道)가 될 수 없다고 비난하고 있다. 부처에 귀의한다는 것은 신앙의 기본적 태도이나, 유교에서는 화복을 신앙으로 좌우할 수 있다는 불교적 신념을 단호하게 거부하고 있는 것이다. 삼봉의 벽불(闢佛) 저술로서 가장 먼저 나타난 「심문·천답편」(心問·天答篇)에서 화복의 문제를 내용으로 하고 있는 것은 그만큼 화복이 일상생활 속에서 많은 사람의 관심을 끌고 있음을 보여주는 것이라 하겠다.

「심문」(心問) 편은 심(즉 인간)이 상제(上帝)에게 묻는 내용으로, 심은 성경(誠敬)과 의용(義勇)을 무기로 하여 물욕(物欲)과 투쟁을 하고 있는데, 그 보답은 물욕을 따르는 자가 오래 살고 부귀하며, 의리를 따

르는 자가 요절하고 빈궁한 일이 잦아 물욕을 따르는 자가 많아지게
되니 상제가 주재(主宰)하는 데 의혹이 생긴다고 항의하여 묻고 있다.

「천답」(天答) 편에서는 상제가 심(인간)에게 인간의 과오가 하늘을
병들게 하며, 하늘은 덮어주고 낳아줄 수는 있으나 실어주고 이루어 줄
수는 없어서, 추위・더위・재난・상서로움이 인정에 유감 됨이 있으나
인간이 먼저 자신을 바르게 하고 나서 하늘의 결정함을 기다려야 할
것이라고 대답한다.

따라서 하늘과 인간은 그 직분을 달리하여 서로 일방적으로 지배하
는 것이 아니며 다른 쪽에 책임을 돌려버릴 수 없는 것이다. 인간의 화
복도 끝까지 인간의 책임을 다하고 나서 하늘의 결과를 받아들여야 하
는 것이다. 이것이 "인간의 일을 다 하고 하늘의 명(命)을 기다린다"고
하는 것이요, 맹자가 말하는 "일찍 죽고 오래 사는 것이 두 가지가 아
니니, 자신을 닦고 기다리는 것이 명(命)을 세우는 것이다"이요, 공자
가 말하는 "하늘을 원망하지 않고 인간을 허물하지 않으며 아래에서
배워 높은 데까지 사무친다"라 하는 유교의 수양태도로서 화복문제를
극복하는 실천적 근거를 이루고 있다.

「불씨선교지변」(佛氏禪敎之辨)에서는 앞에서 비판하였던 화복설이
오히려 징계하고 권장함이 있어서 인륜을 완전히 헐어버리지는 않았으
나, 선교(禪敎)에 있어서는 불립문자(不立文字)・언어도단(言語道斷)・
직지인심(直指人心)・견성성불(見性成佛)을 말하니 권선징악하는 도리
와 계율로 몸을 지키는 도리를 잃어버려서 선교(禪敎)에 와서는 의리
가 절멸되었다고 심하게 비판하고 있다. 선교의 태도는 돈오(頓悟)를
추구하여 형식을 무시하는 경향이 강하므로 유교의 수기・치인(修己治
人)의 도에 비추어 볼 때, 선교가 예법의 밖으로 벗어나고 풀려나 제멋
대로 한다는 비난이 응당 나올 수 있는 것이라 하겠다.

불교의 수행방법으로서 독특한 형태인 걸식(乞食)의 문제에 대하여
도 「불씨걸식지변」(佛氏食之辨) 편에서 중시하여 다룬 것은 당시의 사
회적 문제와도 관계가 있기 때문일 것이다. 식(食) 문제는 인간의 일상
생활과 정치에 있어서 중요한 것으로 유교가 깊은 관심을 보이고 있음
은 「서경」 홍범 편에서 팔정(八政) 가운데 '식'을 첫머리에 두고 있으
며, 자공(子貢)이 정치를 물었을 때 공자도 "먹을 것을 넉넉히 하고 군
사를 넉넉히 하고 백성이 믿는 것이다"라 답하여 '식'을 먼저 들고 있
는 데서도 볼 수 있다. 그리하여 사람은 누구나 하루도 먹지 않고 살
수 없으며, 또 먹기만 하고 살아서도 안 된다. 먹지 않으면 성명(性命)
을 해치고, 먹기만 하면 '의리'를 해치게 되는 것이다. 그런데 불교에서
는 금강경(金剛經)의 "그때 세존께서는 식사 때에 가사를 입고 발우를
가지고 사위성(舍衛城)에 들어가 그 성안에서 걸식하였다"란 말에서처
럼 석가모니 자신이 걸식의 모범을 보였다. 삼봉에 의하면 "불교에서
남녀가 같은 방에 사는 것을 불의라 하여 인륜을 벗어날 뿐 아니라 농
사를 버려 낳고 또 낳는 근본을 끊으니, 이대로 가면 천하에 사람이 없
을 터인데 어떻게 걸식할 수 있겠는가?"라 반문하고, 석가모니는 백성
을 다스리는 것도 생업(生業)도 버렸으니 곡식 한 낟알을 먹어도 먹기
만 하는 것이 되는데 자기 힘으로 먹는 것을 불의라 하고 걸식으로 먹
는 것을 의라 하니 불교에는 '의'도 '이'도 없는 것이라 비난하였다.

그 밖에 불교적 신앙의 미세한 사항으로 방광(放光)과 사리(舍利)에
관하여 「불씨잡변」의 「권말비설」(卷末備說)에서 논급하고 있다. 부처의
방광(放光)은 신통력의 상징이라 하겠으나 삼봉은 심(心)이 본래 광명
(光明)한 것인데 불교에서 심을 전정(專精)하게 하므로 방광이 생긴다
는 것도 가능한 일이라 긍정하였다. 그러나 불이 사람에 이롭게 하는
데 가차가 있는 것이므로 재 속에 묻어두기만 하면 아무 효용이 없는

것처럼 광명을 내기만 하고 마른나무 같이 적멸(寂滅)하여 현실에 이로
움이 없으면 풀이나 나무가 썩어서 야광(夜光)을 내는 것과 다를 바가
없다고 비판하였다.

사리(舍利)도 뱀이나 조개에 구슬이 있듯이 가능한 일이라 하겠으나
아무런 실용적 효과가 없으니 사리가 영험하다고 할 아무 이유가 없는
것이다. 이러한 무익한 것으로 인간의 사업을 폐지하고 공경하여 받드
는 것은 세상 사람이 평범한 것에 싫증내고 괴상한 것을 좋아하며 실
리(實利)를 버리고 허법(虛法)을 숭상하는 것이라 비난하였다.

이상의 몇 가지 신앙적 문제에 대한 삼봉의 비판은 불교의 비세속적
이며 합리성을 넘어서는 신앙내용에 대하여 과학적 합리성과 실용적
현실성의 면에서 비판하는 입장을 견지하고 있는 것이라 하겠다.

(라) 역사상의 사실에 대한 비판

삼봉은 「불씨잡변」의 「불법입중국」(佛法入中國), 「사불득화」(事佛得
禍), 「사천도이담불과」(舍天道而談佛果), 「사불심근년대우촉」(事佛甚謹
年代尤促)의 4편에서 중국에 불교가 전래한 이후 제왕(帝王)이 불교를
숭신(崇信)하였던 몇 가지 역사상의 사실을 제시하여 불교를 비난할
수 있는 실증을 삼고자 하였으며, 각 편의 후기(後記)에서 진덕수(眞德
秀)의 「대학연의」(大學衍義)를 인용하여 이 사실들에 대한 비난의 논
급을 예시하고 있다. 삼봉 자신은 이 4편을 '전대사실'(前代事實)로 묶
어 보았으며, 이론적 논변이 아니라 다른 여러 편에서 전개하였던 이론
적 비판을 실례(實例)로서 증거하려는 데 그의 의도가 있었다고 볼 수
있겠다. 그가 선택한 사실이 한국역사상의 사실도 아니고 중국의 사실
에 한정되고 있으며, 대중신앙으로 야기된 사회문제가 아니라 주로 왕
가(王家)의 숭불(崇佛) 사실로 인한 여파를 논의하고 있는 것이다. 이

러한 면에서 삼봉은 주로 제왕(帝王)을 경계하는 의도에서 사실을 선택한 것으로 보인다.

「불법입중국」편에서는 한(漢) 명제(明帝) 때에 사신을 인도에 파견하여 불서(佛書)·승려·불상(佛像)을 들여왔으며, 왕공귀인(王公貴人)으로서 처음 불교를 숭배한 사람은 초왕(楚王) 영(英)이라는 사실을 지적하였다. 진서산(眞西山, 德秀)은 초왕 영도 결제수사(潔齋修祀)하는 데 그쳤으나, 후한 말(後漢末) 영제(靈帝)가 궁중에 불사(佛祀)를 세우기 시작하여 위진(魏晋) 남북조를 거쳐 점점 번성해가서, 오호(五胡)시대에는 후조왕(後趙王) 석륵(石勒)은 불도징(佛圖澄)을 받들었고, 전진왕(前秦王) 부견(苻堅)은 도안(道安)을, 후진왕(後秦王) 요흥(姚興)은 구마라습(鳩摩羅什)을 스승의 예법으로 받들었으며, 후위(後魏)의 효문제(孝文帝)도 수제청강(修齋聽講)하기를 좋아하는 등 점점 성행하게 되었으니 그 시초인 후한의 명제에게 책임이 크다고 비난하였다.

「사불득화」편에서는 양 무제(梁武帝)가 불교를 깊이 신봉하여서 사원에 가서 어복(御服)을 벗고 법의(法衣)를 입기도 하며, 정사를 볼 때에도 단육지식(斷肉止食)하는 계(戒)를 지키고, 불사(佛事)를 크게 일으키며, 반역죄를 지은 자도 용서하여 주었지만 끝내 나라가 어지러워지고, 자신이 사원에 갇혀 굶어 죽었던 사실을 지적하고 있다. 진서산도 양 무제의 경우처럼 제왕으로 불법을 숭상한 결과는 천륜(天倫)을 가합(假合)으로 무시하는 불교로 인하여 풍속이 무너지고 강상(綱常)이 땅에 떨어지는 지경에 이르고 말았다고 비난하며, 요순(堯舜)과 삼왕(三王)을 스승으로 하고 외국의 종교(즉 불교)를 배제하여, 인의(仁義)를 세우고 예법을 숭상하며 정형(政刑)을 밝혀야 할 것이라고 유교의 이념을 제시하고 있는 것이다.

「사천도이담불과」편에서는 당(唐) 대종(代宗 763~779 재위)이 재상(宰相)인 원재(元載)와 왕진(王縉)의 설득으로 불교의 응보설(應報說)을 믿고 부처를 섬겨서 재앙을 소멸하려 하며, 제왕과 대신이 불사(佛事)를 담론하기만 하여 정형(政刑)이 문란하게 되었음을 지적하고 있다. 진서산은 이 사실에 대하여 유학자가 재상이라면, 착하면 복을 받고 문란하면 화를 입는다는 것과 가득 차면 이지러지고 겸손하면 보탬이 된다는 이치를 임금에게 아뢰어 천도(天道)는 속일 수 없음을 알고 덕을 닦기에 힘쓰도록 하여야 할 것인데, 불교도인 재상이 복업(福業)을 심는 것을 말하고 국가의 운수가 장구한 것은 모두 부처의 힘에 있다고 하여 천도를 속였다고 비난하였다. 또한 안록산(安祿山)과 사사명(史思明)의 내란도 곽자의(郭子儀)와 이광필(李光弼) 등이 충성을 다하여 물리친 공이요 회흘(回紇)과 토번(吐藩)이 싸우지 않고 물러난 것도 곽자의가 스스로 포로가 되어 반간계(反間計)를 썼기 때문인데 이것을 부처의 힘이라 하고 사람의 힘이 미치지 않는 것이라 하니 전혀 기만하는 것이라 비난하고 있다.

「사불심근년대우축」 편에서는 당 헌종(憲宗)의 불골(佛骨) 즉 사리를 맞아(819) 궁중에 두고 존봉(尊奉)하는 것에 대하여 형부시랑(刑部侍郎)이던 한유(韓愈)가 「불골표」(佛骨表)를 올려 간하는 말을 인용하고 있다. 한유는 「불골표」에서 불교는 오랑캐의 법이라 전제하고, 불교가 들어오기 전인 황제(黃帝)에서 문왕(文王)·무왕(武王)에 이르기까지 모두 긴 수명을 누렸고 백성들도 안락하였는데, 불교가 한 명제 때 들어온 후부터 혼란과 멸망이 연이었고 국가의 운수가 길지 못하여, 송(宋)·제(齊)·양(梁)·진(陳)·원위(元魏) 이래 부처를 섬김이 점점 심해가면서 나라는 더욱 빨리 쇠망하니 부처를 섬기는 것은 복을 구하는 것이 아니라 도리에 화를 얻는 것이므로 믿을 것이 못된다 하였고, 불골(佛骨)을 궁중에 들일 것이 아니라 물이나 불 속에 던져버려 화의 근본을 끊어야 한다고 극론(極論)하였다. 진서산도 군주가 부처를 섬기는 것은 이익을 탐내는 마음에서 나오는 것이라 지적하고 임금 된 자도 신선을 찾고 부처에 아첨하는 데 빠지는 것을 경계하여 이러한 글을 저술한다고 말하였다.

역사상의 사실에 의하여 불교를 배척하기 위해 제시한 이상의 몇 가지 사항은 인의(仁義)와 예법과 형정(刑政)을 밝히는 것을 통치자로 법도로 전제하는 입장에서 인륜을 거부하고 자비만 가르치는 불교가 불합당하며 화복설은 이익을 탐내는 마음에서 나오는 것이므로 질서를 어지럽혀 화만을 초래한다는 원칙론을 실증하려는 데 집중한다. 그러나 불교승단의 폐해나 타락이 사회문제로 대두하던 고려 말의 현실적 상황에 대해서는 별로 관심을 나타내지 않고 있음을 볼 수 있다.

(마) 유·불의 대비와 벽불(闢佛)의 논거

삼봉은 「유석동이지변」(儒釋同異之辨) 편에서 유교와 불교가 공통된 용어를 쓰면서도 어떻게 달리 개념내용을 구성하고 있는가를 대조시켜 보여주고 있다. 그는 이러한 대비에서 공통점을 찾으려는 것이 아니라, 유·불의 서로 다른 점을 찾는 데 주목하고 있으며, 송학(宋學) 이래의 불교에 대한 기본태도로서 철저하게 배척을 위한 논거를 세우는 데 목표를 두어 "구절마다 같지만 일마다 다르다"라 하여 타협을 근본적으로 부정하고 있다.

유·불 사이의 근본개념을 대비시킨 데서 나아가 행위규범에 대한 근본입장의 차이를 온갖 변화에 상응하여 행동하는 것[酬酢萬變]과 일체에 따라서 순응하는 것[隨順一切]으로 비교하였다. 불교에서는 사물이 스스로 부려지게 하며, 사물이 부림을 당하게 하지는 않는다 하고, 유교에서 하늘이 인간을 만물 가운데 신령하도록 만들어서 사물은 인간에게 이용되도록 되었다는 입장과 대조시켜 비판하고 있다. 삼봉은 이러한 유·불이 서로 어긋나는 근거로서 심(心)과 이(理)의 관계에 대한 입장의 차이를 중요시하였다. 유교는 심과 이를 하나로 파악하지만 불교에서는 심과 이를 둘로 파악한다고 하며, 불교는 "마음이 비면 이치가 없다"고 보나 유교에서는 "마음이 비록 비더라도 만물이 모두 갖추어 있다"고 보아 서로 대립됨을 지적하고 있다. 따라서 유교는 하나이며 연속이요, 불교는 둘이며 단절이 되는 것이라 하고, '심'이 하나라는 사실에서 보면 유교와 불교를 같은가 다른가의 문제로 논할 것이 아니라 바르고 그른가의 문제이므로 불교는 그른 것이라고 변척하고 있다.

유·불의 '심'을 체험하는 자리에 있어서 불교가 어두움 속에서 빛을 보고, 형체가 없는 데서 소리를 듣는 경지를 말하지만, 유교에서는 신령한 것도 있고 자취 있는 것도 있어서 만사에 응하여 수작할 즈음에 본근(本根)을 발견하게 되는 것이라 하여 비근한 데서 배워 높은 데에로 통달하는 태도를 밝히고 있다. 또한 유교에서는 심이 천하의 이를 끝까지 추구해갈 때에 처음에는 안과 밖의 정밀하고 거칠음을 구분하게 되지만, 심이 신령함을 인식하여 단정하고 장엄하며 고요하고 한결같은 [端莊靜一] 가운데 마음을 지키며, 배우고 묻고 생각하고 분별하여 [學問思辨] 마음을 다하는 공(功)을 이루어 오래도록 정밀하고 상세하게 하면 안과 밖의 정밀하고 거칠음이 사라지고 시원하게 꿰뚫어지는 경지를 얻게 되는 것이라 본다. 그러나 이에 비하여 삼봉은 불교에서 이러한 유교적 태도를 비근하고 산만하다 하고 그윽이 깊고 황홀한 말로 '심'을 문자 언어의 밖에 둠으로써 덕을 밝히고 백성을 새롭게 하는 [明德新民] 실학(實學)을 어지럽힌다고 비판하고 있다.

이러한 불교적 근본입장과 체계에 대한 비판에서, 삼봉은 유교의 근본 개념으로서 '심'과 '이'를 불교의 심과 법(法)에 대비시키고, 전자에서 단

계적 질서 속에 내면적 심과 보편적 실재인 이가 통일되어 있음을 밝힘
으로써, 후자가 내면적 심을 직관적으로 파악하고 객관적 실재를 부정하
는 주관주의적 태도를 변척하는 것을 기본입장으로 삼고 있다고 하겠다.

삼봉은 벽불논변을 유교의 한 기본적 과제로 확립하기 위하여 「벽이
단지변」(闢異端之辨) 편에서 유교에 있어서 벽이단(闢異端)정신의 연
원을 역사적으로 구명하고 있다.

순(舜)은 요(堯)임금 때에 공공(共工), 환도(驩兜) 삼묘(三苗), 곤
(鯀) 등을 교묘하게 말하고 낯빛을 꾸미거나, 명(命)을 어기어 일을 그
르친 죄로 죽였으며, 우임금도 "교묘하게 말하고 낯빛을 꾸미는 것을
어찌 두려워하겠는가"라 하였다 한다. 교묘하게 말하고 낯빛을 꾸미는
것은 사람의 마음을 해치고, 명을 어기어 일을 그르치는 것은 사람의
일을 어그러뜨리므로, 성인(聖人)이 버려서 용납하지 않았던 것이다.
은(殷)의 탕왕이나 주(周)의 무왕이 걸(桀)이나 주(紂)를 칠 때에 "내
가 상제를 두려워하니 감히 바로잡지 않을 수 없다"라 하고 "내가 하
늘을 따르지 않으면 그 죄가 같아질 것이다"라 하여 벽척(闢斥)이 천
명(天命)·천토(天討)이며 개인이 사양할 수 있는 것이 아니라 하였다.
공자도 "이단을 전공하는 것은 해로울 뿐이라" 하여 해로움을 못 박았
고, 맹자도 "양주·묵적을 막아내는 자는 성안의 무리라" 하여 사설(邪
說)을 막는 것이 사람에게 커다란 도움이 됨을 말하였으며, 묵적의 겸
애(兼愛)는 인(仁)한 듯하고 양주의 위아(爲我)는 의(義)한 듯하나 그
해독이 아비를 아비로 여기지 않고 임금을 임금으로 여기지 않는 데
이르는 것이니 양주·묵적을 못 막아내면 성인의 도(즉 유교)가 행할
수 없다 하여 벽양묵(闢楊墨)을 자신의 임무로 삼았다. 특히 불교는 고
묘(高妙)한 언설이 성명(性命)·도덕에까지 언급되고 있어 양주·묵적
에 비교할 수 없을 만큼 심하게 사람을 미혹시키고 있다고 보며, 주자

도 "불교의 말은 이치에 더욱 가까운 듯하지만 진리를 크게 어지럽히
는 것"이라 하였고, 삼봉 자신도 벽이단을 자신의 임무로 삼는다고 밝
혔던 것이다. 법관이 아니라도 사람은 누구나 나라를 어지럽히는 신하
나 부모를 해치는 자식을 죽일 수 있는 것처럼, 성현(聖賢)이 아니라도
사설(邪說)이 횡행하고 사람의 심성을 파괴하는 것을 막아내야 한다고
하여 벽이단정신은 유교인의 기본사명임을 강조하고 있다.

4) 벽불논변의 성격과 의의

앞에서 몇 가지 문제를 중심으로 정삼봉의 벽불논변이 내포한 논리
를 검토하여 보았다. 그러나 삼봉은 단순히 학문적 내지 객관적 관심에
서 불교를 논리적으로 변척하는 것이 아니라, 그 시대적 상황 속에서
유학자이며 유교인으로 불교를 이단으로 규정하고 배척하는 것을 제일
의 사명으로 삼고 있었으며, 철저히 유교의 입장에 서서 유교를 부양하
기 위하여 불교에 내포된 허점을 파헤치는 데 논리적 변척을 수행하였
던 것이라 하겠다. 따라서 오늘날 다시금 삼봉의 벽불논변을 문제 삼고
자 한다면 이 논변이 갖는 한계와 시대적 상황 속의 특징과 그 후기에
미친 영향이나 현재에서 갖는 사상사적 의의를 살펴볼 필요가 있는 것
이다. 여기서는 1) 비판의 논리적 성격 2) 사회적 기능에 대한 비판 3)
벽불론의 종교적 의의 등 세 가지 면으로 이해하여 보고자 한다.

(가) 비판의 논리적 성격

삼봉의 벽불론은 정주(程朱)의 성리학에 근거하고 있는 것이며, 그가
불교에 대하여 가하였던 비판의 문제점은 이미 송대 성리학자들이 모

두 제시하였던 것이라 할 수 있다. 특히 철학적 문제에 대한 비판의 논리적 구조는 성리학의 이기론과 심성정론을 그대로 받아들이고 있다. 성리학에서는 이(理)는 형이상(形而上)의 도이며 기(氣)는 형이하(形而下)의 기(器)로서, 인식론적으로는 동일할 수 없는 것이며, 현실적으로는 분리할 수 없다는 섞일 수도 없고 떨어질 수도 없는 관계에서 유교의 존재론적 특성을 보여주고 있다. 심·성·정의 문제는 인간에 있어서 이기론의 적용이며, 성은 모든 이치를 갖추고 있는 것이고 정은 모든 일에 대응하는 것이고, 이러한 성과 정은 비었으나 신령하고 어둡지 않은 심에 통괄된다. 이처럼 성리학의 성은 이·기가 합하여 있으며, 성·정을 통어하고, 한 몸(一身)의 주재가 되는 현실적 존재로서 성·정의 인식론적 이원성을 통일시키고 있다. 삼봉은 이러한 심성정론의 논리로서 불교를 분석하려고 하였던 것이다.

삼봉에 의하면 불교에서는 심과 성이 혼동되고 있다고 하며, "심을 관조하고 성을 본다"거나 "심이 곧 성이다"라고 하는 불교의 말은 심을 2분화하는 것이 된다. 또한 성과 작용이나 심(心)과 적(跡)의 관계에 대하여, 불교에서는 작용이나 '적'과 같은 현상세계를 환망하여 무상한 것으로 부정하는 태도와 "색(色)이 곧 공(空)이다"라거나 "묘용(妙用)이 아님이 없다"라 하여 긍정하는 태도를 동시에 볼 수 있다. 이러한 불교적 태도를 비판하여 불교는 도·기의 떨어지지도 않고 섞이지도 않음을 깨닫지 못하여 막힌 자와 소통한 자로 나누어 버린다는 정자(程子) 이래의 변척을 되풀이하고 있다.

그러나 불교의 입장은 본래적 존재인 심 내지 진여(眞如)와 현상적 존재인 법(法) 내지 생멸(生滅)을 이원적으로 구분하거나 직관적으로 동일시하여 혼동하는 것이 아니라 본래적 존재를 파악하기 위하여 현상세계를 무상하고 환망한 것으로 규정하는 부정적 계기를 제시하며,

각(覺) 내지 지혜(prajña)를 통하여 체득하는 존재 자체 즉 진여는 다시 현상세계를 대립으로부터 지양시켜 내포하는 긍정적 계기를 보여주는 변증법적 논리를 갖고 있다. 따라서 불교에서 "무릇 상(相)이 있는 것이란 모두 허망하다"라 할 때와 "만약 온갖 상이 상이 아님을 본다면 곧 여래(如來)를 볼 것이다"라 할 때는 평면적 2분이 아니라 불교에 있어서 존재파악의 변증법적 차원을 의미하는 것이라 할 수 있다.

이러한 면에서 삼봉의 벽불논변은 불교의 형이상학적 존재론이 갖는 변증법적 논리를 중시하지 않고 성리학의 이기론에 근거한 심성정 체계의 인식론적 일관성으로 변척하는 데에 그 특징이 있는 것이라 하겠다.

(나) 사회적 기능에 대한 비판

삼봉이 불교를 변척하게 된 가장 큰 동기는 철학적 문제에 있는 것이라기보다는 그의 시대에 누구나 실감하고 있던 불교의 사회적 폐해를 체계적으로 비판하려는 데에 있었던 것이라 볼 수 있다. 유교의 기본특성으로서 사회와 윤리의 문제를 중시하며, 그 근본개념 속에 수기·치인(修己治人)의 도를 받아들이고 있다. 이러한 유교적 입장에서는 불교의 출세간적(出世間的) 계율에 따르는 세속적 질서의 거부나, 타락한 승려의 말폐(末弊)와 불교도의 부처를 섬기는 통속적 행위가 비판의 대상이 되고 있음은 극히 당연한 일이라 하겠다.

부자·군신·부부·장유·붕우의 관계는 사회생활의 기본이 되는 인간관계이며 여기에 유교의 근본윤리로서 강상(綱常)이 제시되고 있다. 이것은 비근한 현실생활이지만 유교의 '도'자체가 여기서 떠날 수 없는 것이다. 이러한 현실긍정의 합리적 사회성으로부터 불교가 도를 추구하기 위하여 출가(出家)를 하므로 음식·남녀와 군신·부자의 인륜을 끊어버리려는 것은 아비를 아비로 여기지 않고 임금을 임금으로 여기지 않는 오랑캐의 도라고 비판하게 된다. 또한 유교는 어버이를 친애하며 백성에 인자하고 나아가 사물을 사랑하여 어버이에서 백성에로 그리고 나서 사물에로 나아가서 근본을 깊이 하여 멀리까지 미치게 하는 단계적인 질서에 입각하고 있으나, 불교에서는 자비를 베푸는 데 친소(親疎)의 후박(厚薄)이 없어 부자와 군신 사이에 일어나는 자연스러운 효(孝)와 충(忠)의 정서를 무시하므로 '의'로써 바깥을 바르게 하는 윤리가 없다고 비판하고 있다.

이러한 사회윤리의 문제는 가장 뚜렷한 논쟁점이 되어 이에 대한 비판은 불교가 중국에 전래한 후 계속되어 왔던 것이다. 일용평상(日用平常)의 윤리를 존중하는 중국문화의 뿌리 깊은 유교적 사회구조 속에서 불교는 끝내 사회윤리로서 기반을 확립할 수 없었으며 대중은 신앙에 있어서 불교에 귀의하더라도 유교적 사회규범을 실천하여 왔다. 따라서 세속적 질서와 신앙적 질서를 구분하고 후자를 통하여서 전자에 가치를 부여하는 불교적 윤리사상은, 세속적 질서를 근본적으로 신성시하는 유교적 윤리와는 근원적인 갈등을 피할 수 없었으며, 중국불교의 의식(儀式)과 포교에 있어서 결정적인 영향과 제약을 받았던 것이라 하겠다.

유교에서 '의'는 맹자가 '사람의 바른길'이라 말하거나, 주자가 '마음의 법도요 일의 마땅함'이라 설명하는 데서 보는 것처럼 실천윤리의 근본개념이며, 도덕의식의 근원인 수치감 즉 부끄러워하고 미워하는 마음을 '의'의 단서(端緒)로 파악하고 있다. 따라서 불교의 윤리성에 대한 비판이나 불교에 대한 배척이 의리정신에 입각하고 있음을 이해하여야 할 것이다. 따라서 임금이 자비심만 베풀어 위엄을 잃고 강상을 세우지 못하거나, 불사를 일으켜 복을 구함으로써 이익을 추구하는 것은 모두 의리를 떠난 것으로서 비판되며, 이때에 불교도 함께 덕을 닦고 백성을 다스리는 의리를 밝히지 못하는 것으로서 배척하고 있다.

(다) 벽불론의 종교적 의의

유교와 불교가 대립되는 과정에서 나타나는 유교 측의 벽불논변 속에는 유·불의 종교적 성격이 특히 잘 나타나고 있음을 주의할 필요가 있다.

사생의 문제는 종교가 대립하고 있는 핵심적 문제로서 이에 대한 대답 속에서 인생의 전체적 정위(定位)와 구원(救援)의식을 드러내고 있는 것이다. 불교는 정신불멸을 믿고 인과업보에 따라 천당지옥으로 윤회 환생한다고 믿는다. 따라서 현재의 생명은 잠정적이고, 궁극적 구원의 상태인 열반(涅槃)은 죽음을 의미하기도 한다. 그러나 유교에서는 현세의 생명이 근본적인 중요성을 갖는 것으로 확신되고 있다. 인간도 만물과 더불어 기(氣)가 모이고 흩어지는 데에서 태어나고 죽게 되는 것이다. 물론 인간의 생명을 이루고 있는 기는 바르고 통한 기이므로 치우치고 막한 기가 모인 사물보다 신령하고 고귀한 것이다. 그러나 개별인간의 고유한 생명은 그가 살고 있는 현세에 일회(一回)만이 허락되고 있다. 따라서 현세의 생명은 소중하고 축복된 것으로서 이 생명의 원천인 부모와 하늘은 종신토록 감사를 받게 된다.

유교적 의식 속에 후세의 이차적 생명이 있다면, 그것은 다만 자신으로부터 분화되어 나가고 자신에 의해 인격이 형성되는 자손의 생명에 찾아질 수 있는 것이라 하겠다. 유교에서는 구원도 내세(來世)가 아니라 현세에 있어서 내면의 덕성(德性) 속에 내재한 하늘을 따름으로써 하늘과 일치[天人合一]할 때에 성취될 수 있는 것이다. 이러한 유교적 입장의 현세관은 불교에 있어서 해탈의 부정적 현세관과 정면으로 대립을 이루고 있는 것이며, 불교에 대한 신앙의 문제에 관한 비판에는 그 바탕에 생존과 현세의 의미에 대한 유교적 확신이 놓여있는 것이다.

신앙적 체험 속에서 신앙대상의 실재와 성격은 핵심적 요소를 이루고 있다. 불교에서는 종파에 따라 상당한 차이를 나타내지만 대중불교의 타력(他力) 신앙이 대중에게 널리 퍼져 있었고 염불(念佛) 공불(供佛)을 통한 기복(祈福)행위는 중국이나 한국불교의 가장 보편적인 사실이다. 부처의 신통력과 자비심에 귀의하면 죄를 없애고 화를 면할 수 있다는 신앙은 부처의 인격신적 성격을 강하게 내포하고 있으며 응신불(應身佛)의 많은 설화는 대중신앙 속에 깊이 침투하고 있는 것이다. 그러나 유교에서 특히 성리학에서는 인간에게 화복(禍福)을 주재하는 인격신의 존재를 시인하지 않는다. 불교에서 천당·지옥설을 방편으로 하여 인간에게 선을 권장하고 악을 징계하는 것은 근본교리가 지성(至誠)하지 못하기 때문에 거짓된 교설을 베푸는 것이라 한다. 화와 복은 착한 데 복을 주고 문란한 데 화를 주는 천도(天道)의 질서로서, 인욕(人欲)을 막아 마음을 바로잡고 자신을 닦으면 복을 받는 것이며, 외부의 힘에 의하여 당하는 화는 순응하여 받아야 하는 것이라 한다. 덕을 닦아 얻는 것이 아니라 부처를 섬기는 것을 통하여 복을 비는 것은 오로지 이익을 탐내는 마음에서 나오는 것이며 부처를 섬기는 행위도 영불(佞佛)이요 미불(媚佛)이라 비난하고 있다. 따라서 유교는 외재적 인격신적 신앙대상을 인정하지 않으며, 불교의 타력(他力) 신앙적 성격과는 지향하는 방향이 다른 것이고, 이에서 불교적 신앙의 의식행위를 전반적으로 부인하게 된다.

불교와 유교는 역사를 통하여 깊이 상호영향을 주고받았으며 근원적인 접근가능성도 있으나, 이처럼 일단 서로 다른 점을 찾고 배척을 하게 될 때 그 간극(間隙)도 심각한 것이라 하겠다.

(라) 벽불논변의 의의

삼봉의 벽불논변은 불교교단이 타락하여 갖가지 말폐현상을 드러내고 사회의 지도이념으로서의 기능을 잃고 있으며, 성리학의 도입으로 유교가 새로운 이념으로 대두하여 사상적인 개혁이 요구되던 고려 말 조선 초의 시대적 배경에서 주창되었던 것이라 하겠다. 또한 그의 논변 은 송학(宋學)의 벽불정신과 논리에 이론적 근거를 갖고 있는 것이다. 불교의 기본교의는 일상적 세속생활을 거부하고 금욕적 수행생활을 중 심으로 하는 신앙조직을 형성하였다. 그러나 고려조를 통하여 교단이 국가와 왕권의 비호를 받아 교세가 확장되고 재력이 비대하여졌을 때 본래적인 신앙체험의 순수성을 상실하고 세속질서와 관련되어 제도의 고정화가 일어나게 되었다. 이때에는 이미 불교 내부에서도 본래적 교 의가 현세적 교단조직으로부터 유리하고 소외되어 퇴폐화함을 막을 수 없어 개혁이 요청되었던 것이다. 유교는 성리학의 이론적 체계와 윤리 적 정신으로 사회질서의 재구성을 요구하게 되었고, 기존질서의 정신적 내지 신앙적 근거를 이루고 있던 불교를 배척함으로써만이 개혁의 계 기를 발견할 수 있었던 것이다.

그러나 불교사상의 뿌리는 삼국시대 이래로 대중에 깊이 침투되고 생활화되어, 단순히 새로운 실천규범을 제시하는 것만으로는 유교사상 의 확립이 어려운 것이었으며, 철학적 신앙적 근본개념에 대한 논리적 변척을 수행함으로써 유교이념이 정초될 수 있다는 요구가 절실하였던 것이다. 이때에 삼봉은 송대 성리학이 내포하고 있는 벽불논변을 특히 주목하게 되었고, 그는 이것을 그의 학문체계에 있어서 가장 중심적 과 제로 받아들이게 되었다. 송학(宋學)의 벽불론은 중국전통사상으로서의 유교가 외래종교인 불교를 배격하는 데서 기인하는 민족의식을 고취하 는 면을 갖는다고 보기도 하지만 유·불의 대립은 단순한 윤리 내지 정치이념과 신앙과의 어긋난 대립이라고만 볼 수는 없다. 유교자체가 생명과 의리의 윤리적이고 철학적이며 종교적 근원을 내포하고 있음을 주의하지 않는다면 유·불의 개념 속에 이념적 대립을 본질적으로 이해하기가 곤란하게 된다고 하겠다.

　삼봉의 벽불논변은 철학적, 윤리적 및 역사적 사실의 문제뿐만 아니라 신앙의 문제에까지 뻗쳐서 불교를 뿌리 채 뽑아내려는 그 시대의 유교도(儒敎徒)의 정열을 잘 드러내고 있다고 할 수 있다. 그러나 그가 변박(辨駁)의 대상으로 불교사상의 내용을 제시하고 유교와 대비하여 비판하고 있을 때, 과연 그가 이해한 불교적 개념들과 사상내용이 얼마나 객관성과 합리성을 보여주었던가 하는 것은 논란의 여지가 많다.

　삼봉이 불교를 온전히 이해하지 못하였다는 사실은 흔히 지적되고 있다. 물론 삼봉은 불교의 체계를 합리적으로 구성하는 입장이 아니라 그 단편적 귀절 속에서라도 허점이 발견되면 찾아서 비판하는 입장이므로 감정적인 요소도 내포되어 있다고 할 수 있으며 불교를 사상적 근원에서 그 전모를 제시하고 있지는 못하고 있다. 따라서 삼봉의 벽불론은 사상 간의 융화를 추구하는 상황에서가 아니라, 공격적이고 배타적 태도를 통하여 자체의 고유성, 본래성 및 정통성을 주장하는 입장이라는 점에 논리적 특징을 갖고 있는 것이며, 그 시대의 상황을 떠나서는 그 의의를 정당하게 이해할 수 없는 것이라 하겠다.

정암(靜庵)과 조선시대의 선비정신

1) 유교적 인격으로서의 '선비'

조선시대를 통하여 도학(道學)*이 정치·사회·문화의 모든 영역에서 지도이념으로 확립되고 지속되었던 것은 주지하는 바이다. 그러나 도학이 조선시대에 이러한 지위를 확립한 것은 단순히 왕조 교체기에 귀족세력과 중소지주(中小地主)세력 사이의 권력투쟁에 따른 역사발전의 한 과정에서 중소지주 층의 권익을 대변하는 데서 찾는 것으로 납득할 수는 없을 것 같다. 도학의 기본입장은 유교이념의 재천명이요, 따라서 공자가 옛 성인을 계승하고 장래의 학문을 여는[繼往聖開來學]

---

* '도학'은 '성학'(聖學)이라고도 일컬었고 '주자학', '정주학', '송학'과도 일치한다. 그러나 일반적으로 통용하는 '성리학'은 오히려 도학의 철학적 분야에 한정된 것이라 생각된다. 도학은 성리학·의리학·예학·벽이단론 등의 분야를 포괄하는 개념으로서, 주자학을 정통으로 삼는 조선시대 유학에 대한 가장 적절한 명칭이라 생각한다.

도통이 맹자 이후에 단절된 것을 정자(程子)에서 다시 계승한다는 엄격한 도통론을 세우고 있다. 도학은 영원한 유교의 도를 새로운 역사의 현실에 다시 정립시키려는 신념이요 체계라 할 수 있다. 따라서 도학은 불교의 심성설이나 도가(道家)의 자연철학에 대립된 입장에서 태극 · 이기 · 심성정론 등 성리학의 이론을 제시하며, 새로운 질서의 수립을 위한 예론(禮論)을 전개하였던 것이다. 이러한 도학의 계발과 실현을 담당하는 임무를 띠고 있는 계층이 사림(선비)이요, 또한 선비는 도학정신을 구현하는 유교적 인격이라 하겠다.

도학을 조선시대에 확립하는 데 결정적인 역할을 하였던 선비로서 정암(靜庵) 조광조를 생각해 볼 수 있다.* 여기서는 조선시대의 도학과 선비와의 관계를 이해하기 위하여 특히 도학의 연원을 이루고 있는 조정암을 통하여 나타난 선비정신을 검토해 보고자 한다.

선비의 한자어인 사(士)는 중국 고대의 사회제도가 체계화되는 주(周)대에 부각되는 것으로 보인다.** 주례(周禮)에는 왕 · 제후(공 · 후 · 백 · 자 · 남) · 고(孤) · 경 · 대부 · 사 · 서인 · 공상(工商), 또는 천자 · 제후 · 대부 · 사의 신분계급이 나타나며, 대부와 사는 상 · 중 · 하의 3계급으로 다시 세분화되고 있다. 이러한 봉건계급은 천자(왕) · 제후 · 대부 · 사 · 서인의 5등으로 예제의 모든 형태에서 구별됨으로써, 그 신분적 차이가 정착되었던 것으로 보인다. 여기서 '사'는 서인보다 높고 대부의 아래에 있는 신분으로서 관료의 직무를 맡은 가장 하위계층이다. 따라서 주례에서는 사와 대부를 행동으로 실천하는 계층으로 특징짓고 있다. 이러한 관료신분으로서의 사는 사대부로 널리 호칭되는 데서 잘

---

* 조정암이 조선조에 도학을 밝힌 위치를 송의 주렴계에 견주고 있다. <송시열, 심곡서원강당기(深谷書院講堂記)>
** 은(殷)대의 복사(卜辭)에도 '사'란 관명(官名)이 나타난다고 한다. <동작빈(董作賓), 「중국고대문화적인식」 대륙잡지, 제3권 제12기, p.23.>

나타난다.

그 반면, 사는 특히 학업과 관련시켜 언급되는 경우가 일찍부터 보이고 있다. 향리(鄕里)의 사 가운데 뛰어난 자[秀士]를 가려서 사도(司徒)에게 올리면 선사(選士)가 되고, 사도가 선사 가운데서 뛰어난 자를 국학(國學)에 올리면 준사(俊士)가 되며, 준사를 곧 조사(造士)라 하고, 대악정(大樂正)이 조사 가운데 뛰어난 자를 왕에게 보고하고 사마(司馬)에게 올리면, 사마가 진사(進士) 가운데 현명한 자를 가려 관직에 임명하며 작(爵)과 녹(祿)을 부여한다는 5사(士)의 고제(古制)가 있다. 여기서 사는 관직에 나가기 이전부터 사이며, 학행(學行)을 평가하여 선발되어야 관직에 나가게 된다면 사의 일차적인 임무는 학업과 덕행을 닦는 것이다. 이때의 사는 관직에 나간 사대부(士大夫)와 대조시켜 사군자(士君子)로서의 사라고 부를 수 있다.

사의 성격이 관직과 분리되어 학행과 연결시켜서 드러나는 것은 공자와 맹자를 통하여 뚜렷해졌다. 그것은 곧 유교사상이 관직을 벗어나 공자와 맹자에서 밝혀지게 되었던 사실과 관련시켜 이해할 수 있다. 공자와 그의 제자들은 관직에서 벗어난 신분에 있었다. 그들은 관직이 목적이 아니라 도를 실행하기 위한 수단이었으며, 따라서 관직에 나가려는 의욕만큼 관직을 버리려는 의지도 강하였다. 그러므로 공자의 사상은 현실의 정치문제에 관계하지만 또한 정치를 넘어서는 세계를 지향하고 있는 것이다. 이러한 공자의 문도들은 자신의 신분적 지위를 사로서 확보하였고, 이에 따라 유교이념은 사에 의하여 계승되는 것으로 드러날 수밖에 없었다. 공자가 도에 뜻을 두고 거친 옷과 거친 음식을 부끄러워하지 않는 사를 강조한 것이나, "절실하고 자상하면서 화락하면 사라 할 수 있다"고 자로(子路)에게 말하고, 자공(子貢)에게 "자신의 행동에 염치가 있고 외국에 사신으로 나가 군명(君命)을 욕되게 하지 않으면 사

라 할 수 있다"고 말하면서 당시의 정치에 종사하는 사람을 가리켜 "좀
스러운 인물들이니 헤아려 무엇하랴"고 비평하는 데서 사는 신분계급을
넘어서 인격적 덕성을 갖춘 존재로 지적하고 있음을 볼 수 있다. 또한
"뜻있는 선비와 어진 사람은 살기 위하여 인(仁)을 해치지 않고 살신하
여 '인'을 이룬다"(논어・위령공) 하여 선비가 지향하는 가치가 인격적
인 '인'에 있으며 관직에 있지 않음을 밝혀준다. 증자(曾子)가 "선비는
모름지기 마음이 넓고 뜻이 굳세어야 할 것이니, 그 임무는 무겁고 갈
길은 멀기 때문이다. 인으로써 자기의 임무를 삼았으니 어찌 무겁지 않
으랴. 죽은 뒤에야 그칠 것이니 또한 멀지 않으랴"(논어・태백)라고 선
비의 자세와 임무를 밝히고 자장(子張)이 "선비가 위태로움을 당하여서
는 생명을 바치고 얻음을 당하여서는 의를 생각하고 제사에는 공경할
것을 생각하고 상사(喪事)에는 애통할 것을 생각하면 그는 옳을 것이
다"(논어・자장)라고 의리와 성경(誠敬)의 가치기준을 제시한 것은 선
비가 추구하는 유교적 인격을 명확히 지적해 주는 것이라 하겠다. 맹자
에 있어서도 "일정한 생업이 없이도 변하지 않는 마음을 갖는 것은 선
비만이 할 수 있다. 민중은 일정한 생업이 없으면 그 때문에 변하지 않
는 마음도 없어진다"라 하여 선비의 인격적 능력을 강조하였다. 여기서
'사'는 신분계급적 의미를 철저히 넘어선 유교적 인격으로 나타나는 것
을 볼 수 있으며, 이런 점에서 사대부로서의 '사'보다 우리말의 '선비'는
더욱 인격적 성격을 담고 있는 용어로 쓰였던 것이라 생각된다.

　설문(說文)에서 말하는 '사'의 자의(字義)도 "士, 事也"라 하여 일을
맡은 기능적인 면을 언급하지만, 동시에 士가 十(수의 끝)과 一(수의
시작)의 결합으로 된 회의(會意)문자로 보고, 十을 미루어 一에 합한다
고 해석하면 士는 박(博)으로부터 약(約)으로 돌아오는 것을 뜻하여
박문약례(博文約禮)하는 공자의 교육방법과 통하며, 一을 미루어 十에

합한다고 풀이하면 공자의 "나의 도는 하나로 꿰뚫는다"(吾道, 一以貫之)라 한 도(道)의 극치에 이르는 것이 된다. 어떻든 선비는 사대부(士大夫)로 묶어서 관료적 신분계층에 일차적인 관련을 지우면 유교적 전통에서의 선비(士)의 의미를 왜곡시키는 것으로 주의하지 않을 수 없을 것이다.

2) 도학정신과 정암의 선비관

순(舜)이 우(禹)에게 교시한 "인심은 오직 위태롭고, 도심은 오직 희미한 것이니, 오로지 정밀하고 한결같아서, 그 중(中)을 잡을 수 있어야 한다"(人心惟危, 道心惟微, 惟精惟一, 允執厥中 <상서·대우모>)라는 귀절은 주자 이후 성현도통(聖賢道統)의 심법(心法)으로 강조되었다. 인심은 '인욕의 사사로움'[人欲之私]과 '성명의 올바름'[性命之正]의 갈림에서 인욕에 흐르기 쉬운 위험이 있으며, 도심은 '천리의 공변함'[天理之公]이요 '성명의 올바름'의 순수한 선(善)이지만, 밝혀서 지키지 않으면 은폐되고 말게 된다. 따라서 인욕과 천리를 정밀하게 분변하며 천리를 모든 행위와 일에서 한결같이 실천하여야 하는 것이다. 그것은 곧 도학에 있어서 인식과 행위의 문제라 볼 수 있다. 정암은 중종에게 '정밀하고 한결같음의 공로'[精一之功]를 강조하면서, "한결같음(一)은 곧 고 반듯한 것으로 의리를 바르게 지키는 것이요, 정밀함(精)은 순수하고 밝은 것으로 사·정(邪正)을 분변하는 것이라" 하였다. 곧 한결같음을 통하여 의리의 실현을 내세운 것은 임금의 마음을 바로잡아 왕도(王道)를 베풀려는 것이요, 정밀함을 통하여 정과 사의 분변을 내세운 것은 의리의 길을 열고 이욕의 원천을 막으려는 것이다. 여기에 율곡이 지적하였던 바 정암이 가장 힘썼던 과제로서 '임금의 마음을 바로잡고'[格君心]·'왕도의 질서를 베풀며'[陳王道]·'의리의 길을 열고'[闢義路]·'이욕의 근원을 막는다'[塞利源]는 입장의 도학적 근거를 이해할 수 있다.

도학에서는 천리의 보편적 내지 관념적 체계를 추구하는 것이 아니라, 인간의 심성에서 천리를 드러내고 이를 개인의 행위와 정치의 교화에 실현하려는 '나를 닦아 사람을 다스리며'[修己治人]·'나를 바로잡아 사물이 바르게 한다'[正己物正]는 유교적 근본이념과 '도를 실천하고 가르침을 드리우는바'[行道垂敎]의 실천의지를 내포하고 있다. 정암은 천(天)과 인(人)이 이(理)로써 일관되고 군과 민은 '도'로써 일관되어야 함을 주장하여, '이'를 살피고 도를 따름으로써 천인(天人)과 군민(君民)이 조화하고 일치하는 도학의 이상을 제시하였다. 따라서 그의 지치주의(至治主義)의 신념은 곧 기강과 치도(治道)의 근본을 천·인과 군·민을 합일시키는 군주의 한 마음(一心)에 두고, 이 임금의 마음을 바로잡는 데서 출발한다. 그는 사간원(司諫院) 정언(正言)으로서 대사헌(大司憲)과 대사간(大司諫)의 파직을 요청하면서, "언로(言路)의 통하고 막힘(通塞)은 국가에 가장 긴요하다. 언로가 열리면 정치가 안정될 것이고 막히면 어지러워져 망할 것이다. 그러므로 군주는 언로를 넓히는 데 힘써 위로는 대신과 각급 관리로부터 아래로는 거리의 백성에 이르기까지 모두 말을 할 수 있도록 하여야 한다"라고 하여 언로의 개장(開張)을 강조하는 것은 군·신·민의 의사소통과 일체화를 추구하는 치도(治道)의 방법적 제시이다. 그리고 나아가 군주의 독재를 반대하고 대신에 맡겨 정치를 해야 치도가 수립된다고 주장하였다. 또한 대신의 직분은 백성의 마음을 자신의 마음으로 삼아야 하는 것[以民爲心]이요, 군주와 대신은 백성을 위하여 설치된 것이라 지적하여 군·

신·민의 일치·조화에서 치도의 이상을 찾았다. 이것은 곧 백성을 근본으로 삼는 유교의 민본(民本)사상으로서, 정암의 도학적 지치주의에서 다시 한번 정치의 근본이요 목표로 확인되고 있음을 보게 된다.

정암은 지치(至治)의 기본방법을 옛 성현의 도리(古道)를 힘쓰되 보민(保民)을 근본으로 삼는 것이라 규정하고 있지만, 그 구체적 방법으로서 군주가 자신의 한 마음(一心)을 밝히는 격물(格物)·치지(致知)·성의(誠意)·정심(正心)의 공을 이룸으로써 군자와 소인을 분별할 수 있어야 한다고 지적하였다. "군자는 의리에 밝고 소인은 이해에 밝다"는 군자와 소인의 가치기준에 대한 공자의 구분에서 잘 나타나 있지만, 공의(公義)를 추구하는 군자와 사리(私利)를 추구하는 소인을 분별하여야만 백성을 위한 정치를 베풀 수 있는 신하를 얻을 수 있게 된다는 것이다. 따라서 정암은 이욕을 따르는 소인이 득세하면 나라가 병들고 말 것임을 지적하고, 소인을 물리치며 이욕의 근원을 막아야 할 것을 역설하고 있다. 여기에 군주의 마음을 바로잡아 줄 수 있는 대인(大人)군자가 군주의 좌우에 있어야 하며, 군자와 소인을 분변하여 군자에게 맡겨 의심하지 말고 소인은 엄중히 다루어야만, 나라를 안정시키고 백성을 보호할 수 있는 정치가 가능하게 되는 것이다. 정암에 의하여 제시되는바 도학을 바탕으로 하는 지치의 실현은 군자 곧 유교적 인격의 선비를 통하여 가능한 것이라 볼 수 있다. 그리고 군주와 신하의 진실한 상호 신뢰와 군주가 사림을 보호하는 확고한 태도에서만 지치가 이루어진다고 강조하였다. 따라서 그는 세종과 성종 때에 사림을 배양하는 군주의 태도를 칭송하고 또한 그 자신 사림이 정치에 참여할 수 있는 길을 넓힘으로써 정치풍토를 개선하기 위하여 인재등용의 제도로 현량과(賢良科)를 제안하여 실현을 보기에 이르렀던 것이다.

정암은 선비의 임무요 기본조건을 학문으로 지적하면서도 그 지향하는 목표를 "회포를 펴서 생민(生民)에 보익(補益)하려는 것일 뿐이라"
고 밝혀주고 있다. 그것은 인·의·충·신(仁義忠信)하며 선(善)을 즐
겨 싫증내지 않는 선비로서의 천작(天爵)을 버리고서 공경대부(公卿大
夫)로서의 인작(人爵)에 나가려는 권력지향이 아니다. 홀로 자신을 착
하게 하여[獨善其身] 연마한 도를 통하여 뜻을 얻으면 백성에게 혜택
이 미치게 하여 아울러 세상을 착하게 하는 [兼善天下], 이른바 맹자가
지적한 선비의 당당한 모습이요, 수기치인(修己治人)하는 유교의 인격
이다.

　그러나 정암은 조선조 초기에 도학정신의 발전과 선비의 정치참여에
서 일어났던 권신(權臣)과 사림의 갈등과 사림이 화를 입는 데 대한
역사적 경험을 깊이 파악하고 있었다. 따라서 그는 삼대(三代) 이후로
착한 사람은 더욱 적어지고 착하지 못한 사람은 더욱 많아져 화환(禍
患)을 헤아리지 않을 수 없게 되었음을 밝혔다. 성종이 사기(士氣)를
잘 길러서 선비들이 몸을 잊고 나라를 바쳐서 화환을 헤아리지 아니하
였으나 연산군 때 마침내 무오·갑자사화의 재앙에 걸렸던 사실을 상
기시키고, 소인이 군자를 해치는 선비의 화란을 통렬히 강조하였다.

　　군자와 소인은 얼음과 숯이 서로 용납하지 못하는 것과 같다. 소
　인은 밤낮으로 생각하고 헤아려 날마다 군자를 공격할 것을 의도하
　여 반드시 모두 베어 죽인 다음에야 그칠 것이다. 만약 소인의 술법
　을 쓰게 한다면, 참혹한 화는 말할 수 없다.

　정암은 권간소인(權奸小人)과 사군자(士君子)의 대립에서 소인이 군
자를 모함하는 술법을 밝혀 경계함으로써 군주로 하여금 군자·소인의
분별력을 기를 뿐 아니라 선비의 피화(被禍)를 막기 위한 깊은 배려를
촉구하였다. 곧 소인은 군자를 배척하고자 하면 반드시 당(黨)을 이룬

다고 지목하여 죄를 얽었으며, 군주가 그 말을 믿고 들었을 때 소인의 술법이 쓰이게 된다는 것이다. 그는 선비들이 "서로 사귀고 맺어 왕래하는 것은 모두 수기치인(修己治人)하고 사군사친(事君事親)하는 도를 강론하기 위한 것이니 군가의 복이 된다" 하여 선비의 사귀고 왕래함 즉 사림의 집단형성을 옹호하였다.

그러나 군자와 소인이 병존하고, 사림이 세도(世道)에 나아가는 이상 선비는 재앙을 입게 되는 것이 역사의 현실임을 인식하게 된다. 여기서 정암은 진정한 선비란 자신의 화환(禍患)을 헤아리지 않고 망신순국(忘身殉國)하는 자임을 강조하여 그의 선비관을 밝히고 있다.

> 자신을 위하여 도모하는 데 깊고 세상을 살아가는 데 주도한 자가 감히 저항하는 지조와 곧은 말로 원망(怨望)과 노여움을 부르지 못하며, 머리를 숙여 아래위를 살피며 이쪽저쪽을 주선하여 자신을 보존하고 처자를 온전히 하는 자가 대개 많으니, 이들은 임금을 섬기고 나라를 근심하는 사람이 아니다. 무릇 자신을 돌보지 않고 오직 나라를 위하여 도모하며 일을 당하여서는 과감히 실행하고 화환을 헤아리지 않는 것이 바른 선비의 마음 씀이다.

이러한 정암의 선비관에 비추어 본다면 연산군 때 두 차례의 사화를 겪은 당시의 선비의 기풍은 극히 쇠퇴한 것으로 비판되지 않을 수 없었다. 그는 당시의 선비들이 참혹했던 사화를 당했기 때문에 서로 사귀기를 좋아하지 않아 사우(師友)의 도가 폐지되는 상태에 있음을 지적하고, 선비의 기풍[士風·士習]을 바로잡는 일을 지치의 실현에 있어서 필수적인 선결조건으로 거듭 강조하였다. 군주가 군자와 소인을 분별하여, 군자에게 정치를 믿고 맡기며, 소인을 엄격히 물리쳐야 한다는 주장은 선비를 정치와 교화기능의 주체적 담당자로 제도화하려는 사림정치의 형식적 조건을 제시하는 것이다. 여기에 한걸음 나아가 선비의 기개를 배양하고 선비의 기풍을 바로잡아야 한다는 주장은 선비의 바른 정신을 정치와 교화의 원천으로 확립하려는 사림정치의 실질적 근거를 밝히는 것이라 하겠다. 여기서 선비는 과거(科擧)로 출신하여 작록을 추구하는 단순한 관료정치인이 아니라 도학을 강습하여 생민에 보익하려는 회포를 펴고 환란을 돌아보지 않는 충지지사(忠志之士)이다. 이러한 선비의 이념은 경연(經筵)에서 언제나 정암이 강조한 "도학을 숭상하고 인심을 바로잡으며 성현을 본받고 지치를 일으킨다"는 조목 속에 압축되어 있음을 본다.

3) 기묘사화와 선비의 죽음

선비가 이 세상에 태어나 믿는 바는 임금의 마음뿐입니다. 망녕되이도 나라의 병통이 이욕의 근원에 있다고 헤아리고서, 나라의 맥을 무궁토록 새롭게 하고자 하였을 뿐, 전혀 다른 뜻은 없었습니다.

정암과 그의 동지들이 기묘년(1519) 11월 15일 심야에 투옥되었을 때 정암이 올렸던 간결하고도 단호한 공사(供辭)이다. 임금 중종은 남곤(南袞)·심정(沈貞)·홍경주(洪景舟) 등의 밀고를 받아들여 사림의 조광조(趙光祖)·김정(金淨)·김식(金湜)·김구(金絿) 등을 제거하려는 정치적 옥사(獄事)를 일으켰다. 이때 정암 등의 사림에게 내린 죄목은 일찍이 그가 소인이 군자를 해치는 술법이라 지적하여 경계했던 바로 그것이었다.

조광조 등은 서로 맺어 당파를 짓고 성세(聲勢)를 의지하며, 권력

과 요직을 차지하여 임금을 속이고 사의(私意)를 행함에 거리낌이 없
었다. 후진(後進)을 끌어들여 간사하고 과격한 습관을 이루어 젊은이
가 어른을 능멸하고 얕은 자가 고귀한 자를 훼방하여 국세(國勢)를
뒤집고 정치를 그르치게 하니, 조정대신들이 울분과 탄식을 속에 품
고서도 그 세력을 두려워하여 감히 입을 열지 못하였고 눈치를 보아
행동하며 발을 내디지 못하고 우두커니 서 있게 되었다.

앞의 옥중공사(獄中供辭)에서 정암은 자신의 입장을 한 사람의 선비
라 전제하였다. 또한 그는 선비의 기능이 군주를 통하여서만 실현될 수
있음을 밝혔고 이욕을 거부하며 국맥(國脈)을 지키려는 선비로서의 사
명감을 절실하게 제시해 주었다. 그러나 인간의 내면에서 인욕과 천리
가 갈등을 일으키는 것처럼 이 사회에서는 소인과 군자가 대립하고 있
다. 인심이 덕을 밝혀 인욕을 막고 천리를 지키지 못하면 악에 빠지고
마는 것처럼, 군주가 군자와 소인을 분별하지 못할 때 소인이 군주와
영합하여 군자를 해치는 선비의 화가 일어나게 되는 것이다. 권력을 쥔
간신들은 정암 등의 선비를 제거하기 위해 중종의 사심(私心)과 영합
하는 온갖 꾀를 내었다. 선비들의 유대를 붕당(朋黨)으로 지목하였고
훈구권간(勳舊權奸)에 대한 비판을 젊은이가 어른을 능멸하며 [以少凌
長]·얕은 자가 고귀한 자를 훼방한다[以賤妨貴]고 비난하여 이들이
국세를 뒤집고 정치를 그르친다고 단죄하였고, 하옥한 다음날 이들은
대명률(大明律)의 간당조(姦黨條)에 해당시켜 조광조 등을 목 베고 처
자를 종으로 삼으며 재산을 몰수해야 한다는 조율(照律)을 올리기까지
하였다.

임금의 뜻을 빌어 선비를 죄에 얽어 넣는 기묘년의 옥사에는 중종과
간신들의 심술이 일치하였지만, 정암 등의 행적이 너무나 의리에 어긋
남이 없었기에 강한 반대에 부딪쳤다. 영의정 정광필(鄭光弼)은 정암

등에 대해 죄를 청하는 것이 조정의 뜻이 아님을 밝혔고, 안당(安瑭) 등과 더불어 이들의 무죄를 주장하고 중죄(重罪)를 반대하였다. 또한 성균관 유생 150여 명은 정암이 하옥된 다음날 임금이 참언(讒言)을 믿은 때문이라 하여 정암의 하옥이 억울함을 상소하고 대궐문을 밀고 들어가 합문(閤門) 밖에서 통곡을 하였다. 중종이 대궐을 난입한 유생의 우두머리 5, 6명을 하옥하라고 명령하니, 유생들은 다시 상소하여 함께 옥에 갇히기를 청하는 저항이 일어났다. 이러한 반대에 부딪쳐서 중종도 부득이 정암 등을 감형하였으나 직첩(職牒)을 빼앗고 장일백 (杖一百)에 원방안치(遠方安置)시켰다. 정광필은 조정이 선비를 죽였다는 말을 듣지 않기 위해서라도 형장(刑杖)을 면제하도록 청하였지만 중종은 끝내 허락하지 않고 급히 시행하기를 명령하였다. 11월 17일 이미 정암은 능성(綾城, 현 전남 화순군 능주면)으로 유배 길을 떠났지만, 사헌부와 사간원의 관료들은 정암을 복직시키지 않으면 직무에 나갈 수 없다고 사직을 상계(上啓)하였고, 대사헌에 임명된 유운(柳雲)도 군주가 발탁하였으며 친애하고 믿던 선비를 하루아침에 초개처럼 버리니 아무도 군심(君心)을 믿을 수 없게 되고 사기가 꺾여 한심스러우니 사직하겠다고 상계하였다. 홍문관 전한(典翰) 정응(鄭䧺) 등은 차자(箚子)를 올려 선비를 죄주는 것이 나라를 잃는 데까지 나가게 되는 사실을 지적하여 중종의 과오를 간언(諫言)하였다.

제비와 참새가 불에 타면 봉황이 더욱 멀리 떠나고 어리석은 지아비가 죽임을 당하면 지혜로운 선비가 멀리 가버립니다. 하물며 충의로운 선비로 군신의 의를 맺어 임금이 일찍이 친히 총애하고 신임하던 자가 뒤이어 임금에게 직접 죽임을 당한다면, 비록 사업을 확대하는 인재와 충직하고 고결한 무리라도 어찌 충성과 신복을 다하여 임금을 좇아 위기를 감당하겠습니까. 이것이 포초(鮑焦)가 나무를 안고 죽으며 굴원(屈原)이 상수(湘水)에 빠져 죽으려는 까닭입니다.

　무릇 나라에 선비가 있는 것은 사람에게 원기(元氣)가 있는 것 같습니다. 기(氣)가 흩어지면 사람이 죽고 선비가 없어지면 나라를 잃습니다. 영제(靈帝) 때 당화(黨禍)가 일어나니 한(漢)나라가 그릇되고, 철종(哲宗) 때 바른 선비가 사라지니 송(宋)나라가 위태로웠습니다. 이것은 진실로 전하가 통조(洞照)할 바입니다.

　한 사람의 선비 정암을 죽이려는 중종에게 선비를 보호해야 하는 의리의 인간적 내지 역사적 근거를 밝혀주는 간곡한 충언이다. 상하 관료와 유생들의 구원(求寃) 상소가 계속되었지만, 간신들의 모략은 더욱 주도하여 정암이 사림을 등용하기 위해 제안했던 현량과가 폐지되고 그와 뜻을 같이하던 선비들이 모두 제거되자, 마침내 중종과 간신들에 영합하는 생원 황이옥(黃李沃), 유학(幼學) 윤세정(尹世貞) 등 곡학아세하는 자가 나타나 정암 등의 죄를 위로 조종(祖宗)의 법을 변혁하고, 가운데로 군주의 조정을 어지럽히고, 아래로는 나라의 윤리와 기강을 무너뜨린 것이라 주장하여 춘추(春秋)의 주법(誅法)을 베풀도록 청하는 상소까지 올렸다. 중종도 정암을 죽일 구실을 찾던 중 이들의 상소를 받자 정암을 사사(賜死)하고 그의 동지들도 유배와 사사를 가중하였다. 이 기묘사화는 훈구파와 사림파의 정치적 권력투쟁이라고 단순화시키는 정치사적 측면보다는 군자와 소인의 대립이었고, 천리와 인욕의 갈등이요, 인욕이 천리를 은폐하고 소인의 군자를 해치는 선비의 시련이라는 도학적 측면에서 더욱 깊은 의미와 진실성을 발견할 수 있을 것 같다.

　정암 자신은 1519년 12월 16일 유배지에서 한 조각 작은 종이에 적은 교지(敎旨)를 받고 사약(死藥)을 들면서도 임금을 의심하거나 원망

함이 없이 "임금 사랑하기를 어버이 사랑하듯이 하고, 나라 근심하기를 집안 근심하듯이 했노라. 밝은 해가 이 땅을 비치고 있으니, 내 붉은 충정을 밝히 비추리라"(愛君如愛父, 憂國如憂家, 白日臨下土, 昭昭照丹衷)라는 애군우국의 충정을 술회하는 글을 남겼다. 34세에 관직에 나와 38세의 젊음으로 사사(賜死)된 정암의 죽음은 선비의 죽음이라는 사실에 큰 의미가 있다. 그가 한 선비로서 도학을 높여 인심을 바로잡고 성현을 본받아 지치를 이루려던 주장은 선비의 이념을 제시하는 것이었고, 임금의 마음을 바로잡아 왕도를 베풀며 의리의 길을 열고 이욕의 근원을 막아야 한다는 것은 선비의 행도(行道)방법을 제시하는 것이다. 그는 일시에 행도하다가 소인과 암군(暗君)의 손에 죽임을 당했으나, 그의 죽음은 신체의 죽음이요 그의 정신은 만세에 가르침을 드리웠기에 정신의 죽음이 아니다. 의로운 선비가 죄 없이 죽었기에 "독(毒)을 열어 선(善)을 해치고 국맥(國脈)을 끊은 자들은 요행히 살아서 죽음을 면했지만, 귀신이 죽이고 사람도 죽임[鬼誅人戮]이 날로 더 엄격하고, 어린아이도 침 뱉고 꾸짖을 줄 알며, 지옥의 형벌이 영원토록 용서하지 않을 것이다"라는 선비를 죽인 자에 대한 저주와 더불어 인간의 양심과 의분(義憤)을 꺼지지 않게 지켜주는 역사의 교훈이 되고 있다. 정암의 죽음은 선비의 의로움을 더욱 선명하게 각성시켜주며, 의리를 추구하는 정신을 더욱 강인하게 연마시켜주는 힘의 원천이 되었다고 볼 수 있다.

4) 조선조의 선비와 도학정신

정암이 죽은 뒤에 그를 신원(伸寃)하려는 상소가 잇달아 올라왔고,

특히 그를 죽임이 사기(士氣)를 꺾고 사습(士習)을 천박하게 하였음을 강조하며, 사습의 바르고 바르지 않음에 따라 국가의 치란(治亂)이 좌우된다는 점을 역설하였다. 그리고 정암을 추존함으로써 사기를 기르고 사습을 바로잡을 수 있다고 믿었다. 이처럼 선비의 역할을 강조하는 입장은 바로 정암의 태도였던 것이며 그의 도학정신과 더불어 계승되었다. 인종 1년(1545)에 정암의 관작이 회복되었으며, 선조 1년(1568)에 영의정으로 추증되고 선조 3년(1570) 문정(文正: 道德博聞曰文 以正服人曰正)으로 시호가 내려짐으로써 정암의 의로움은 마침내 불의와 사욕을 극복하는 결실을 거두었던 것이다. 바로 이러한 19세기 후반의 역사적 과정은 조선조에 사림의 정치적 기반이 확립되는 시기로 볼 수 있다.

선조 때에 활약한 율곡은 사림정치의 안정기에 등장한 선비이다. 그는 사림을 정의하여 "마음으로 옛 성현의 도[古道]를 사모하고, 몸은 유행(儒行)으로 신칙하며, 입은 법언(法言)을 말하며 공론(公論)을 지니는 자"라 하고, "사림이 조정에 있어서 사업을 베풀면 나라가 다스려지나, 사림이 조정에 있지 못하고 공언(空言)을 내게 되면 나라가 어지러워진다"고 하여 사림에 의한 정치를 강조하고 있다. 사림은 결국 사회적으로 정치의 중심기능을 맡아야 하며 이를 위한 내면적 조건으로 도학을 닦고 공론(公論)을 지켜야 하는 것이다. 율곡은 선비의 본래적인 지향이 세상을 경륜하고 백성을 구제하는 겸선천하(兼善天下)에 있음을 밝히고, 독선기신(獨善其身)하는 자수(自守)의 태도는 때를 만나지 못하기 때문이라 밝히고 있다. 또한 그는 선비의 형태를 나아가서 겸선천하 하는 경우에 대신(大臣)·충신(忠臣)·간신(幹臣)의 3품계와 물러나서 자수(自守)하는 경우에 천민(天民)·학자(學者)·은자(隱者)의 3품계로 구분하여 때에 따라 재조(在朝)·재야(在野)에 불구하고

참된 가치를 추구하는 모든 인격적 삶의 양상을 선비로 규정지어 주고
있다. 퇴계가 교육기관의 역할과 선비의 위치를 밝혀 "학교는 풍화(風
化)의 근원이요, 수선(首善)의 자리이며, 선비는 예의의 바탕이요, 원기
가 깃든 곳"이라 지적한 것도 도학정신과 선비를 사회의 이념이요, 그
실현 주체로 제시하는 것이다.

선비의 사회적 위치와 영향력이 결정적인 비중으로 확립되었을 때
박지원(朴趾源)의 선비론으로 나타나게 된다.

> 천하의 공언(公言)을 '사론'(士論)이라 하고, 당세의 제일류를 '사
> 류'(士流)라 하고, 사해에 의성(義聲)을 울리는 것을 '사기'(士氣)라
> 하고, 군자가 죄 없이 죽는 것을 '사화'(士禍)라 하고, 강학론도(講學
> 論道)하는 것을 '사림'(士林)이라 한다.

나아가 박지원은 선비를 인간의 바탕이라 보아 천자도 그 작(爵)이
천자요 그 몸은 사(士)라고 하고 작과 위(位)에는 고하귀천이 있으나
몸은 변함없는 것이라 하여 천자와 선비의 근본적인 동질성을 제시하
는 데까지 이르고 있다. 여기서 선비는 신분계급으로서의 '사'가 아님을
명백히 하고 있으며, 바로 유교적 인격의 구현이요 도학정신의 실현주
체인 것이다.

> 효제(孝悌)는 선비의 벼리(統)요, 선비는 사람의 벼리이며, 우아함
> 은 백행(百行)의 벼리이다.

사림의 정치적 대두와 활동의 안정된 지속을 위해서는 조직을 형성
할 필요가 있었다. 유교이념이 국가제도를 문제 삼고 있지만 보다 기본
적인 것은 가족과 학통(學統)이다. 가족은 효제의 유교윤리를 실천하는

기반이요 의례를 통하여 더욱 유교적 성격의 조직으로 나타나게 된다. 선비의 사회적 신분도 가문을 통하여 계승되었던 것은 사실이다. 이와 아울러 학통은 일정한 장소나 건물이라는 학교의 의미에서보다 유학의 내용이 전수되는 사제관계의 연속성에서 찾아질 수 있다. 공자를 만세종사(萬世宗師)로 높이고 그 정신의 계승에서 사문(斯文)이 형성되며 문묘를 통한 선현선사(先賢先師)의 제의(祭儀)로써 그 유대가 확고해진다. 특히 조선조에서는 정자·주자를 도통의 정맥으로 삼는 도학이 확립됨으로서 정몽주→길재→김숙자→김종직→김굉필→조광조의 도통이 정립되었다. 정암 이후에 이언적·이황·이이 등이 석유(碩儒)로서 성리학을 궁구하여 도학의 학풍을 세움으로써 학통이 다변화되었고, 이에 따라 16세기 이래 도학의 학통은 광범하게 확대될 수 있었던 것이다. 선비의 집단은 이러한 학통에 직접 가담하여 문하가 되거나 사숙으로 연결되는 사림으로 이루어졌다. 사림의 성장과 더불어 학통을 삼은 선현선사에 제향하는 서원·사우(祠宇)의 건립이 활발하게 이루어졌으며, 이러한 기관을 중심으로 사림은 더욱 긴밀한 조직체를 형성할 수 있었던 것이다.

선비로서의 사회적 신분을 유지하고 또한 정치활동에 참여할 수 있는 기회를 얻기 위해서 과거(科學)가 중요한 역할을 하였던 것은 사실이다. 그러나 과거는 선비 가운데 인재를 선발하는 제도라는 데 일차적 의미가 있는 것이지 선비의 자격을 부여하는 것은 아니었다. 따라서 뜻 있는 선비로서는 과거제도가 문란해지는 후기에는 과거에 응시하는 것을 부끄러이 여겼으며, 관직에 나아가는 데도 나가기는 어려워하고 물러서기를 쉽게 여겼던 것은 작록을 탐내는 사욕이 아니라 행도(行道)하려는 공의(公義)를 지키는 데서 나타난 것이다.

그러나 사림정치가 확립된 선조 때 이후에는 사림의 내부적 분열과

더불어 붕당이 일어나고 당쟁이 현저하게 나타나게 되었다. 당파의 분
열과 투쟁이 "군자는 두루하여 치우치지 않는다"(君子周而不比)는 대
동(大同)의 공심(公心)에 어긋난 것은 사실이요, 또 대립이 격화됨에
따라 모략과 형옥(刑獄)을 일으키고 왕래와 혼인을 끊는 사회적 분열
을 심화시키는 폐단이 있었다. 그러나 붕당의 근거는 의리에 입각하여
의리(義理)와 시비(是非)를 밝히려는 도학의 비판정신이었고, 성리설이
나 예설의 입장이 달라지면 학파의 대립이 정치적 견해의 대립으로 나
타날 수도 있는 것이었다. 따라서 붕당의 타락은 의리를 망각하고 권력
투쟁에 도구화할 때 일어난 것이므로 선비의 기개와 습속이 무너질 때
붕당은 이미 진정한 선비의 붕당이라고 볼 수 없는 것이다.

　조선조의 선비는 도학을 이념적 바탕으로 삼았으므로 국난(國難)을
당하여 대의명분을 주창함으로써 국가의 원기를 보존하였으며, 외래사
상이 들어왔을 때 벽이단론을 전개하여 도학정신의 정통성을 지켰다.
그리고 도학이 관념적 논쟁에 빠질 때 실학정신을 재개발하여 생민에
보익하려는 선비의 본래 임무를 각성시켰다. 조선조의 쇠망이라는 결과
에 비추어 도학의 한계를 규정하는 태도가 아니라 역사의 성·쇠(盛·
衰)가 곧 선비정신의 성·쇠와 일치한다는 것을 파악한다면, 선비는 인
욕과 천리의 갈등에서 천리를 지키는 주체였고, 일시적으로 천리가 은
폐될 수 있는 만큼 선비의 몰락은 인욕에 대한 일시적 패배일 뿐이라
고 보아야 할 것이다. 천리가 소멸하지 않는 한 정암의 죽음이 도학정
신의 단절일 수 없고, 도학의 몰락이 선비정신의 단절일 수는 없을 것
이다. 정암의 도학적 이상은 한 시대의 정책이 아니라 천리의 영원한
문제인 만큼 언제나 다시 물어지고 다시 추구되어야 할 이념이요, 그
실현 주체가 선비로 이름 지어진다면 선비의 모습은 지금도 다시 찾아
야 하고 길러야 할 것으로 생각된다.

토계(退溪)의 인간과 철학

1) 퇴계의 인품

"선생은 온화하고 어질며, 공손하고 신중하시며, 단정하고 세밀하시며, 조용하고 너그러우셨다. 사납고 거만한 모습이나 노여운 기색은 일찍이 나타내신 일이 없었다. 멀리서 바라보면 공경하게 되는 풍도가 있었고, 가까이 접하면 따스하시어 사모하게 되는 덕망이 있었다."

퇴계의 인품에 대하여 문인 김성일(金誠一)이 한 말에서 우리는 퇴계의 고결한 인격이 풍기는 향기와 더불어 제자가 스승에게 드린 흠모의 정을 흐뭇하게 느낄 수 있다. 우리는 여기서 우리들의 옛 선비가 주는 청수(淸粹)하고 단아한 이미지가 복잡한 세파 속에서 방황하고 지쳐있는 현대인에게 어떤 의미를 던져주는가를 한번 음미해볼 필요가 있다.

퇴계는 선비요 학자로서 오로지 자신의 인격수양과 진리탐구에 전심전력하였으며, 그가 이룩한 학문과 덕행의 성취는 한국사상사 속에서 큰 봉우리처럼 우뚝하였다. 그러나 그의 철학적 사색이 아무리 심오하다 할지라도 그의 정신은 소박하고 온후하여 그를 접하는 사람은 누구나 깊은 인상과 감화를 받을 수 있기에, 수백 년을 내려오면서 우리의 선인들이 그를 따르고 또한 스승으로 모셔왔다. 오늘날의 우리들은 퇴계가 살던 시대와는 너무나 상이한 역사적·사회적 환경 속에 놓여 있는 것은 사실이다. 따라서 그의 언행이 얼핏 보면 우리의 현실에 맞지 않고, 그의 학문체계가 오늘날 통용되는 서구적인 형태와 다르기 때문에 우리에게 상당한 거리감을 주고 있다. 그러나 그의 표현이 갖는 시대성의 제약을 넘어서 그 정신 속으로 한걸음 들어가면—이것은 곧 우리 자신의 정신 속으로 한걸음 깊이 파고드는 것이기도 하지만—우리는 그가 얼마나 친밀하고 절실하게 마주오고 있는가를 알 수 있다. 더구나 그의 정신은 너무도 순수하고 진지하기에 우리가 처하고 있는 환경 속에서 기능적이고 물질적인 풍요 속에 잃어버렸던 자아를 깨우쳐주며, 오염된 환경의 위협 속에 허덕이고 격심한 외부적 자극으로 피로에 빠진 우리들에게 더없이 신선한 건강미(健康美)를 일깨워준다.

　퇴계의 많은 저술 가운데서 「자성록」(自省錄)과 「성학십도」(聖學十圖)는 그의 인간과 철학의 세계를 가장 집약적으로 표현하고 있는 짤막하지만 대표적 저술이므로 여기서 살펴보고자 한다. 먼저 퇴계의 생애와 저술을 통해 그의 인물과 사상을 개관하여 보자.

2) 생애와 저술

　퇴계 이황(李滉)은 1501년(연산군 7년) 음력 11월 25일 안동 예안현 온계리(溫溪里)에서 태어났다. 16세에 처음 「성리대전」(性理大全)을 읽고 학문의 세계에 눈을 떴으며, 그는 일정한 스승이 없이 홀로 각고한 공부를 계속하여 당시의 석학일 뿐 아니라 조선시대의 거유(巨儒)가 되었던 것이다.

퇴계 자신도 당시의 일반적인 선비처럼 과거를 보아 34세에 벼슬길에 올랐으나 오직 어려운 살림에서 어머니를 봉양하기 위한 일이었다고 한다. 사실 퇴계는 관직과 출세에 뜻이 없어 항상 사퇴하고 물러나기에 힘썼으며, 그 스스로 호(號)를 퇴계(退溪)라 한 것도 고향 온계(溫溪)에로 물러나는 것을 말해주고 있다.

그가 관직에 나갔던 중종에서 명종 사이는 정치가 혼란하여 기묘·을사의 사화가 일어나 의리를 지키는 선비들이 무수히 희생되었고 조정 안에는 항상 갈등이 있었기 때문에 퇴계는 오직 근신자수(謹愼自守)하여 일을 도모하기를 피하고 사퇴하기에 용감하였던 것이다. 따라서 그에게 덕은 뛰어나지만 재국(才局)에 부족함이 있다는 평도 나오게 되었다.

그러나 그가 학문에 얼마나 심혈을 기울였던가를 안다면 그의 위대한 업적을 치적(治績)에서만 찾을 필요는 없는 것이다. 퇴계 자신의 말을 빌리면, "내가 젊었을 때 이 학문에 뜻을 두어 해가 저물도록 쉬지 않고 밤이 새도록 자지 않다가 마침내 고질을 얻어 병폐(病弊)한 사람이 되고 말았다"고 술회하였으며, 그가 20세에 「주역」을 공부하는 데 거의 침식을 잊었던 만큼 일찍부터 학문에 몰두하였다. 퇴계의 학문적인 중심은 성리학이었고, 그는 「성리대전」과 「심경」(心經)을 통해 성리학의 세계를 탐구하였던 것이다.

특히 그가 43세 때 「주자대전」(朱子大全)을 읽으면서 대문을 닫아걸고 연구에 열중하여 더운 여름에도 쉬는 날이 없었다 하며, 그는 일생을 기울여 주자를 연구하였고 주자에게서 학문의 방법을 배웠다. 이러한 퇴계의 주자학적 철학체계는 한국유학사에 결정적인 영향을 주었고 일본의 근세사상사에도 중대한 영향력을 마쳤던 것이다.

퇴계의 저술은 문집(文集)으로도 내집(內集)·별집(別集)·외집(外集)·속집(續集) 등이 있고, 「계몽전의」(啓蒙傳疑)·「송계원명이학통록」(宋季元明理學通錄)·「사서석의」(四書釋義)·「도학연원록」(道學淵源錄) 등 별도의 저술이 있으며, 그가 편집한 것으로 「자성록」과 「주자서절요」(朱子書節要) 등이 있다. 그 밖에 부록으로 후인들이 기술한 「연보」(年譜)·「언행통록」(言行通錄)·「언행록」(言行錄)·「만제록」(輓祭錄)·「도산급문제현록」(陶山及門諸賢錄)·「교남빈흥록」(嶠南賓興錄)·「퇴계선생문집고증」(退溪先生文集攷證)·이익의 「이자수어」(李子粹語)·정약용의 「도산사숙록」(陶山私淑錄) 등이 있다.

이들 저술은 부분적으로 퇴계의 생존시부터 간행이 시작되어 목판 또는 활자, 필사 등으로 유포되어 왔고, 그 가운데 「도학연원록」·「주자서절요」·「도산사숙록」 등을 제외하고는 모두 「퇴계전서」(退溪全書, 5권)로 영인(影印)되어 간행되었다.

3) 자성록(自省錄)―서한(書翰)을 통한 사색

「자성록」(1권 1책)은 퇴계 자신이 제자와 벗들에게 보낸 편지를 22편 골라 수록한 것으로, 58세 때(서기 1558년)에 서문을 썼고 돌아가신 뒤 15년(서기 1585년) 만에 문집보다 15년이나 앞서 나주(羅州)에서 처음 간행되었다. 퇴계가 자신이 쓴 편지를 골라 모아두고 평소에 읽었던 사실과 스스로 서문을 쓰고 자성록이라 제(題)하였던 이유는 그의 자성록서문에 잘 나타나 있다.

"옛날에는 말을 앞세우지 않았으니 실행이 못 미칠 것을 부끄러워하여서라 하였다. 이제 벗들과 이치를 강구하여 편지를 왕복하는 것은 부득이한 것이 있으나 이미 스스로 부끄러움을 이길 수 없다. 하물며 말을 해 놓고 저쪽에서 잊지 않았는데 내가 잊기도 하고 저쪽이나 내가 모두 잊기도 하니, 부끄러운 데 그칠 것이 아니라 거의 거리낌이 없는 지경이니 심히 두렵다. 틈을 타서 묵은 상자를 찾아 편지의 초고가 남아 있는 것을 베껴 책상에 두고 때때로 읽어 자주 성찰해 본다……"

퇴계의 학문하는 자세의 성실성은 이 짧은 말에서 실감된다. 그가 얼마나 말을 신중히 하였으며 또 한 번 한 말에 얼마나 강한 책임감을 의식하고 있는지를 안다면, 그의 학문은 결코 이론의 체계나 논리성에 그치는 것이 아니라 전인격적인 삶 그 자체였다고 할 수 있을 것이다.

또한 그가 특히 편지를 중요시하였던 것은 그의 철학적 사색 속에 편지가 얼마나 큰 비중을 차지하고 있는가를 통해서 알 수 있다. 그의 문집에서 내집 전 49권(목록 제외) 가운데 32권과 속집 전 8권 가운데 5권이 편지를 수록한 것이므로, 그의 문집의 반수를 넘고 있다.

이 편지들은 거의 대부분 제자들의 물음에 답하는 것이었고 학문적 토론과 지도를 내용으로 하고 있다. 우리는 퇴계가 편지를 쓰는 데 기울인 엄청난 정력에 놀라지만 그 가운데 기대승(奇大升)과 사칠이기론(四七理氣論)에 관하여 왕복변론한 편지들은 한국철학사에 금자탑을 이루는 귀중한 논문들로 취급되는 것을 알고 있다.

오늘날의 발달한 통신수단과 교육제도는 이마 편지를 통한 사제관계를 배제하여 버렸다. 그러나 과거의 선인들은 골똘한 탐구과정에서 집약된 질문을 몇 백리 밖의 석학에 편지로 제시하고, 또 질문을 받는 학자는 오래 동안 깊이 생각하여 대답하는 편지를 썼다.

능률과 속도는 찾아볼 수 없지만 배우려는 자는 끊임없이 스스로 질문을 던지고 그 질문을 검토하는 사이에 대부분 자신이 해결을 하게 되며 마침내 보내게 되는 질문은 근원적이고 본질적인 문제를 붙잡은 것이다. 대답을 하는 학자도 받은 짧은 편지 속에서 한 사람의 정신이 거쳐 온 사색의 자취를 살펴야 한다. 집약된 문제가 던지는 넓은 의미를 파헤쳐주기 위하여 여러 날 책상머리에 두고 생각을 가다듬으며, 답장을 쓰고도 다시 검토 수정하여, 마침내 정서(淨書)를 해서 인편을 통해 보내었다. 퇴계는 이러한 답장들을 보낸 후에도 책상 앞에 두고 읽어 자신의 사색을 가다듬는 데 자료를 삼았던 만큼 그의 사색과 학문에 있어서 편지의 비중은 중대하였다.

그는 또한 「주자대전」을 연구하면서 주자가 당시의 사우(師友)·문인들과 왕복한 편지들을 특히 중요시하였고 「주자대전」의 41권에 달하는 편지 가운데 학문에 관련되고 실천에 절실한 것을 골라 14권 7책의 「주자서절요」를 편찬하여 항상 곁에 두고 읽었다. 그 서문에서 퇴계의 편지에 대한 견해를 잘 엿볼 수 있다.

　"(주자대전 속의)편지에 있어서 느끼는 바가 더욱 많았다. 전서(주자대전)로 말하면 대지가 만물을 실고 바다가 강물을 받아들이는 것과 같아 비록 없는 것이 없으나 그 요령을 얻기가 어렵다.

　그러나 편지는 사람의 재품(材稟)이 높고 낮음과 학문이 깊고 옅음에 따라서 병에 맞추어 약을 주고 물건에 응하여 저울추를 단다. 혹은 누르고 혹은 추기며, 혹은 인도하고 혹은 구조하며, 혹은 격려하여 나아가게 하고 혹은 물리쳐 경고해주니, 심술(心術)의 은미(隱微)한 사이에 털끝만한 악도 용납하지 않으며, 의리를 캐어냄에 있어 털끝 같은 차이도 앞질러 밝혀낸다. 그 권면(勸勉)해 주고 타일러 줌이 남과 나의 구별을 두지 않는다. 그러므로 사람에게 일러주는 말이 그 사람으로 하여금 감발(感發)하여 일어나도록 하여준다.

이것은 당시의 제자들에게만 그런 것이 아니라 백세의 뒤에 있어서
도 그 가르침을 듣는 자는 귀를 끌어당기며 얼굴을 맞대고 일러주
는 것과 다름이 없다……"

퇴계가 여기서 지적하고 있듯이 사람이 학문을 하려면 반드시 발단
(發端)·흥기(興起)하는 바가 있어야 하며 이러한 격려와 노력은 일반
논설에서보다 편지를 통하여 더욱 절실하게 나타나는 것이라 하겠다.
이것이 곧 진리를 탐구하는 학문의 본래 면목이요, 진정한 교육이 이루
어지는 양상인 것이다. 때로 퇴계의 제자가 「주자서절요」에 긴요하지
않은 것이 들어있다고 불만을 표시했을 때 그의 대답에서 퇴계가 가진
사제관계와 교육에 대한 견해의 인간미와 진실성을 엿볼 수 있다.

"……그 밖에 간혹 문안하는 것, 정회(情懷)를 푸는 것, 산수구경
에 관한 것, 시속을 근심하는 것 같은 간절하지 않아 보이는 한수작
(閑酬酢)도 끼어 넣어 둔 것은 그것을 완미함으로써 주자를 한가한
사이에 친히 찾아뵙고 담소 기침하는 중에 그 말소리를 들어 보는
것 같이 하도록 하자는 것입니다. 그렇게 함으로써 유도자(有道者)
의 기상을 그 풍채와 신운(神韻) 속에서 찾아보는 것이 정밀한 의리
에만 힘쓰고 긴요치 않은 일은 모두 시시하게 여기어 도리에 고독
한 사람이 되는 것보다 더 깊지 않을까 합니다……"

그가 철학적으로 아무리 고매한 이론을 논하더라도 퇴계는 관념의
추상적 세계에 도피하지 않고 인간의 구체적인 감정과 생명에 뿌리를
두고 있는 것이며 그러기에 편지가 저술의 어떤 다른 형태에서 찾을
수 없는 중요한 의미를 갖고 있음을 파악하였던 것이다.

자성록에는 남언경(南彦經), 김백영(金伯榮), 정유일(鄭惟一), 권호문
(權好文), 김부륜(金富倫), 이이(李珥), 황순량(黃俊良), 기대승, 노수신

(盧守愼)에게 보낸 편지 22편으로 그의 편지들이 방대한 양인 데 비해
너무나 적은 양이 수록되어 있다. 그러나 그가 서문에서 말하는 것처럼
수록하지 못한 것도 그 정신은 모두 이 속에 담겨있다고 하겠다. 양이
적을지라도 퇴계의 인간과 학문의 일관된 자세는 이 짧은 서한집 속에
모두 담겨 있는 것이다.

남언경에게 준 편지에서 퇴계는 남언경의 건강을 염려하고 학자의
공부가 병을 일으키는 원인이 됨을 자상하게 분석하여 병을 치료하는
방법인 동시에 학문하는 방법을 일러준다.

> "심지(心氣)의 병은 바로 이(理)를 살피는 데 통하지 못하여 공허
> 한 것을 천착하고 억지로 탐구하며 심(心)을 간직하는 방법이 어두
> 워 싹을 뽑아 올려 성장을 돕는 데서 비롯합니다. 그대의 전날 궁리
> 공부가 너무 깊고 현묘(玄妙)한 데에 치우치며 힘써 행함이 자신을
> 믿고 너무 지나치게 급히 하며 억지로 탐구하여 싹을 뽑아 올려서
> 병근(病根)이 이미 생겼던 것입니다……"
> "심기가 항상 화순한 상태에 있게 하여 분노나 원망으로 어지럽
> 히지 않도록 하는 것이 가장 요긴한 방법입니다. 책을 보는 것은 마
> 음을 수고롭지 않게 하여야 하니 많이 보는 것을 피하십시오. 궁리
> 는 반드시 일상의 평이하고 간명한 곳에 나아가 간파하여야 하며
> 숙달하게 하여야 합니다."

퇴계가 편지를 통하여 가르침을 베푸는 데는 전혀 권위의 위압감을
주는 흔적이 없고 비록 제자라 할지라도 겸허하게 자신의 의견을 표현
하고 상대편의 말을 정성껏 경청하며 그 대답을 듣고자 하였다. 더구나
율곡과 기고봉(奇高峯)에게 대해서는 율곡이 35년 고봉이 26년이나 후
배인데도 한마디의 충고를 하는 데도 조심하는 태도를 극진히 하고 있
다. 퇴계는 진정한 학자로서 아랫사람에 묻기를 부끄러워하지 않는 겸

허하고 성실한 태도를 갖추었던 것이다.

　"두 번의 편지가 나의 몽매함을 고치는 약을 주시지 않고 도리어 귀머거리에게서 들려주기를 바라는 것은 어쩐 일입니까. 두렵고 조심스러워 감히 뜻을 받들 수 없으나 말을 하지 않는 것은 서로 사귀는 도리가 아니므로 마침내 감히 진실을 숨기지 못합니다."〈답이숙헌(答李叔獻)〉

　"저의 뜻에도 그 분별(사단과 칠정의 분별)이 너무 심하여 혹 분쟁의 실마리가 되지 않을까 두려워한 까닭으로 순선(純善)·겸기(兼氣) 등의 말로 고쳤습니다. 대체로 서로 도와 밝히고자 한 것이요, 그 말이 흠이 없다는 것은 아닙니다. 이제 그대의 변론을 보니 잘못을 지적하여 타일러줌이 자세하여 깨우침이 깊습니다. 그러나 아직 미흡 됨이 있기에 시험 삼아 말씀드리니 바로잡아 주시기를 청합니다."〈답기명언 사단칠정분이기변 제일서(答李明彦四端七情分理氣辯第一書)〉

　그러나 학문의 방법과 그 핵심내용을 전개하는 데는 진지한 태도와 확신이 엿보인다. 처신에 대한 충고를 하는 데에서 학문의 성취와 관직의 출신을 놓고 언제나 전자를 앞세우며, 일단 관직에 나간 후라도 자신을 겸손하게 낮추며 행동에 근신할 것을 간곡하게 당부하고 있다. 그는 학문의 단계로서 하학상달(下學上達)하는 오랜 온축(蘊蓄)을 강조하여 특히 율곡의 뛰어난 자질을 아껴서 경계하고 있다.

　"텅 빈 마음으로 '이'를 살피고 먼저 자기 의견을 정하지 말아야 합니다. 점차 쌓아 온전히 성숙하게 되는 것이니 시간과 달로써 효과를 따지지 말아야 합니다. 지선(至善)의 경지를 얻지 않고는 그만 둘 수 없으니 일생 동안의 공부로 해야 하는 것입니다.〈답이숙헌〉

　　"그대를 위하여 오늘날의 처신할 도리는 자신을 지나치게 높이 처신하지 말고, 너무 급히 세상을 경륜하려고 서두르지 말 것이며, 모든 일에 처하여서는 자기의 주장을 너무 내세우지 말아야 될 것입니다. 몸이 이미 출세하여 나라에 바쳤으면 어찌 물러갈 뜻만을 가질 것이며, 뜻을 도의에 두어 준칙을 삼았으면 어찌 나아가기만 하고 물러가지 않겠습니까."〈답기정자명언〉

　「자성록」 속의 몇 구절에서 보는 것으로도 퇴계의 인품이 갖는 성실함과 학자로서의 진지한 태도를 알 수 있으며, 이들 편지에서 질문해온 문제에 대답을 할 때는 여러 날을 두고 경전과 성리서를 연구하여 이론전개에 논리적인 완벽을 기하여 그가 기울인 노력이 역력히 나타나고 있다. 「자성록」은 이러한 의미에서 퇴계정신과 인간의 이해를 위해 가장 귀중한 저술의 하나라 할 수 있다.

4) 성학십도(聖學十圖) ─형이상학의 도형화(圖型化)

　퇴계가 만년인 68세 때(1568) 12월에 선조(宣祖)에게 바쳤던 저술로서 퇴계의 원숙한 철학사상의 결정을 이룬 것이다. 「성학십도」는 「퇴계선생문집」 권7차(箚)에 수록되어 있고, 10개의 도(圖)와 도설(圖說)이 실려 있으며 「진성학십도차」(進聖學十圖箚)와 각 도설 끝에 퇴계의 해설이 붙어 있는 극히 작은 저술이다. 그러나 이 저술이 갖는 비중은 퇴계의 저술 전체 속에서 어느 것에도 뒤지지 않는다. 그가 이 저술을 선조에게 올리고 나서 "내가 나라의 은혜를 갚는 길은 이것에 그칠 뿐이다"라고 말하였다 한다. 이처럼 성학십도가 유교사회의 핵심인 임금의 덕을 닦는 데 필수적인 것으로 제시된 것이다.

성학(聖學)이라는 말자체가 성왕(聖王)의 학문이면서 가장 신성한 학문이요 진리의 학문, 도학(道學)을 말하는 것으로 유학의 다른 명칭이라 할 수 있다. 퇴계는 이 저술에서 10개의 도형으로 유학의 전 체계를 집약하였으며, 이것은 사람들이 도(道)에 들어가는 문이요, 덕을 쌓는 기초라 하였다.

한 사상체계를 도형으로 표현하였던 것은 동양 사상에서 오랜 역사를 갖는 특징적인 현상임을 주의할 필요가 있다. 우리가 흔히 학습 상 이해의 편리를 위하여 그 내용을 도표로 만들고 있지만 이 도표가 학문적으로 얼마나 중요한 의미를 갖는가에 대한 관심이 적은 것은 사실이다.

그러나 동양 사람의 오랜 전통은 사상의 시원적 형태를 도상(圖象)에서 찾고 있다. 복희씨(伏羲氏)가 역(易)의 8괘(卦)를 그렸던 것은 신화 속의 「하도」(河圖)에 근거하였다고 한다. 이 괘도(卦圖)는 어떤 내용을 전달하기 위한 수단을 넘어서 성인이 괘(卦)를 설정하였다는 사상에서 모든 체제가 연역될 수 있는 근원을 이루고 있는 것이다. 따라서 이러한 도형(圖型)은 간단한 형식 속에 무한히 넓은 세계를 표현하고 있는 것이며 깊은 의미와 사상체계를 포함하고 있는 것으로, 일종의 상징적 의미와 기능을 내포하고 있다고 하겠다. 한국유학사를 통하여 보아도 도설은 많은 학자들의 관심을 끌었고, 일찍이 권근(權近)은 「입학도설」(入學圖說)을 지었으며, 조선조 유학의 가장 중대한 논쟁을 일으킨 사단칠정론도 정지운(鄭之雲)의 「천명도」(天命圖)와 퇴계의 이에 대한 수정 내용에서 발단되었던 것이다.

여기서 성학십도의 도(圖)·설(說)을 차례로 살펴봄으로써 그 내용을 먼저 이해하여야 할 것이다.

〈제1, 태극도(太極圖)·태극도설〉

「태극도」와 「태극도설」은 모두 주렴계가 지은 것으로, 주자는 이것이 야말로 도리의 큰 두뇌가 되는 곳이요 백제 도술(道術)의 연원이라고 하여 극히 중요시하였다. 주렴계는 송대 성리학의 시조라고 하며 주렴계의 사상적 핵심은 이 도설에 있는 것이다. 따라서 「근사록」(近思錄)이나 「성리대전」의 첫머리에 이 도설이 실렸고, 퇴계도 이것을 「성학십도」의 제일도로 취하였다. 이 도와 설에서는 우주의 궁극원리로 태극이 제시되고 여기서 인간과 만물이 생성되어가는 모든 과정을 체계화하고 있는 것이다.

〈제2, 서명도(西銘圖)·서명〉

서명도는 장횡거가 지은 「서명」에 근거하여 정림은(程林隱)이 도형을 만든 것이다. 상하(上下) 2도로서 상도는 하나의 이(理)가 사물에 따라 나뉘어 나타나는 것을 변별하고, 하도는 어버이를 극진히 섬김으로써 하늘을 섬기게 되는 도리를 밝히는 것이다. 서명은 천지만물과 한 덩이로 되는 원리인 인(仁)의 본체를 설명하는 것이라고 보아 중요시되는 것이다.

〈제3, 소학도(小學圖)·소학제사(題辭)〉

「소학제사」는 주자가 쓴 것이고 「소학도」는 「소학」의 체계를 퇴계가 도식화한 것이다. 「소학」은 유학을 배우는 입문서로서 일상생활 속의 유교원리를 제시한 것이다. 이 「소학」은 우리나라에서 김굉필·조광조에 의하여 특히 실천원리로서 중요시되었다. 퇴계도 이를 10도의 하나에 넣고 다음의 「대학」과 더불어 유학의 시작과 끝으로 보고 있다.

〈제4, 대학도(大學圖)·대학경(大學經)〉

「대학도」는 권근이 지은 것이고, 「대학경」은 「대학」의 경1장을 취한 것이다. 「대학」은 사서의 하나로 그 중요성은 거듭 말할 것이 없지만 퇴계는 「소학」과 대조시켜 10도의 중심으로 잡고, 제1·2도는 단초(端初)를 구하여 확충해서 하늘을 본받아 도를 다하는 극치로서 「소학」과 「대학」의 표준이라 하였고, 제5~10도는 선(善)을 밝히고 몸을 참되게 하며 덕을 높이고 일을 넓히는 데 힘을 기울이는 것으로서 「소학」과 「대학」의 터전이라 하였다.

〈제5, 백록동규도(白鹿洞規圖)·동규후서(後敍)〉

「백록동규도」는 주자의 「동규」에 따라 퇴계가 만든 것이며, 동규후서 는 주자가 지은 것이다. 「동규」는 주자가 백록동서원의 학도들에게 규 범으로 제시하였던 오륜과 학·문·사·변·행(學問思辨行)의 궁리· 수신·처사·접물(接物)의 요령을 들었던 것이다.

퇴계는 이상 제1~5도의 5도를 천도(天道)에 기본을 두고 인륜을 밝 히며 덕업(德業)에 힘쓰는 것을 그 정신으로 한다고 분류하였다.

〈제6, 심통성정도(心統性情圖)·심통성정도설〉

이 도형은 상중하의 3도로 되어 있는데 상도는 정림은이 만든 것을 퇴계가 약간 수정한 것이고 중도와 하도는 퇴계가 만들었다. 이 도설은 역시 정림은이 지었으며, 그 내용인 심성정 문제는 사단칠정과 연결되 어 있는 것으로 한국유학에서 특히 관심을 기울인 성리학의 기본과제 인 것이다.

〈제7, 인설도(仁說圖)·인설〉

이 도와 설은 모두 주자의 것이며 인(仁)이 인·의·예·지 4덕의 근본을 이루는 것임을 밝히고 있다. '인'은 사실상 공자 이래 유학의 본질적 개념으로서, 퇴계도 결코 가볍게 넘겨 놓지는 않았다.

〈제8, 심학도(心學圖)·심학도설〉

이 도와 설은 정림은이 만든 것으로 심(心)을 신(身)의 주재라 하며 경(敬)을 심의 주재라 하여 도(圖)의 상하 중심에 둠으로써 심학이 경(敬)을 근본으로 하는 것임을 밝히고 있다. 경이 성학의 시작이요 끝이라는 명제를 퇴계도 거듭 강조하여 그의 사상적 특징을 보여주고 있는 것이다.

〈제9, 경재잠도(敬齋箴圖)·경재잠〉

이 도는 주자의 「경재잠」을 왕로재(王魯齋)가 심(心)을 중심에 놓은 도식으로 만든 것이다. 경재잠에서도 모은 행동 속에서 경의 태도를 지켜야 할 것을 강조하고 있다.

〈제10, 숙흥야매잠도(夙興夜寐箴圖)·숙흥야매잠〉

이 도는 진무경(陳茂卿)의 「숙흥야매잠」을 퇴계가 도식으로 만든 것이요, 도의 중심에 경(敬)자를 두고 새벽부터 밤까지 모든 시간을 경으로 일관하도록 하는 것이다. 제9·10도의 둘은 전자가 여러 가지 행위 속에서 경을 지키는 것이라면 후자가 모든 시간 속에 경을 지키는 것으로 대조를 이루고 있는 것이다. 여기서 퇴계가 경을 얼마나 중요시하였는지 그가 선택한 10도를 통하여 충분히 이해할 수 있다.

또한 제6~10도의 5도는 심성에 바탕을 두고 일상생활에 힘쓰며 경외(敬畏)를 높이는 데 그 요령이 있는 것이다. 따라서 이상 10도에 있어서 천도와 인도가 상응하는 성학의 근본구조를 반영하고 있음을 볼 수 있다.

퇴계는 또한 이 「성학십도」를 선조에게 올리면서 도와 설을 10폭의 병풍에 베풀어 평소에 거처하시는 곳에 두고 또 수첩으로 만들어 책상 위에 올려놓고 기거동작할 때마다 살펴서 경계를 삼도록 부탁하였으며 곧 왕명으로 「성학십도」 병풍이 만들어졌다고 한다. 또한 그는 차(箚)에서 이 10도 속에 도가 엉기게 하고 성인이 되는 요령이 있으며, 근본을 바르게 하고 치적을 이루는 근원이 다 갖추어져 있다"고 강조하였다.

5) 정신의 샘

「자성록」과 「성학십도」는 저술의 특이한 형태로서 두 가지 양상을 보여주고 있는 동시에 퇴계는 이 두 형식으로 그의 철학사상을 한쪽에서는 가장 인간적인 체온을 통하여 표현하였고 다른 쪽에서는 형이상학적 체계의 전체를 가장 단순화시켜서 표현하였다. 이 두 저술은 퇴계의 대표적인 저술에 틀림없지만 우리는 이들을 보는 자세를 좀 더 진지하고 성실하게 갖출 필요가 있다. 퇴계는 결코 역사의 흐름 속에 묻혀버릴 수 없는 인간의 깊은 정신의 샘을 파놓았던 것이며 우리는 여기서 어느 때나 해갈될 수 있다. 그것이 고금(古今)을 꿰뚫고 시공(時空)을 넘어서는 진리요 '도'인 것이다.

여기서 퇴계의 단가(短歌)를 생각하며 그와 함께 읊어볼 수 있을 것이다.

고인(古人)도 날 몯 보고 나도 고인 몯 뵈
고인을 몯 봐도 녀던 길 알픽 잇닉
녀던 길 알픽 잇거든 아니 녀고 엇멸고 <도산 12곡>

율곡(栗谷)의 시무론(時務論)과 사회사상

1) 사회의식과 성리설(性理說)

　조선시대 유학의 정통은 성리학(性理學)을 그 철학적 기반으로 하였고, 이 성리학은 16세기 중엽 퇴계와 율곡을 통하여 절정을 이루었던 사실은 잘 알려져 있다. 사실 성리학이 조선사회의 이념적 기초를 제공하여 왔지만, 조선전기의 사회적 성장 속에서는 성리학이 섭취단계이었다고 할 수 있으며 조선중기의 사회적 침체 속에서 성리학은 정립단계에 도달되고 있음을 보게 된다. 그리고 조선 후기는 성리학의 군림단계라 할 수 있겠지만, 사회적 모순이 심화되면서 성리학에 대한 비판적 입장이 다양하게 대두되었던 것이 사상사의 뚜렷한 현상이었다.

　물론 성리학을 중세적 관념철학의 한 양상으로 규정하고 사회현실의 문제와 유리된 것으로 파악하려는 입장도 있다. 그러나 한 시대사회의 이념을 규정하였던 철학이 그 사회적 관심과 관련될 수 없다면 올바른 해석의 태도라 보기 어렵다. 오히려 시대의 변화를 이끌어 가거나 억제해가며, 그 시대의 사회의식을 형성하였던 중추로서 성리학은 해명할 필요가 있는 것으로 보인다. 조선사회에서의 성리학은 단순히 송(宋)대의 철학을 되새김질한 것이 아니라, 그 시대사회의 요구 속에서 추구되었고 대답되어진 것이라 할 수 있다.

퇴계와 율곡은 성리설에서 입장의 차이를 뚜렷이 하여 두 봉우리를 이루고 있거니와, 그 성리설의 성격은 그들의 시대현실 속에서 자신의 고뇌와 사색을 통하여 발견하였던 해답이었다. 퇴계가 이기이원론(理氣二元論)의 입장에 서서 이기호발설(理氣互發說)을 주장하고 있는 것도 거듭된 사화(士禍)를 거치면서 시대사회 속에서 정의와 불의가 대립된 현실을 절실히 인식하였던 사실과 연관된 것이라 볼 수 있다. 선(善)과 대립된 악(惡)의 실재성을 외면할 수 없으면서도 악에 매몰될 수 없는 선의 근원성을 순수하게 확보하려는 의지가 그의 성리설에서 엿볼 수 있게 된다. 또한 퇴계보다 한 세대 뒤에 태어난 율곡은 이기일원론(理氣一元論)의 입장에서 기발이승일도설(氣發理乘一途說)을 주장하였다. 율곡은 자신의 시대사회가 지닌 모순과 불합리성을 통찰하였지만, 그는 명종(明宗) 말기와 선조(宣祖) 초기에 훈구세력의 몰락과 더불어 새로운 가능성을 찾는 시대적 분위기 속에서 적극적이고 참여적인 의지를 지녔던 것이다. 이원론이 현실부정적이고 일원론이 현실긍정적이라고 규정하는 것은 제한된 뜻으로 받아들일 수 있겠지만, 현실과 이념이라는 두 세계를 대립되는 것으로 파악하는 이원론에서는 현실과 이념이 일치될 수 있는 것으로 파악하는 일원론에서보다 더욱 깊이 현실에 대한 좌절과 거부가 깃들어 있는 것은 사실이다. "선비가 뜻을 펼 수 없어 궁색할 때는 홀로 자신을 착하게 하고(獨善其身), 자신의 뜻을 펼 수 있을 때는 아울러 천하를 착하게 한다(兼善天下)"라는 맹자의 언급에는 역사의 현실적 상황에 따른 유교적 삶의 태도와 결단을 규정짓고 있다. 여기서 퇴계의 입장은 '홀로 자신을 착하게 하는 것'에 속한다면 율곡의 입장은 '아울러 천하를 착하게 하는 것'에 속한다고 구분하여 대조시켜 볼 수 있겠다. 계절에 비유한다면 퇴계는 겨울에 해당하고 율곡은 봄에 이른 것으로 생각된다. 겨울철에 바깥추위가 맹위를 떨치면 더욱 단단히 생명을 감싸고 지켜야 할 것이다. 그러나 봄이 와도 씨앗의 껍질만 지키고 있다면 생명은 위축되고 소멸될 위험이 있다. 오히려 껍질을 깨뜨리고 바깥세계에로 뻗어져 나가야 할 것이다. 이미 바깥세계는 생명의 적이 아니라 자기실현의 무대인 것이다. 그 바깥에서 햇볕과 물기와 영양소를 섭취해야만 생명이 성장할 수 있게 된다. 이렇게 본다면 유학의 근본정신이 이원론이거나 일원론으로 결정되어 있는 것은 아니다. 오히려 그 전개과정에서 이원론일 수도 일원론일 수도 있을 것이다.

사회현실이나 시대상황이 철학적 입장에 영향을 주는 것이 사실이지만, 그렇다고 일방적으로 기계적인 결정을 한다고 볼 수는 없다. 율곡의 시대가 곧 율곡의 철학을 결정짓고 말았던 것만은 아니다. 오히려 율곡의 정신이 현실을 파악하고 이 현실과 그의 이상을 조화시키는 방법으로서 자신의 성리학적 입장을 제시하게 되었던 것이라 할 수 있다. '기발이승일도설'은 현실의 '기'가 '이'에 선행하는 것이라거나 '기'만이 작용하고 '이'는 무력하다는 것을 주장하려는 것은 아니다. 오히려 '기'의 현실을 떠나서는 '이'가 자기실현을 할 수 없다는 사실을 강조하는 것이며, 모든 '기'의 작용 속에는 그 근거로서 '이'를 내재시킴으로써 '이'를 벗어나지 않는 '기'의 현실을 확립하려는 신념을 엿볼 수 있다.

정약용은 퇴계의 성리설이 인성론적이라면 율곡의 성리설은 우주론적이라고 대조시켰다. 그러나 퇴계의 이원론이 현실견제적이라면 율곡의 일원론이 현실개선적이라 대조시키는 것이 보다 시대적 맥락에서 양자의 입장을 연속적으로 파악할 수 있게 하는 것으로 생각된다.

율곡의 일원론은 존재구조의 형이상학적 규정이기도 하지만, 동시에 사회현실의 당위적 과제이기도 한 것이다. '이'는 무형(無形)하고 '기'는 유형(有形)하다는 개념에서 이통기국설(理通氣局說)을 제시한 것은 이·기의 단순한 일원론이라 보기 어렵다. 그러나 이는 무위(無爲)하고 기는 유위(有爲)하다는 개념에서 '기발이승일도설'을 제시한 것은 현실의 다양성 속에 이의 근원적 내재를 확립시키는 것이요, 사회와 역사의 역동성 속으로 뛰어 들어가는 신념의 철학을 엿볼 수 있다. 그는 사회현실의 격류를 벗어나 강 언덕에 자리잡은 것이 아니라 그 격류 속에서 헤엄쳐 가면서 물길을 바로잡는 이승(理乘)의 과제를 맡았던 것이다. 그러면서도 율곡은 기에 빠지지 않고 이를 지향하는 이통(理通)의 목표를 명백히 하고 있다.

2) 사회질서와 기강론(紀鋼論)

한 사회가 다스려지는가(治), 어지러워지는가(亂)의 사실은 사람이 바라는 대로만 되지 않는 것이 역사의 현실이다. 마치 자연에 음(陰)과 양(陽)의 현상이 있고, 인간에 선(善)과 악(惡)이 있듯이 역사에는 다스려질 때와 어지러울 때가 있기 마련이다. 여기서 인간은 빛을 지향하고 선을 긍정하듯이 역사 속에서 질서 있는 사회를 건설하기 위한 추구를 당연하면서도 옳은 것으로 인정한다. 그러나 "욕망을 따르는 마음

(人心)은 항상 위태롭고, 진리를 따르는 마음(道心)은 항상 미약하다"
는 경계에서처럼 선에로 나아가기는 어렵고 악에로 타락하기는 쉬우며,
다스려지기는 어렵고 어지러워지기는 쉬운 것이 현실이다. 따라서 어떻
게 선을 행할 수 있느냐, 또는 어떻게 사회가 다스려질 수 있느냐의 방
법과 원리를 밝히는 것이 중요한 현실적 문제로 놓여 있다.

　율곡은 군주제(君主制) 사회인 조선시대에서 또한 사회가 혼란의 위
기에 놓여 있는 시기에서, 국가의 통치질서를 확립하려는 신념과 정열
에 넘쳤으며, 이를 위해 혼신의 힘을 기울였던 인물이다. 다스려진 다
(治)는 것의 근원은 이(理)에서 찾을 수 있다. '이'는 본래 다스린다는
뜻을 지니고 있거니와 질서는 바로 조리(條理)가 구현되어 있음을 의
미한다고 하겠다. 그러나 이는 자기전개로써 질서를 형성하는 것이 아
니라, 현실로서의 기가 이를 구현함으로써 현실의 질서로서 나타나는
것으로 볼 수 있다. 이러한 이는 현실의 근거요, 표준이며 중심일 것이
지만 현실을 떠나 있는 것이 아니다. 따라서 율곡은 초월적인 이를 존
숭하는 태도가 아니라 현실 속에서 이를 밝혀내는 태도를 강조하며, 이
기지묘(理氣之妙)를 중시하였던 것이다.

　율곡에 있어서 사회현실의 질서요 기준이며 근거를 이루는 이의 위
치에 상응하는 개념은 기강(紀綱)이라 할 수 있다. 인격완성(修己)에서
덕(德)이 기준이요 전제가 되는 것처럼, 사회질서(治人)에서 '기강'은
기준으로 전제되었다. 그는 기강을 국가의 명맥(命脈)이라고도 하고 원
기(元氣)라고도 하였다. 기강이 정비되면 모든 일이 저절로 조리를 이
루지만 기강이 문란하면 모든 법도가 폐지되고 만다는 것이다. 그러나
여기서 기강은 사회질서의 기준으로서 통치체제에 정립되어야 하는 것
이지만 기강은 결코 위엄이나 법규로 강요될 수 있는 것은 아니라고
지적된다. 그것은 모든 일을 처리하는 가운데 합리성이 있어야 하고 상

벌이 공정한 것으로 신뢰될 수 있을 때 정립되는 것이다. 다시 말하면 기강은 현실을 지배하는 우월하고 독립적인 권위가 아니고 현실 속에서 구현되는 기준으로서의 질서이다.

율곡은 "임금의 긴급한 일이 '이'를 밝히는 것보다 더 앞서는 것은 없다"고 언급하면서, 이가 밝아지면 옳고, 그르고, 좋고, 싫은 것이 모두 바르게 되어 촛불을 밝혀 비춘 것이나 저울이 균형을 이룬 것과 같다고 지적하였다. 기강은 곧 '이'라고만 말할 수 없지만 이가 밝혀진 현실이요, 이를 현실 속에 실현한 것이라 할 수 있다. 따라서 율곡은 국가가 유지되는 것은 기강이 있는 데 의뢰하는 것이라 하고, 또한 기강이 정비되는 것은 법규가 지켜지는 데 있다고 하였다. 그것은 기강이 사회의 근거요 기준이면서 구체적인 법규를 통하여 정비될 수 있음을 밝혀주는 것이다.

기강이 사회질서의 구체화요 기준이라고 할 때 그 기강을 뒷받침하고 실현가능하게 하는 현실적 근거를 밝히지 않을 수 없다. 이는 보편적이고 통하는 것이며 기는 구체적이고 제한되는 것이라는 '이통기국설'에 비추어 본다면, 구체적 현실 속에서 보편적 정신이 나타난 경우를 공론(公論) 내지 국시(國是)의 개념에서 찾아볼 수 있다. 율곡은 공론이란 모든 사람의 마음에 공통적으로 승인되는 것이라 한다. 그는 또한 공론을 국가의 원기(元氣)를 지닌 것이라 지적하였다. 그리고 공론이 정부에 있을 때 나라는 다스려지나, 정부에 공론이 없고 백성들 속에만 있을 때 나라는 어지러워지며, 정부나 백성에 공론이 모두 없다면 나라는 멸망한다고 언급하고 있다. 여기서 통치자가 공론을 주장할 수 없으면서 백성들 속에 공론이 있는 것을 싫어하여 입을 막고 죄로 다스리면서 망하지 않은 나라는 없다고 강조하였다. 이러한 공론은 다수의 의사인 여론(輿論)과 단순히 동일시할 수는 없다. 그것은 양(量)의 문제가 아니라 질

(質)의 문제요 정당성의 문제이다. 따라서 이러한 공론은 보편적이면서
기준을 이루는 것이요 '이'를 내포하고 있는 것이므로 결코 이해관계나
위엄으로 강요되는 것이 아니다. 공론이 국가의 단위에 나타날 때 그것
을 국시라고 한다면, 국시는 온 나라 사람이 의논하지 않고도 함께 옳다
고 하는 것이다. 율곡은 당시에 국시라는 것이 본래의 뜻과 어긋남을 비
판적으로 지적하고 있다. 곧 정부가 스스로 옳다고 하지만 듣는 자는 따
르기도 하고 어기기도 하며 어리석은 민중들까지 옳다고도 하고 그르다
고도 하여 일치되지 않고 있다는 사실이다. 국시란 집집마다 설득하여
억지로 정할 수 없으며 이렇게 억지로 관철시키려 할 때 사람의 의심은
더욱 깊어지고 도리어 화근이 생길 뿐이라 하였다.

　기강이나 공론 또는 국시의 개념은 사회질서의 기준이요, 근거라 할
수 있다. 특히 기강이 구체적 기준이라면 공론 또는 국시는 기강의 정
당성을 뒷받침하는 근거가 될 수 있다. 그러나 율곡은 군주제 시대에서
임금이 통치질서의 중심임을 강조하면서 이 임금을 정당하게 이끌어갈
수 있는 사회집단으로 사림(士林)을 중시하였다. 그가 국가의 원기(元
氣)로 지적한 또 하나의 개념이 사림이다. 그는 사림이 융성하고 화합
하면 나라가 다스려지고, 사림이 과격하고 분열되면 나라가 어지러워지
며, 사림이 패배하여 소멸되면 나라가 망한다고 지적하였다. 국가의 원
기를 이루는 세 가지 형태인 기강·공론·사림은 필연적 연관성을 지닌
것이라 할 수 있다. 질서의 기준이 기강이라면 그 논리가 공론이요, 그
담당인간이 사림이라 할 수도 있을 것이다. 이른바 선비로서의 사림은
도학(道學)을 연마하며 사회 속에 도(道)를 실현하려는 지성과 신념의
인간이다. 사회가 인간공통체의 생활무대요, 인간이 사회의 주체라고 한
다면 이 사회질서를 담당할 수 있는 인격형태를 사림 내지 선비로서 명
확히 한 것은 조정암(趙靜庵)에 의하여 이미 명시되었지만, 율곡에 의

해 다시금 강조되면서 확립되었다고 하겠다. 그는 기강이 떨쳐지지 않고 공론이 분열되고, 사기(士氣) 곧 선비의 기개가 꺾여 있는 현실을 직시하였다. 율곡은 바로 이 현실을 바로잡음으로써 사회질서를 재확립할 수 있다는 신념을 밝혔고 실제에서 이것을 추구하였던 것이다.

3) 현실개혁과 경장론(更張論)

율곡의 '기발이승일도설'에서는 이·기가 서로 떠날 수 없으면서 서로 혼동될 수 없는 관계, 곧 하나이면서 둘이고(一而二), 둘이면서 하나(二而一)인 관계를 전제하고 있다. 여기서 이는 기의 주재(主宰)이고 기는 이가 타는 것(所乘)이라는 개념을 통하여 이 없이는 기가 근거할 곳이 없으며 기 없이는 이가 의착(依著)할 곳이 없다고 규정하여 상호관계의 구조를 해명하였다. 이가 기의 주재이면서 근거라는 구조에서 현실은 이념 내지 이상을 기준으로 구성되어야 할 것을 요구하게 된다. 그러면서 기의 현실을 토대로 하지 않으면 이념이 실현될 수 없음을 밝히는 것이 그의 입장이다.

한 개인에 있어서 본성을 회복하고자 한다면 치우친 기질을 바로잡아야 한다는 교기질(矯氣質)의 과제가 주어진다. 마찬가지로 사회에 있어서 이념적 질서를 실현하려고 하면 사회현실의 폐단을 바로잡는 경장(更張)의 개혁이 추구되는 것이다. 이러한 개혁은 그 기준을 가져야 하는 것이므로 개인에 있어서 본성의 인식이나 사회에 있어서 왕도(王道)의 인식이 근본적인 문제라 하겠다. 그러나 율곡은 정자(程子)를 따라 정치원리에는 근본을 따르는 경우[從本]와 사태를 따르는 경우[從事]로 분별이 있음을 지적하였고, 특히 현실의 사태를 중요시하고 있는

점에서 그의 입장이 지닌 특징을 엿볼 수 있다. 현실은 비천하고 열등
한 것이기만 한 것이 아니라 진리와 이념을 실현할 수 있는 기반으로
서 중요한 것이므로 결코 거부될 수 없다는 것은 유학의 근본정신이기
도 하다. 공자의 성인됨은 때에 맞는 것[聖之時者]이라 지적되었고, 중
용의 원리도 때에 맞는 것[時中]으로 파악되었던 바, 여기서 때란 곧
현실의 상황을 의미한다고 할 수 있다.

율곡은 정자의 말을 이끌어 "때를 알고 형세를 아는 것[知時識勢]이
주역을 배우는 근본방법이요", "때에 따라 변화해가는 것[隨時變易]이
곧 불변의 도[常道]임"을 음미하였고, "정치에는 때를 아는 것이 귀중
하고 사업에는 실제에 힘쓰는 것이 요긴하다"고 강조하였다. 여기서 때
[時]는 바로 '기'의 모든 작용영역이요 인간사회의 현실세계이다. 그러
나 물론 때라는 현실의 상황적 조건이 모든 사태를 지배한다고 주장하
려는 것이 아니라 오히려 때의 현실상황에 이념적 정당성이 부여되도
록 추구라는 것이다. 이것이 바로 때에 마땅함, 곧 시의(時宜)이다. 율
곡에 있어서 '시의'는 생동하는 가치기준이요 추구하여야 할 행동원리
로 제시되었다. 그는 시의를 "때에 따라 변통함으로써 [隨時變通]법을
베풀어 백성을 구제하는 것[設法救民]"이라 규정짓고 있다. 때라는 현
실상황을 외면해서는 안 되며, 이를 따라야 하는 것이다. 또한 때를 따
르면서 그리고 현실의 때를 따름으로써 현실의 제도와 체제를 변화시
키며 소통시켜야 하는 것임을 제시하고 있다. 때를 따른다는 것이 현실
에 제약받는 것이라면 변통한다는 것은 현실을 통제하는 것이 될 수
있다. 현실을 떠나는 소극적 태도가 아니라 현실 속에서 현실을 개혁하
는 적극적 태도인 것이다. 그리고 법을 베푼다는 것이 현실을 통제하는
제도요, 방법이라면 백성을 구제한다는 것은 현실을 통제하는 이념이요
목적이라 할 수 있다.

현실의 개혁도 현실이라는 조건의 제약을 받지 않을 수 없다. 무엇이
나 고칠 수 있고 아무 때나 바꿀 수 있는 것이 아니다. 개혁에는 바꿀
수 있는 것(바꾸어야 할 것)과 바꿀 수 없는 것(바꾸어서는 안 될 것)
을 구별할 줄 아는 분별력이 필요하다. 관습이나 제도는 바꿀 수 있겠
지만 이념과 근거는 바꿀 수 없는 것이다. 여기서 언제나 바뀔 수 없는
것으로 왕도(王道)·인정(仁政)·삼강(三綱)·오상(五常)을 열거하였
다. 이러한 개념들은 현실의 정당성에 근거를 제공하는 이념적인 것이
다. 그러나 때에 따라 바뀔 수 있는 것으로 법제(法制)를 들고 있다.
율곡은 기강이 사회질서의 기준이라면 이 기강을 확립시키게 하는 것
은 법을 지키는 데 있다고 지적하였었다. 따라서 법은 현실 속에서 이
념과 질서를 실현시키는 기초이면서 특히 현실 속에 깊이 뿌리를 내리
고 있는 제도요 형식이다. 그렇다면 법은 현실의 상황적 조건에 제약되
지 않을 수 없으며, 곧 "법이란 때에 근거하여[因時] 제정되는 것이니,
때가 변하면 법도 같지 않다"라는 법의 규정이 제기된다.

법은 때의 현실적 조건과 결합된 것이다. 여기서 때는 끊임없이 바뀌
어 가지만 법은 제정되면 그대로 지켜지기를 요구한다. 그러나 고정된
법은 때가 오래되면 변화된 현실상황과 어긋나지 않을 수 없게 된다.
이것이 곧 "법이 오래되면 폐단이 생긴다."(法久弊生)는 현상으로 지적
된다. 그런데 이러한 법의 폐단을 판단하는 기준은 민중의 삶에 해를
끼친다는 사실에서 찾아지며, 이 법을 고치는 것은 민중을 이롭게 하기
위한 것이다. 따라서 법의 존재 이유와 목적은 민중의 삶을 이롭게 하
고 보장하는 데 있음이 확인된다. 법의 정당성이 권력의 유지나 보호가
아니라 민중의 삶에서 찾아진다면 변화를 넘어서 항구적 지속성을 갖
는 이념인 왕도·인정(仁政)을 비롯하여 삼강·오상도 민중의 삶을 지
향하는 것이요 이것을 확보하는 원리인 것이다.

율곡에 있어서 민중은 통치의 대상이기만한 것이 아니라 통치의 목적인 것이요, 통치 자체의 정당근거이기도 하다. 그는 정치의 선결문제가 폐단이 있는 법을 개혁하여 민생을 구제하는 데 있다고 제시하고 있다. 그가 당시의 사회현실에서 폐정(弊政)을 열거하여 비판하고 개혁을 주장하는 시폐소(時弊疏)를 연달아 올렸던 것은 "국가란 민중에 의존하는 것이며[國依於民] 민중을 떠나서는 국가도 없다[無民則無國]"는 전제 위에 있었던 것이요, 국가가 존립하기 위해서는 민생을 위한 개혁이 가장 시급하고 중요한 것이라는 신념에서 나온 것이다. 율곡에 있어서 민중은 어리석은 대중으로 가련하게만 여겨지는 것이 아니라, 지극히 어리석으면서 신명(神明)하여 기만할 수 없는 존재로 파악하였고, 만백성은 임금이 하늘로 삼는 것이라 강조하였다. 따라서 사회현실의 문제에 있어서 '일을 통제하는 정당성'[制事之義]과 '변화에 적응하는 균형력'[應變之權]을 동시에 충족시키는 기준을 관념적 규범이 아니라 국가에 편리하고 민중에 이로운 것이어야 한다는 조건에서 찾았던 것이다.

율곡의 경장론은 단순히 이념의 순수성에만 얽매어 경장만을 내세우는 개혁주의적 입장이 아니다. 그는 시대인식 내지 현실인식을 강조하였고 바로 이러한 현실적 관심에 입각하여 그의 시대를 경장의 시기로 파악하였다. 그리고 경장은 그 시대의 현실 속에서 이념의 실현방법이요, '기발이승일도설'의 현실적 적용이라 할 수 있을 것이다.

4) 역사의식과 지성(知性)

경장이 율곡에 의하여 그 시대의 절박한 과제로 제시되었지만, 그것은 보다 넓은 역사의식의 맥락 속에서 이해되어야 할 것이다. 곧 시무

(時務)의 기본요령으로 창업(創業)·수성(守成)·경장의 세 가지 양상
이 지적되었다. 그것은 역사의 변천이 시간의 흐름에 따라 마치 한 생
명체가 출생·성장·번식하는 것처럼 유기체와 같은 전개과정을 겪는
것임을 말해준다. 각 시대의 현실은 창업을 할 때, 수성을 할 때, 경장
을 할 때의 상황이 다를 것이다. 그러나 역사는 자연의 물리적 필연성
에 지배되기만 하는 것이 아니라 인간의 능동적 삶이 현실 속에 실현
되는 것이라는 사실에 특성이 있다. 율곡은 여기서 역사 속에 작용하는
객체적 필연성을 중요시하면서도 이 역사를 개척하고 전개해가는 인간
적 자주성을 의미 깊게 부각시키고 있다.

"때에는 막히는 때와 열리는 때가 있으며[時有否泰], 일에는 발생하
는 일과 이루어지는 일이 있다[事有幾會]"고 하여 시대와 사업의 양상
을 지적한다. 그러나 때와 일이 한 현실의 상황에서 고정되는 것이 아
니라, 막히는 때에 다스림의 계기가 있고 열리는 때에 혼란이 계기가
있다는 역동적 현상을 주목하였다. 우선 현실과 역사의 이해를 통하여
필연성에 지배되는 숙명론에 빠지는 것으로부터 탈피하고 있다. 혼란
속에서 질서를 내다보고 질서 속에서 혼란을 들여다보는 율곡의 역사
의식은 철저히 현실 조건과 인간이 서로 만남에서 일어나는 역동성을
역사와 사회의 기본성격으로 파악하는 것이다. 그가 군주의 임무로서
때와 일을 자세히 살펴서 잘 포착할 것을 강조하였던 것도 정치가 현
실적 조건을 토대로 하고 인간의 결단을 통하여 현실과 이념의 결합으
로 나타나는 것임을 보여준 것이라 하겠다.

다스려질 때와 어지러울 때가 현실로서 존재하지만, 율곡은 다스려지
고 어지러운 것이 때에 얽매이는 것이 아니라 인간에 달려 있는 것이
요, 때라는 것도 통치자가 만드는 것이라 밝혔다. 이가 기를 통하여 드
러나고, 작용하는 것은 기이지만, 이는 무력한 관념이 아니라 기의 근

거요 주재인 것이다. 마찬가지로 율곡에 있어서 역사는 때의 흐름에 따라 결정되기만 하는 것이 아니라 인격적 지성의 판단과 결단이 역사를 이끌어간다는 사실을 강조하였다. 그는 군주시대 사회에서 군주의 역할이 사회와 역사에 작용하는 역할의 비중을 높여서 "한 나라의 다스려지고 어지러움이 한 사람에게 달려 있다"고까지 언급하여 군주의 의지와 태도를 통치의 원천으로서 중요시하고 있다. 그러나 군주의 역할은 정치적 제도에서 기준이요 중심의 위치를 누리고 있는 것이지만, 군주의 판단을 결정하는 근거는 도(道)이며 이 도를 담당하는 사람에서 그 근거를 찾았다.

선비가 한 시대사회에서 취하는 행동의 양상으로 나아가서 아울러 착하게 하는[進而兼善] 태도 내지 물러나서 자신을 지키는[退而自守] 태도로 나누어 볼 수 있다. 여기서 율곡은 나아가서 아울러 착하게 하는 적극적 참여의 태도를 선비의 진정한 의지라 하고, 물러나 자신을 지키는 소극적 은둔의 태도를 본심이 아니라 때를 만나지 못하였기 때문이라 지적하고 있다. 따라서 율곡은 세상을 잊어버리는 은자(隱者)는 시중(時中)의 도가 아니라고 부정하였던 것이요, 이념으로서의 도학(道學)도 정치에 시행되어 왕도로 나타나는 것임을 밝혔다. 그가 참된 유학자(眞儒)를 정의하여 "나아가면 한 시대에 도를 행하여 백성들로 하여금 화평한 즐거움을 누리게 하고, 물러나서는 만세에 가르침을 드리워 배우는 자로 하여금 큰 꿈에서 깨어나게 한다"고 하였다. 여기서 참된 선비의 역할은 나아갈 때와 물러갈 때에 따라 역할의 양상은 다르지만 한 시대 사회의 지성으로서 어느 경우에도 절실한 임무와 역할이 부여되고 있음을 알 수 있다.

역사에서 인간의 의지와 참여를 통한 이념의 구현이 근원적인 조건이라고 할 수 있지만 역사 속에 인간의 결단을 실현하는 과정에서 구체적 개인이나 집단이 진실한 이념을 항상 올바르게 제시할 수 있느냐 하는 것은 어렵고도 중요한 문제점으로 남는다. 물론 군주가 '이'에 밝고 도를 실행하는 것이나 사람이 의(義)를 밝히고 기상이 강건한 것은 바람직한 일일 것이다. 그러나 현실에는 군자와 소인의 갈등이 뿌리 깊이 놓여 있고 인심은 속습(俗習)에 빠져들기 쉬우니 판단의 일치란 쉽게 성립되지 않는다. 더구나 사람들의 주장도 융성하면서 조화를 이룬다면 나라가 다스려질 수 있겠지만 그 주장들이 과격하면서 분열된다면 나라는 어지러워질 것이라는 사실을 주의하지 않을 수 없다. 사람들 사이에서 당쟁이 발생하던 시기에 이것을 조정하려고 노력하던 율곡으로서는 지성의 판단이 역사를 이끌어가는 방향을 언제나 올바르게 제시할 수 없는 한계를 깊이 통찰하지 않을 수 없었다. 그는 옳고 그른 것을 다투는 논쟁에는 옳지 않으면 그르다는 선택적인 흑백논리가 지닌 형식성 내지 비현실성을 주목하고, 오히려 어느 쪽에도 옳은 면과 동시에 그른 면이 내포되어 있음을 지적하는 양시양비론(兩是兩非論)을 제기하였다. 양시양비론은 역사의식에서 형식적 의리에 빠지는 것을 극복하여 지성의 현실적 기능과 한계를 밝히는 것이요, 동시에 판단 기준이 논쟁을 넘어선 현실의 더욱 깊은 근거에서 발견하여야 할 것임을 보여주는 것이다.

그는 중국역사를 검토하면서 '왕도'에 비추어 역대의 왕조와 군주의 치적을 엄격하게 비판하였다. 요·순·우·탕의 성왕(聖王)이 아니면 다스린 자는 패도(覇道)에 머물고, 그 밖에는 폭군(暴君)·혼군(昏君)·용군(庸君)으로 분류하였다. 그뿐만 아니라 도학의 전통에서도 성왕(聖王)의 시대가 지난 삼대(三代) 이후에는 도통(道統)이 현상(賢相)에 내려가고 다시 여향(閭巷)의 필부(匹夫)에로 전하다가 맹자 이후 끊어진 도통이 주렴계(周濂溪) 이래 다시 이어졌으나 주자(朱子)

이후에 또다시 끊어지다시피 되었다고 지적한다. 그만큼 율곡은 인심
(人心)을 따르면서 천리(天理)에 근거하는바 도의 이념을 현실 속에
쉽사리 허용하지 않고 있지만, 그는 결코 세상이 퇴보만 해가는 것으로
보는 비관주의나 형식적 복고주의는 아니다. 그는 이상적인 왕도의 실
현이 반드시 상고시대에 있거나 미래의 어느 때에만 가능하다는 태도
가 아니라 현재의 현실상황에서 그 실현을 추구하여야 할 것이요 결단
할 것을 요구한다. 또한 그는 역사의 전개에서 다스려지고 어지러움이
나타나는 것은 무엇을 계승하며 무엇을 개혁하느냐의 현재적 판단과
실행에 달려 있음을 강조한다. 그리고 계승하는 것[因]과 개혁하는 것
[革]은 형식이나 제도에 있는 것이 아니라 더욱 깊은 현실과 역사의
파악 속에서 결단될 수 있음을 지시한다. 그는 개혁이 따라야 하는 법
전[率由之典]에 어긋나고, 계승하는 것이 변통시키는 도[變通之道]를
상실한다는 모순을 극복하는 역사의 역동성을 이해할 것을 요구하였다.
그는 진덕수(眞德秀)의 계술(繼述)에 대한 해석을 받아들여 "마땅히
지켜야 할 때, 지키는 것이 진실로 계승하는 것이요, 마땅히 변통해야
할 때 변통하는 것도 계승하는 것"이라는 말은 정치의 본체를 진정으
로 인식하는 것이라 강조하였다.

　율곡철학의 정신에서 다시금 음미해 본다면 역사는 현실과 이념이
더욱 높은 차원에서 결합되는 것을 추구하는 인간의 지성을 계기로 향
상될 수 있는 것이다. 이와 기가 조화되는 이기지묘(理氣之妙)의 궁극
성은 역사를 통하여 현실과 이념과 인간지성의 조화에서 실현될 수 있
는 것임을 확인할 수 있다.

조선 후기사상의 유파(流派)와 대서학(對西學) 자세(姿勢)

1) 조선 후기사회와 서학(西學)

16세기 말에 일본의 침략으로 조선왕조는 두 차례의 왜란(1562 임진·1567 정유)을 겪으면서 전국토가 유린되었다. 명의 원군을 끌어들여 기사회생을 하였으나, 조선전기의 사회·문화·경제적인 질서는 결정적으로 파괴되는 커다란 타격을 입고 그 막을 내렸던 것이다. 이로부터 300년간의 조선 후기는 사대외교의 그늘아래서 안주할 수 있던 기회마저 잃어버린 채 외세에 대한 긴장의 연속에 휘말렸었다. 명에 대한 나라를 다시 세워준 은혜[再造藩邦之恩]의 감격 속에 젖을 틈도 없이, 만주족의 침략(1627 정묘·1636 병자)이 닥쳐왔다. 호란(胡亂)에는 항전도 피란도 변변히 못하고 굴복하고 말았으며, 청조가 중원을 지배하는 동안에도 호란의 굴욕을 씻지 못하고 저항의식 속에 살았었다. 18세기에는 서양문화가 전래됨에 따라 전통질서와의 갈등이라는 진통을 겪었고, 뒤따라 양이(洋夷)의 침략(1846 병오·1866 병인·1871 신미)이라는 서양의 무력위협이 밀려왔던 것은 곧 조선왕조의 종말을 예고하는 것이 되었다.

임진왜란을 통하여 조선왕조가 부딪친 일본은 이미 1540년대에 포르투갈 상인에게서 서양화기의 사용법을 익혔고, 자비에르(St. Francis Xavier, 1549년 구주도착)에 의하여 천주교가 전교되었던—서양문화를 일부 수용한—일본이었다. 또한 당시의 중국도 1516년 포르투갈 상인이 광동(廣東)에 와서 교역을 시작한 이래 1537년부터는 마카오(Macao, 奧門) 등지에 포르투갈 거류지를 만들어 통상을 해왔었다. 루기에리(Michel Ruggieri, 羅明堅, 1579년 Macao 착)에 이어 릿치(Matteo Ricci, 利瑪竇, 1582년 Macao 착)는 「만국여도」(萬國輿圖, 1584)를 제작하였고, 「천주실의」(天主實義)·「교우론」(交友論, 1595) 등 한문본 교리서의 초판을 간행하였으며, 1601년 북경에 정착하여 눈부신 전교활동을 하였던—서양문화와 활발한 접촉을 시작한—중국이었다.

조선왕조는 비록 처음부터 자각한 것은 아니지만 이러한 서양문물의 동점(東漸)추세에 영향을 받지 않을 수 없었다. 더구나 특징적인 사실은 서양인에 의한 직접적인 침투가 있기 이전부터 서양문화에 대한 능동적인 수용양상이 나타나고 있었으며, 특히 그 주축은 정부가 아니라 재야의 학자들이었다는 현상이다. 주로 청조를 통하여 서양문물을 수입하던 조선 후기의 사상적 풍토는 결코 단순한 것은 아니었고, 그 내재적 요구나 서양문물에 대한 반응양상은 여러 갈래로 나뉘어 상당한 갈등을 일으키리만큼 복잡한 것이었다. 따라서 근대사상형성의 예비단계라고 할 수 있는 이 시대의 사상사적 특성을 이해하기 위하여서는 먼저 그 사상적 유파의 구성과 성격을 파악하여야 할 것이며, 이를 통하여 서학에 대한 각 유파의 자세와 반응형태 및 관계를 관찰할 필요가 있다. 이러한 시도는 한국사상사에 있어서 의식되는 전통과 근대사이의 간격을 극복하고 그 연속성을 밝혀보려는 데 뜻을 둔다.

조선 후기사회에서 주도적인 사상은 유학이었고, 이 유학의 전통 속에서 활동한 대표적인 학풍을 주자학(도학)파와 양명학(심학)파 및 실학파로 나누어 볼 수 있다.* 이때에 서학은 그 당시 사상계에서는 일차적으로 외부의 충격으로서의 성격을 띠는 것이었다. 따라서 서양사상이 19세기 말의 격동을 거쳐 한반도에 확립되기 이전에는 서학을 학파로서 독립시키기에 앞서서 전통적 여러 학파에 대한 서학의 관계를 우선 살펴보고자 한다.

---

* 조선조 유학의 학파분류에 대한 명칭이 상당히 혼동되어 사용되는 경우가 있으므로, 여기서는 아래의 표와 같은 내용으로 분류하여 사용하고자 한다.

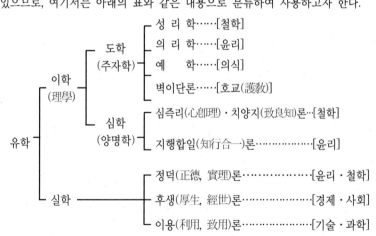

2) 주자학파의 정통정신과 서학에 대한 자세

(가) 주자학파의 성립과 그 성격

주렴계에서 주자를 잇는 송대 이학파(理學派)는 자신의 학풍이 요순에서 공맹을 거쳐 내려오는 도통의 정통성을 계승하였다고 강조하면서 도학이란 명칭을 사용하고 있다.* 또한 이 도학은 송대 이후 태극·이기의 우주론적 문제와 심·성정의 인성론적 문제를 집중적으로 탐구하면서 이 양자를 일관하는 철학체계로서 성리학을 개척하였던 사실에 특징을 갖는다. 송대의 성리학을 집대성한 공로가 주자에게 있고, 조선시대의 유학에서는 주자를 절대적인 권위로 존숭하여 왔다. 따라서 조선조 유학의 주류로서의 도학은 사살상 주자학과 동일한 의미를 갖는 것이었고, 주자의 체계를 통하여 도학을 이해하였던 것이 뚜렷한 현상이었다.

주자학은 고려 말과 조선 초의 왕조교체기에서 유교를 새로운 사회질서와 통치 이념으로 확립시키는 데 중요한 역할을 하였다. 즉 주자학의 철학체계(성리학)가 지식인에게 우주와 인간의 문제를 설명하는 논리적인 근거를 제공하였고 이를 통하여 확고한 가치질서(의리학)를 수립하고 행동규범(예학)을 제시하여 사회질서를 형성할 수가 있었던 것이다. 나아가 도가와 불교의 이념에 대한 이론적 비판(벽이단론)을 통하여 당시의 대중과 왕실에 뿌리박은 불교세력을 극복하고 유교의 정통성을 확립함으로써 주자학은 새로운 시대의 이념으로써 관철할 수 있었다.

---

* 맹자는 요에서 공자까지의 도통을 찾았고, 주자는 요에서 정자까지 도학의 전승을 논하였다. 율곡은 맹자에서 끊어진 도통이 주렴계에서 다시 이어졌고, 장횡거·정명도·정이천을 거쳐 주자에서 크게 드러났다고 하며, 주자가 송대 현인들을 집대성한 것을 공자가 성인들의 도를 집대성한 것에 비교함으로써 도학이 주자에 의하여 확립된 것임을 밝혔다.

고려 말의 정몽주에서 조선전기의 조광조에 이르는 사이에 성리학에 대한 이해를 심화해 가면서 그 응용의 실천적 영역이 광범하게 추구되어 갔다. 「통감강목」(通鑑綱目)의 역사의식과 의·리의 분변(義利之辨)을 통한 의리론은 훈구관료에 저항하여 사화의 희생을 겪으면서 투쟁하였던 사림세력의 정치적 신념의 배경이 되었다. 이 의리정신이 정책적 결단에서 대의명분론(大義名分論)으로 나타나고, 정치세력의 갈등에서 군자소인론으로 표출되면서 조선사회의 정치윤리를 이루었던 것이다. 「주자가례」(朱子家禮)가 대중의 생활양식 속에 침투되어 주자학의 대중적 저변을 확대하였던 것은 후기에 주자학의 극한적 발전을 가능케 하는 기반이 되고 있다. 또한 「소학」을 통하여 실천적인 덕목으로서 삼강오륜이 대중교육과 사회윤리의 형성에 미친 영향력은 주자학의 이념적인 승리를 보장해 주는 것이 있다.

(나) 정통성의 확립

주자학은 조선전기의 사회적 정착을 거쳐서, 중기에 이르러 화담(花潭)·회재(晦齋)·퇴계·율곡 등 석학들을 통하여 성리학의 이론적 탐구가 본격화됨으로써 주자학의 발전에 일대도약을 성취하게 되었다. 소강절과 장횡거의 체계에 영향을 받은 화담의 기일원론을 누르고, 주자의 이존적(理尊的) 성리설의 입장을 지킨 퇴계와 율곡의 성리학체계가 조선 후기 도학의 주류를 이룸으로써 도학은 주자학으로 확고한 이론적 기반을 확보하였던 것이다.*

퇴계와 율곡의 이기설에 따른 사단칠정론이 성리학의 철학적 논쟁으로 발전하였고, 다시 호락논쟁에서 인물성동이(人物性同異)의 문제로

---

* 조선시대 사상사에서 서화담이 갖는 비중과는 달리 문묘에 배향된 14인의 조선조 유현 가운데 서화담은 탈락되었다.

세분화되었다. 영남학파와 기호학파의 두 주류는 다양한 주장으로 이론적 논쟁과 분열의 반복을 계속하면서도 주자의 권위에 대한 회의나 도전은 어디에서도 받아들여지지 않았다.* 물론 윤휴(尹鑴)나 박세당(朴世堂)과 같이 주자를 벗어나려는 움직임을 보인 인물도 있으나, 이들은 즉각적으로 사문(斯文)의 죄인으로 단죄되었다. 학문적인 논쟁이 주자학의 범위를 벗어날 때에는 논리의 타당성 여부를 넘어서 질서에 대한 도전자로서 배척을 하였던 풍토는 주자학의 정통성이 쌓은 완강한 자기방어의 성벽을 실증해 주는 것이다. 이러한 성리학의 주자학적 엄격성이나 배타적 성격은 성리학이 철학적 이론체계에 한정된 것이 아니라 정치질서나 사회윤리의 실천적 영역에 직결되어 있음을 말하고 있다.

퇴계와 율곡을 통하여 성리학의 이론이 융성함으로써 뒤따라 정구·김장생·김집·정경세·송준길·박세채 등 예학파의 거장들이 배출되었다. 이들을 통하여 성리설에 입각한 예제(禮制)의 엄격한 형식과 절차가 규명되었고, 성리설의 분열만큼이나 풍성하게 예설에서도 이론적인 대립을 일으켰다. 예학의 발전은 예송(禮訟)을 통하여 정치적인 권력투쟁과 결부됨으로써 사회의 분열을 격화시킨 폐단을 낳기도 하였으나, 예론의 기본정신은 예제의 형식이 의리에 합당한지 여부에 대한 비판적인 논쟁에 있었다. 이러한 예학의 발달과 논쟁은 그만큼 예제가 사회생활 속에 깊이 침투되어 세분화하고 전문화하였음을 의미한다. 또한 예제가 대중생활 속에 확립되어 감으로써 사회 전체가 하나의 통일된 조직체로서 견고하고 안정된 질서를 확보할 수 있게 하였던 것이다.

---

* 주자의 이론이 논쟁의 시비를 가리는 기준으로서 너무나 중대한 역할을 하였기에 주자의 표현 속에 애매한 점은 곧 새로운 논쟁을 유발하게 되었다. 따라서 마침내 조선조의 유학자로서 주자의 언설(言說)을 종합적으로 비교·검토하려는 본격적인 주자연구학풍까지 낳았으니, 송시열과 한원진의 「주자언론동이고」(朱子言論同異考)는 이러한 형편을 두드러지게 보여주는 것이다.

성리학의 철학적 논쟁은 실제에 있어서 산림(山林)의 정예학자들에 의하여 계승되었으나, 도학이 시대이념으로서 역사적인 상황 속에 강력한 영향력을 미쳤던 것은 의리론의 정신에서 찾아볼 수 있다. 인심도심설(人心道心說)과 성경론(誠敬論)을 통하여 제시되는 주자학의 수양론은 천리의 공(公)과 인욕의 사(私)를 구분하며 의(義)와 이(利)를 분별하는 의리론에로 연결된다. 이러한 의리의 규범은 유교사회의 모든 행동과 판단에서 공과 의를 높이고 사와 이를 천시하는 절대적인 가치기준이 되고 있다. 전란의 상황 속에서 침략자인 적에 대하여 세력의 강약에 따른 이(利)·불리(不利)를 무시하고, 그들을 불의로 규정하여 저항으로 일관하였다. 외적과 대전하는 의병의 신념은 민족의식에 앞서서 의리정신에 호소되는 것으로 표현되고 있다. 남한산성이 청병(淸兵)에 포위되는 위기에 직면하여서도 타협이나 굴복을 거부하는 척화(斥和)의리론이 팽배되어 있었다. 실리를 추구하는 주화론을 최후까지 비판하였던 이들 척화론 자의 의리인 대의명분론은 역사의 현실이 어떠한 가와는 별도로 시대정신의 주류를 이루어왔다. 중원을 지배하는 청조에 저항하면서 멸망한 명조를 추존하는 비현실적인 사대의리는 이 시대의 역사의식 속에 발달된 주자학파의 의리정신이 갖는 문화적 정통성에 대한 강인한 신념을 보여주었던 것이다. 이러한 의리론이 흔히 화이론(華夷論)이나 사대론과 연결되어 표현됨으로써, 때로는 민족의식의 결여를 드러내는 봉건질서의 명분론에 구속되어 왔다고 비판을 받기도 한다. 그러나 의리는 자아의 상실에서는 불가능한 것이요, 중심의 확립을 통하여서만 가능한 것이므로, 민족의식도 의리론의 자기긍정 내지 주체의식 위에서 강화될 수 있을 것이었다. 한말의 위정척사론(衛正斥邪論)도 정통의 질서를 위협하는 외세를 배척하는 데 발휘된 의리정신이며, 이를 통하여 국가와 민족의 자존(自尊)과 안정을 확보하는 논리적 근거를 찾았다.

(다) 정통주의의 보수화

주자학이 조선 후기 사회에 정통이념으로 확립하여 가는 과정은 비정통적인 사상이나 세력에 대한 끊임없는 비판과 극복을 통하여 가능하였다. 이러한 벽이단론은 불교나 도교의 전통신앙에 대한 비판과 무속이나 미신의 대중신앙에 대한 억압을 강화하였고, 이에 속한 전문적 계층을 사회적인 신분계급에 있어서 천인에로까지 비하시킴으로써 그 세력을 결정적으로 약화시켰다. 또한 재화의 물질적인 가치를 추구하는 상공인 계층도 서인(庶人)으로서 관료나 지도층에 나갈 수 있는 기회를 봉쇄함으로써 사회의 지도이념이나 가치관을 도덕적인 의리론 위에 확립하였다. 나아가 유교안의 지식인들 속에서도 주자학의 정통에 대립하는 양명학이나 반주자학적인 일체의 입장을 정통체제에 대한 도전 내지 파괴로 배척하고 억압하여 왔던 것이다.

주자학파의 순수성을 추구하는 의지는 정통주의를 형성함으로써 철학적인 심화를 가져왔고, 사회체제의 통일성 내지 풍속의 도덕적인 안정성을 수립하는 등 긍정적인 측면이 전통문화의 주류를 이루는 것으로 평가될 수 있다. 그러나 동시에 제도와 관념체계의 장기적인 지속화는 변화하는 현실의 상황에 대한 적응력을 약화시켜 현실과 괴리되는 폐단을 낳게 되는 부정적인 측면이 지적되지 않을 수 없다. 이에 대한 주자학파 내부의 반성이나 개혁의 요구가 끊이지 않았다. 이러한 주자학파의 경장론(更張論)은 근본적인 데서보다는 말단의 현상에 대한 진단에서 오는 처방이었고, 이 주장마저 받아들이기에는 체제화된 기성의 정통세력은 이미 자기반성의 능력을 상실하고 있었던 것이다. 성리학적 논쟁도 논리적인 합리성에 근거하는 것이 아니라 파벌화된 입장의 고

수와 모방적인 반복으로 흘렀으며, 이론의 분열과 대립이 격화됨에 따라 주자학의 정통세력 자체도 스스로 약화되는 결과에 빠지게 되었다. 주자의 권위화는 주자학을 연구 계발하는 데만 아니라 주자를 빌어 상대방을 공격하는 양상의 악폐를 낳기도 하였다. 이러한 현상은 정통문화가 건전한 비판정신과 합리적 포용력에 근거하는 창조적 생명력을 잃고, 권위화하고 보수화하는 폐쇄성으로 침체되는 말기적 징후를 보이는 것이라 할 수 있다.

(라) 대서학 자세의 경직성

임진왜란 이후 활발해진 외국과의 관계에서 서양문물이 점차 수입되어 왔으나, 사실상 이 서양문화 수입의 초기단계는 능동적으로 추구한 것이라기보다는 거의 의식되지 않는 사이에 수입된 것이었다. 명 말과 청초에 걸쳐 북경사행(使行)을 통하여 세계지도와 서양화포·천리경·자명종(自鳴鍾) 등 기구와 천문학·역법(曆法) 등 과학지식이 전래하였다. 이때 이에 관하여 긍정적인 관심을 보였던 것은 오히려 정통 주자학파라고 보기 어려운 소수의 신진유학자들이었다. 명조의 문물을 적극적으로 수입하는 국가의 공식적 입장을 나타냈던 세종 때와는 달리, 서양문물의 수입에 대한 정부의 반응은 김육(金堉)의 요청에 따라 효종 때에 서양역법인 시헌력(時憲曆)을 시행하였던 정도의 성과에 그쳤다. 따라서 서양문물의 수입동기는 국가의 계획적인 배려를 얻지 못한 채 사행(使行)을 통한 개인적인 호기심이나 흥미에 머무르고 있었다.

기기(器機)나 문헌 등의 서양문물이 계속하여 수입되어 오는 동안에도 이에 대한 지식층의 학술적인 진지한 반응이 없었고, 그 기기의 효과에 대한 종합적인 이해가 없었으므로, 문화적인 이질감마저 불러일으키게 되었다. 무엇보다 그 이론체계가 정통질서의 지속성에 대한 위협으로 저항감이 심화되어 가고 있었다. 서양의 과학기술이 갖춘 놀라운 기교와 효능이 그 배경의 정신문화와 유리되어 비쳐졌을 때에 이를 적극적으로 생활 속에 도입하고 보급할 수 없었다는 전통사회의 반응양상은 다음의 세 가지 면에서 그 원인을 생각해 볼 수 있다. 첫째, 당시의 기술수준으로는 과학지식과 기기에 대해 그 원리나 제조방법뿐 아니라 사용법조차 이해하기가 어려웠다.* 더구나 대중화를 위한 생산량의 증대나 지식과 기술의 보급은 거의 불가능한 상태이었다. 둘째, 화이(華夷)의식의 고정화는 서양을 오랑캐의 지역으로 전제하였으므로 그들에게 배우거나 그들을 높이는 일을 수치스럽게 생각하는 폐쇄적인 관념의 작용이 원인이 된다. 여기에 만주족의 청조에 대한 지식인의 저항의식으로 인한 청조문물 전반을 경시하던 시대의식이 풍조를 이루어, 청조를 거쳐 오는 서양문물에 대한 무관심의 태도도 영향을 주었을 것이다. 셋째, 주자학의 전통적 풍토에서는 정신적 가치가 추구되고 물질적 가치가 억제되는 중의경리(重義輕利)적 의식이 지배하여 왔다. 따라서 윤리적인 가치와 연결되지 않는 외래의 기술이나 기기에 대하여 지식층의 관심을 자극하기가 근원적으로 어려웠던 원인을 찾아볼 수 있다. 이러한 여러 원인에서 조선사회가 과학기술의 이해와 수용에 있어서 갖는 한계가 드러나는 것을 보게 된다.

과학기술과 더불어 서학의 정신문화적인 내용으로서 천주교 교리가 뒤따라 전래해왔을 때 사실상 조선사회에 더욱 커다란 관심과 반응을 일으켰다. 그러나 과학기술에 대해서는 일반적인 무관심의 소극적 태도를 보였다면, 천주교 신앙에 대해서는 정면의 비판과 공격이 가해지고 격렬한 충돌의 적극적 반응이 일어났던 것이다. 노장(老莊)과 불교

---

* 정두원(鄭斗源)이 처음 자명종을 가져왔으나 그 사용법을 몰라 웃음거리가 되었던 일이 있었고, 그 뒤 국내에서 자명종을 만들기도 하였으나 정밀하지 못하여 곧 폐기되었던 형편이었다.

를 비판하던 주자학의 벽이단론적 입장에서는 천주교를 불교와 동일한
유형의 이단으로 분류함으로써, 천주교 교리에 대한 객관적 연구에 앞
서서 비판과 배척을 위한 이론과 태도가 선행하여 확립되어 있었다. 천
주교 신앙이 소수의 지식인과 대중에로 전파되기 시작하던 정조 9년
(1785)에 형조에서 서학집회를 적발한 최초의 서학사건이 일어났다. 이
때 태학생들은 통문(通文)을 내어 처음부터 이들을 오랑캐의 무리로 규
정하여 앞으로 일으킬 폐단을 예견하고 미리 배척할 것을 주장하는 극
히 예민한 반응을 보이고 있다. 당시의 서학도가 남인시파(南人時派)에
서 많이 출현하였고 그 영수인 채제공(蔡濟恭)이 재상으로 정조의 신임
을 받고 있었으므로, 조정은 서학을 비판하는 공식적인 입장을 밝히면
서도 사건을 확대하지 않으려는 태도를 지켜왔다. 또한 정조도 정학(正
學, 유학)을 밝힘으로써 사설(邪說, 천주교)을 막을 수 있다는 교지를
내려, 도학의 천명을 앞세우고 배척을 부차적으로 보는 관용의 태도를
취하였다. 그러나 조야(朝野)의 유학자들 사이에 이론적으로 천주교 교
리를 비판하는 저술이 나오고,* 정치적으로 천주교 신앙을 배척하는

---

* 천주교신앙에 대한 비판적인 저술
  이익(李瀷): 천주실의 발(跋)
  이기경(李基慶)·이만채(李晚采): 벽위편(闢衛編)
  안정복: 천학고·천학문답(1785)
  이헌경(李獻慶): 천학문답
  신후담(愼後聃): 서학변(1728)
  홍정하(洪正河): 증의요지(證疑要旨)
  이규경(李圭景): 척사교변증설(斥邪敎辨證說)
  이항로: 벽사록변(闢邪錄辨, 1863)
  최황(崔璜): 비언(匪言)
  김치진(金致振): 척사론(斥邪論, 1857)
  이정관(李正觀): 벽사변정(闢邪辨正, 1847)
  김평묵(金平默): 벽사록(闢邪錄, 1866)
  황필수(黃泌秀): 척사설(斥邪說)

상소와 주장이 폭발해 나왔다. 정부도 이러한 주자학적 정통의 압력에 따라 천주교 배척의 벽이단론을 이 시대의 가장 중요한 정책적 과제로 받아들이게 되었고, 이에 따라 사옥(邪獄)이 확대되어 갔던 것이다.

이러한 서학의 배척에서 집중적인 비판대상은 역시 천주교 신앙이었으며, 그 비판의 논점은 특히 주자학의 전통질서에 대해 배치되는 다음의 문제점을 찾아볼 수 있다. 첫째, 천주를 절대의 주재로 높이는 교리는 생부(生父)를 가벼이 여기는 결과를 낳았으며, 교황을 선출하는 제도는 군왕의 세습제도를 부인하는 것이라 하여 양·묵(楊墨)보다 심한 무부무군(無父無君)의 멸윤난상(蔑倫亂常)하는 이단으로 규정한다. 둘째, 사후에 영혼이 불멸하여 생전의 선행과 악행에 따라 천당이나 지옥에로 간다는 신앙은 의리를 가치기준으로 삼는 것이 아니라 이(利)로써 어리석은 백성을 무혹(誣惑)하는 것이라 하고, 현세를 고통으로 거부하고 사후에 복락(福樂)을 추구하는 태도는 살기를 싫어하고 죽기를 좋아하는 교설로서 교화를 거부하고 형률을 두려워하지 않게 하는바 불교보다 혹심한 이단으로 비판한다. 셋째, 죽은 자의 영혼은 지상의 제물(祭物)을 흠향할 수 없다 하여 제사를 폐하는 교리는 인륜을 멸절하여 금수(禽獸)의 상태로 빠뜨리는 사설(邪說)로 단죄한다.

서학의 신앙적 측면에 대한 적대와 증오는 벽이단론의 논리 위에 근거하고 있는 것이지만, 그 배척과 탄압의 확대는 정치적으로 권력투쟁의 갈등과 대외관계에 있어서 서양세력의 위협에 대한 방어의식에 의하여 더욱 가열화되어 갔던 것은 사실이다. 이에 따른 서학배척의 벽이단정책은 사학의 배척(斥邪)이라는 배타적인 측면과 정학의 옹호[衛正]라는 자위적인 측면이라는 양면작용을 포함하고 있다. 그러나 전자의 이단에 대한 배척 태도가 강조되고 후자의 정학을 밝혀가는 내실이 계발되지 않았을 때, 전통사상은 보수적인 자세로 경직화되어 외래사상에 대한 합리적인 이해나 수용을 통한 자기확대의 길이 막히고 말았다. 특히 여기서 과학기술에 대해 초기에 보였던 호기심조차 천주교 신앙과 함께 묶어져 하나의 서학[夷狄之學]으로 거부되었을 때, 과학기술에 대한 관심과 이해의 기회마저 봉쇄하는 결과를 초래하게 되었던 것이다.

3) 양명학적 입장과 서학수용상의 역할

(가) 양명학의 전래와 계승

명조(明朝) 후기에 왕양명이 육상산 이래의 심학을 계승하여 주자학에 도전하는 새로운 학풍을 일으키자, 명조에는 주자학과 양명학이 양립하게 되었다. 조선조 중기부터는 양명학이 한반도에 전해오기 시작하였다. 왕양명의 문집이 처음 전해진 것을 명종 때로 본다면, 이때부터 양명학에 대한 시비가 학자들 사이에 일어나기 시작하였던 것이다. 양명학이 사회적으로 문제된 것은 선조 때 명의 원군으로 왔던 양명학자들이 조선의 주자학자들과 학문적인 토론을 하거나 육상산과 왕양명의 문묘 종사(從祀)를 권고하였던 사실에서 엿볼 수 있다. 이미 명종 때 퇴계는 「전습록론변」(傳習錄論辯)을 저술하여 양명학의 이론을 주자학의 입장에서 논리적인 비판을 가하였고, 이에 따라 퇴계의 문하인 조목(趙穆)이나 유성룡(柳成龍) 등의 양명학에 대한 배척태도가 확립되어 있었다. 심학에 대한 주자학의 입장은 주자 자신이 육상산을 비판하였기에 양명학이 전래되기 이전부터 양명학파에게는 친숙한 것이다. 선조 초에는 명의 진건(陳建)이 양명학을 비판한 「학부통변」(學蔀通辨)을 교서관(校書館)에서 간행하도록 요구하였고, 율곡은 이 저술에 발문을 써서 그 가치를 평가하고 당시 학풍을 반성하였다. 전래 초기부터 비판적인 태도가 확립된 주자학의 풍토 속에서 양명학을 신봉하는 인물이 나왔으니 남언경(南彦經, 1528-1594)의 문하인 이요(李瑤)이다. 이요는 선조 앞에서 양명학을 옹호하여 설득의 효과를 상당히 거두었으나 유성룡을 비롯한 유공진(柳拱辰)·정엽(鄭曄)의 즉각적인 비판을 받았다.

조선시대의 유학자로 양명학의 입장을 취한다는 것이 얼마나 어려웠던가 하는 것은 양명학의 이론을 공식적으로 표명하면 언제나 동료 사이에서나 사회적인 배척을 받아왔던 사실에서 충분히 알 수 있다. 장유(張維, 1587-1638)가 당시 학계의 폐쇄성을 비판하고 양명학을 옹호하였을 때 윤근수(尹根壽)의 비판을 받았으며, 최명길(1586-1647)과 그의 아들이 양명의 이론을 좋아하였던 사실에 대하여 그의 손자 최석정(崔錫鼎)과 증손 최창대(崔昌大)는 이를 변명하였던 것이다. 그러나 이요에서 최명길·장유에 이르는 초기의 양명학파 인물들은 양명학의 격물설(格物說)·심즉리설(心卽理說)·지행합일설(知行合一說) 등의 기본 개념에 대한 이해를 바탕으로 이에 대한 긍정적 태도를 표명한 데 지나지 않으며, 체계적인 연구나 학파를 형성하는 데까지 이르렀다고는 볼 수 없다.

정제두(鄭齊斗, 1649-1736)는 젊어서부터 양명학에 뜻을 세워 본격적인 연구를 통하여 한국양명학의 거봉을 이루었다. 그는 당시의 주자학자인 윤증(尹拯)·박세채(朴世采)·최석정·민이승(閔以升) 등과 양명학에 대한 토론을 벌였고, 이들의 비판을 무릅쓰고 양명학적 입장을 지켰다. 그의 학행이 뛰어났고 또 양명학의 주장을 사회에 공개하였던 것은 아니기에 이상(貳相)의 관직까지 받았으나, 당시의 사회적인 풍토 속에서는 그의 학문체계를 세상에 공개할 수 없었고, 문인들도 학풍을 크게 일으키지는 못하였다. 그러나 정제두가 속한 소론(少論)의 가학(家學)으로는 계승되었고, 문인 이광신(李匡臣)·이광사(李匡師)·김택 수(金澤秀)·심확(沈錐) 등과 그 가문의 이영익(李令翊)·이충익(李忠翊) 등에게 양주음왕(陽朱陰王)의 형태로 전하여졌다.

양명학에 대한 찬반의 입장은 주자학자에게도 중요한 문제이었기에 양명학에 대한 지식과 이해는 널리 퍼져 있었다. 또한 반주자학적인 학풍에서는 언제나 양명학에 대한 새로운 관심을 보였다고 할 수 있으며, 특히 실학파의 인물인 홍대용이나 서학파인 권철신(權哲身)이 양명학에 접근하거나 일치된 입장을 가졌던 점을 찾아볼 수 있다. 그러나 이들을 양명학파에 넣기보다는 양명학이 여러 유파에 미치는 영향이나 관련성 속에서 이해하여야 할 것이다.

(나) 양명학의 학풍과 사상사적 위치

양명학은 첫째 철학적인 입장으로 심즉이설을 통하여 주자학의 성즉이설에 정면으로 충돌하게 된다. 심(心)은 성(性)·정(情)을 포괄하는 인간의 구체적 내면성이라면 성은 인간과 사물에 부여된 본질이라 할 수 있다. 따라서 성을 이(理)라고 보는 주자학이 객관적 실재론이라 한다면 심을 이라 보는 양명학은 주관적 유심론이라 하겠다. 주자학에서는 양명학의 주관적 태도를 선가(禪家)와 일치하는 것으로 규정하고 객관적 합리성을 잃고 사욕에 빠질 위험에 놓인다고 비판하지만, 양명학에서도 주자학의 객관적 태도를 지리(支離)하고 대상에 현혹되어 이론적 분석에 빠졌다고 비판한다. 또한 치양지설에서 격물궁리의 객관적 인식론을 반대하고 성의(誠意) 정심(正心)으로써 양지(良知)의 본래성을 회복할 것을 주장하였다. 둘째, 윤리적 입장으로 지행합일설로써 지식과 행동의 분열을 반대하고 양자의 근원적 일치를 강조한다. 여기에 주자학의 의리론은 형기(形氣)에 있어서의 지행은 일치할 수 있으나 의리에 있어서 지행은 상호적인 것이기는 하지만 일치할 수 없다고 반박하였다. 그 밖에 「대학」의 강령인 친민(親民)에 대하여 주자학에서 신민(新民)으로 해석한 것이 논쟁점이 되었고, 또한 양명이 주자학을 홍수·맹수 같은 재난이나 양주·묵적 따위의 이단으로 비판한 사실에서 학문적인 범위를 벗어나 격렬한 논쟁과 배척을 유발시키고 있다.

조선조의 양명학파는 주자학이 정통화되어 있는 당시의 사상적 풍토에서 일차적으로 배척의 대세에 눌려 온건하고 이론적인 변호의 표현을 하고 있으나, 이에 비해 주자학파의 비판은 노기를 띤 격렬하고 권위적인 어조 속에 이론적인 합리성이 묻혀 있는 상태이다. 주자학파의 이론적 비판은 퇴계의 「전습록론변」을 넘는 것이 없었다. 율곡은 당시의 학문적 풍토를 반성하여 "사도(邪道)와 정도(正道)는 다르지만 오히려 먹기만 하고 종일토록 마음 쓰는 바가 없는 것보다 낫다"라고 하여 학문적인 내실이 없이 맹목적인 배척의 태도를 비판하였다.

양명학파는 조선시대사상사에서 공인된 지위를 누리거나 영향력 있는 세력을 형성하지는 못하였다. 그러나 실제에 있어서 양명학의 이론에 대한 인식은 당시의 사상적 분위기 속에서 간접적인 효과를 거두어 왔음은 지나쳐 볼 수 없다. 첫째, 양명학이 존재하였다는 사실은 학문적 입장의 다양화를 촉진하였다. 이들은 주자학 일변도의 사상계를 다변화할 것을 요구하면서 학풍의 폐쇄성을 주자학의 외부에서 비판하였다. 이러한 비판은 성리설의 이론적인 세분화와 대립을 떠나서 심학의 주관적 근원으로 복귀할 수 있는 입장의 가능성을 열었던 것이다. 둘째, 개인내면의 정감적 근원을 강조하였다. 심즉이설은 성리설의 체계화나 예론의 형식화를 넘어서 인간 내면의 주체적 원천을 회복하여 체계의 권위화를 반성할 수 있는 이론적 입장을 확립시켰다. 물론 양명학파가 사회적으로 활동영역을 확보하지는 못하였으나 주자학에 대한 비판적 입장으로서의 잠재적 힘을 보유하였던 것이다. 셋째, 현실과 관념의 일치를 요구하였다. 지행합일설은 성리설의 관념론적 경향이나 의리론의 명분주의적 태도의 비현실적 이원성을 비판하는 입장을 제시하였고, 학문의 대중화 내지 현실화를 위한 가능성을 내포하는 것이었다.

(다) 서학수용상의 역할

서학이 한반도에 전래하는 과정에서 양명학파의 인물이 서학과 직접적인 접촉을 하였던 활동의 자취를 찾기는 어렵다. 그러나 양명학이 끼친 영향은 오히려 일부 주자학파 내지 실학파의 인물들을 통하여 간접적으로 나타났으며, 이러한 측면에서 서학수용과정에 특징적인 역할을 담당하였던 것이다.

이익(李瀷)은 주자학의 입장에서 양명학에 대한 비판적 태도를 견지하고 있으나, 그의 학풍에 영향을 받았던 인물들 가운데는 서학과 깊은 관계를 맺는 동시에 양명학에 대하여도 호의적인 태도를 보이고 있다. 안정복은 양명의 학설을 단호하게 비판하지만 「임관정요」(臨官政要)에서 왕양명의 「십가패법」(十家牌法)을 긍정적으로 소개하였다. 나아가 권철신은 윤휴와 이익으로 이어지는 학맥을 찾아 주자학파의 정통을 벗어났으며, 양명학의 입장도 지지하였던 개방적인 학풍을 보였던 것이다. 윤휴가 「대학」의 명덕(明德)을 주자가 허령불매(虛靈不昧)한 본체로 정의하였던 주지적 입장과는 달리 효(孝)·제(弟)·자(慈)의 덕목으로 해석하였던 것은 인간의 내면 속에 정감적 현상을 중요시한 것이라 볼 수 있다. 또한 명덕은 친민과 직결되어 주자학의 주지적인 신민설을 거부하고 친민의 정감적 성격을 주장하였던 양명학의 입장은 권철신·이기양(李基讓)·정약용 등 성호학파(星湖學派)에게 흡수되었다.

이익에서 정약용에 이르는 인물들이 서학의 이해와 수용에 선구적인 역할을 하였고, 이들은 서학수용에 앞서서 유교의 전통 속에 내포된 다양한 입장을 객관적이고 자율적인 정신으로 받아들이려는 노력을 보여 왔다. 여기에 주자학파의 정통주의 속에 깃든 권위적이고 폐쇄적인 풍토가 쇠퇴하는 과정에서, 양명학적 입장은 우선 주자학 일변도의 범위를 넓혀 학풍을 다양화하였다. 이에 따라 서학에 대한 극단적인 이질감을 완화시키며, 나아가 고정화된 규범의 체계를 넘어서 인간 내면의 정감에 진실성의 근거를 찾게 하는 논리적인 배경으로서 양명학이 그 역할을 맡았던 것으로 파악될 수 있다.

4) 실학파의 개혁정신과 대서학관계

(가) 실학파의 형성과 전개

유학의 고전적 전통 속에서는 이념과 현실의 두 세계를 긍정적으로 조화시키는 논리가 추구되어 왔다. 「서경」(書經)에서는 우가 순에게 양민(養民)을 위한 정치의 필수적인 과제로서 수·화·금·목·토·곡(穀)의 6부(府)를 고르게 하고 정덕(正德)·이용(利用)·후생(厚生)의 3사(事)를 조화시킬 것을 제시하였다. 이때 3사의 정덕은 윤리적 규범이요 이념적 질서라면, 이용과 후생은 물질적인 생활로서 기술·경제·사회의 현실적 질서이다. 인간 내면의 윤리와 사회적 현실의 질서라는 양면을 포괄하고 조화한다는 것은 '수기·치인' '수기·안백성(安百姓)', '명명덕·친민', 이기불상리(理氣不相離) 등으로 표현되는 유교정신의 핵심이었고, 유교의 역사도 독선기신(獨善其身)과 겸선천하(兼善天下)의 양극을 왕래하고 일관시키는 범위 안에서 이루어졌던 것이다.

도학의 발전은 성리학을 통한 내면의 탐구와 의리학과 예학을 통한 사회질서의 엄밀화라는 양극의 심화를 추구하는 데 의의가 있다. 그러나 도학의 양극적인 발전에 있어서, 후기 주자학파에서 보듯이 그 일관성의 긴장을 유지하지 못하였을 때 성리학은 관념적인 이론을 천착하고, 의리학은 비현실적인 명분론을 고집하고, 예학은 형식적인 외식에 골몰하는 타락현상을 보이게 되었다. 덕(德)이나 수기(修己)의 내면을 근본으로 삼는 것은 이 근본이 치인(治人)과 생재(生財)의 말단까지 관철하여야 한다는 전체성 속에서 주장된 것이다. 여기서 근본주의적 강조가 전체성의 균형을 깨뜨리고 도덕적 가치의 권위 아래에서 현실의 물질생활이 억압되는 이념과 현실의 분열내지 괴리에 대한 주자학파 안에서의 자기반성이 일어났다. 주자는 이미 근본과 말단을 일관하는 중용의 정신을 실학으로 규정하여, 도학이 실학적 정신과 서로 배반될 수 없음을 밝혔었다.

그러나 조선 후기의 주자학파가 보인 학문적 경향은 성리학이나 예학에 전문화하는 경향과, 한편 이념과 현실의 일치를 끈기 있게 추구하는 경향으로 나누어 볼 수 있다. 이때 전자는 시대사조의 대세로서 학문의 권위화와 귀족화로 나갔다면, 후자는 현실과 대중의 관심에서 전자에 대한 비판적 성격을 띠는 데로 나아갔다. 따라서 실학사상의 형성과정을 주자학과 관련시켜 보았을 때 3단계로 시대구분을 해볼 수 있다.

정암·퇴계·율곡·중봉(重峰)에 이르는 주자학파는 도학의 본질적 정신에서 관념화나 현실주의를 비판하여 도학 즉 실학으로 양자의 일치를 확신하였던 제일기에 속한다고 하겠다. 실질적인 실학파는 실학사상의 제2기 이후에 나타나는 것이다.

임진왜란을 전후하여 현실적인 문제가 긴박하였을 때 문제해결을 위해 유학의 전통을 넘어서 광범하게 학문적 지식의 범위를 확대하려고 시도하였던 노력을 찾아볼 수 있다. 제자(諸子)와 잡가(雜家)나 노불(老佛)과 양명 및 서학에 관한 지식의 문호를 개방하면서 주자학의 정

통을 지지하였고, 전제(田制) 관제(官制)·병제(兵制) 등 사회제도의
개혁을 요구함으로써 주자학파의 주류와 학문적 경향이 구별되기 시작
하는, 실학파가 형성되는 실학사상의 제2기를 찾아볼 수 있다. 이수
광·유형원·이익·안정복 등 초기 실학파의 인물이 여기에 속한다. 이
때에 이들의 실학적 입장은 이념적으로 도학의 정신을 계승하면서 학
문적 대상에 있어서는 현실사회의 문제에 관심을 집중하는 데에 특징
이 있는 것이다.

영·정조 때에 내려왔을 때 이미 조선사회는 주자학의 단일성을 유
지하기에는 국내외의 사상적 상황이 너무나 복잡하였다. 청조의 학풍과
서학이 광범하게 수입되어 외부적 압력이 되었고, 주자학파의 학풍은
현실상황과 유리된 체제 속에 응고하여 내부적 약화를 초래하였다. 이
때 현실문제에 대해 해결의 학문적 탐구는 주자학의 이념이나 청조의
고증학 내지 한학풍(漢學風)이나 서학의 문물 등 다양한 사상적 배경
에서 추구되었고, 이러한 실학파의 입장에서는 정통 주자학과 그 학풍
의 현상에 대한 조화·비판·배척 등 다양한 태도를 보이고 있다. 여기
서 실학파는 주자학파와 뚜렷한 구별을 짓게 되었고, 오히려 반주자학
적 태도가 실학파의 특징처럼 부각되기도 하였다. 홍대용·박제가·박
지원·정약용·김정희·최한기 등의 많은 인물들이 등장하여, 서로 상
당히 다른 성격을 띤 채 실학파의 전성기로서의 제3기를 이루었던 것
이다.

이러한 구분은 실학파를 주자학파 속에서 발생하고 분리되어 나오는
과정을 중심으로 보는 것이요, 제1기와 제3기 사이에 나타나는 이질성
보다는 제1기에서 제3기에로 전개되는 사이에 계승되는 이념과 현실의
일관에 관한 유학정신의 전통에 비쳐본 것이다. 따라서 독립된 실학파
는 제2기 이후에서 찾을 수 있으나 실학사상은 실학파에 선행함을 주

목하여야 할 것이요, 제3기 실학파는 주자학 이외의 사상과 연결됨으로
써 실학파가 주자학을 계승한 것이 아니라 주자학에 배치하게 되는 계
기를 만들었음을 주의하고자 한다.

(나) 실학파의 기본과제와 개혁정신

실학파는 현실의 문제에로 사상사의 관심을 크게 돌렸던 공이 있다
면 곧 이들이 추구한 과제는 이념이나 도덕 아래에 현실생활이 있는
상하관계로 문제를 파악한 것이 아니라 이념과 현실의 평행관계를 설
정하는 특징을 보인다. 주자학에서 이념[道]을 밝히는 데 급급하였던
것을 보완하기 위하여 현실[器]을 밝히는 데 힘을 기울인 것이 실학파
의 과제가 갖는 방향이다. 실학파의 초기 인물들은 현실에 대한 관심이
진지하면서도 동시에 유교 정신에 철저하였기에, 비록 생산과 제도를
논하면서도 그 정신적 기반은 경전에서 찾고 있다. 즉 경세치용이나 이
용후생을 추구하지만 정덕의 윤리적 기반을 거부하지는 않는다. 실학파
의 인물들이 추구한 현실문제는 다양한 대상과 범위를 갖는 것이고 문
제의 대상에 따라 인맥의 경향성을 찾을 수도 있겠으나, 이들의 관심이
다양한 만큼 인물에 따라 문제를 구분하여 학파를 분류하기보다는 「서
경」(대우모)의 3사에 따라 실학파의 학문적 내용을 분류하고 이러한
문제를 중심으로 그 성격을 찾아보는 것이 쉬울 것이다.

실학파의 철학적 기반은 주자학파의 성리학적 이론에 반드시 추종하
지도 않고, 또 비판적인 입장을 보이기도 하지만, 이기론의 관념적 경
향에 반대하는 입장에서 실리를 추구하는 것으로 특징지울 수 있다. 이
(理)에 실리(實理)와 허리(虛理)가 있는 것이 아니라 실학의 실증적
입장의 근거는 인사(人事)에서 '이'를 찾는 의리에 비하여 사물 내지
실사(實事)에서 '이'를 찾는 실리의 추구라 할 수 있는 것이다. 율곡은

성(誠)을 논하면서 실리(實理, 천도)와 실심(實心, 인도)을 대비시켜 하고 있다. 곧 실학파의 실사(實事)·무실(務實)·실용(實用) 등에서 '실'은 실리의 추구로 이해할 수 있다. 격물(格物)의 물(物)을 사(事)로 해석한 주자학의 입장이 당위의 세계에 치중하였다면, 물(物)을 물(物)로 봄으로써 객관적 사물의 물리(物理)가 갖는 필연의 세계에 직접적인 관심을 모았다. 물론 실학이 인간의 윤리적 영역을 배제하지는 않으며, 특히 부자·군신·부부·장유·붕우라는 인간관계의 전통적 윤리는 사회적 질서로서 계승되어 실학의 윤리적 근거로서의 정덕론을 이루고 있는 것이다. 대중의 의식주 생활과 국가의 경제질서는 정치의 기반을 이루고 있는 것이므로 어느 시대에서나 문제되지 않은 때가 없었다. 그러나 후기 주자학파의 학풍이 성리학과 예학에 치우쳐 경제와 사회문제의 해결을 위한 이론적 발전이 쇠퇴해졌을 때, 실학파는 관심의 초점을 경제질서와 사회제도의 폐단을 개혁하기 위한 대책을 찾는 데로 집중시켰다. 유형원·이익·안정복·정약용 등의 실학파 인물들은 비록 권력의 일선에서 영향력을 발휘하지는 못하였으나, 토지제도를 비롯한 행정기구의 개혁과 이를 통한 대중생활의 안정 및 정치질서의 회복을 위한 방책을 제시하는 경세론 내지 후생론의 이론적 전개를 통하여 새로운 관심을 촉구하였다. 이러한 경세론은 왕도정신이나 민본과 균평히 정덕론에 근거를 두고 있는 것이며, 경제를 도덕의 말단으로 보는 것이 아니라, 경제를 통하여 도덕이 실현될 수 있다는 민생을 근본으로 삼는 입장의 전환을 제시하였다. 여기에 실학파의 학풍은 한반도의 역사와 지리에 관한 연구열을 불러일으키고 민족의식의 각성을 일으키는 계기도 내포하고 있음을 찾아볼 수 있다.

후생은 구체적인 생활 속에서 재화의 생산과 유통을 통하여서만 가능하다. 특히 중세적인 농경사회에서 기술의 개발과 보급을 통한 공업

생산의 증대를 추구하는 태도는 당시의 사회질서 전반에 개혁적인 운
동을 촉진하는 힘이 될 수 있다. 홍대용・박지원・박제가 등 북학파(北
學派)에 속하는 인물들이 청조의 문물을 수입하여 복식・거마에서 수
차(水車)・병기에 이르기까지 기구의 사용과 기술의 보급 및 상공업의
개발을 요구하게 되었다. 또한 정약용・최한기 등 서학의 영향에서 천
문・역법・수학・의학 등의 자연과학에 관한 지식의 확대가 일어나고,
이러한 이용론을 통하여 중세와 근대를 연결하는 계기로서 실학파의
업적이 평가될 수 있는 것이다.

실학파는 그 현실적 관점에서 제도와 기술의 개혁을 주장하게 됨에
따라 전통적 사회질서의 긍정보다 부정적인 견해가 발전하게 되었고,
이에 따라 전통질서를 대표하는 주자학파와의 대립이 심화되었다. 여기
에서 실학파의 발전은 전통질서의 동요와 붕괴를 촉진하는 그 개혁정
신의 확대과정으로 특징을 찾아볼 수 있는 것이다.

(다) 서학과의 관계와 그 수용

조선 후기에 청조를 통한 서양문물의 전래도 활발해졌지만, 서학은
특히 실학파와 깊은 관련을 갖는다. 무엇보다 실학파의 학문적 개방성
과 고정화된 체제에 대한 개혁적인 태도는 서학이 조선시대 사상사 속
에 이해되고 수용될 수 있었던 가능성의 기반이었다. 그러나 실학파는
이념적 배경이 복합적이므로 서양에 대한 태도와 반응도 실학파 내부
에서 다양한 유형을 보여주고 있다.

백과전서적인 지식의 확대를 위한 노력에서는 비교적 서학에 대한
관심이 다양하게 나타나고 있다. 이수광의 「지봉유설」(芝峯類說)이나
이익의 「성호새설」(星湖僿說)에서는 서양의 지리・과학・신앙에 대한
지식이 비판보다는 이해의 입장에서 소개되고 있다. 그러나 이익(李瀷)

을 계기로 후기의 실학파는 서학에 대한 시비·취사의 태도를 훨씬 선명히 함으로써 그 입장의 성격을 나타내게 되었던 것이다.

이익은 실학사상의 제2기이면서 실학파의 초기인물로서, 사상적으로는 주자학을 배경으로 하지만 학문적으로는 객관적이고 자유로운 입장을 확립하였다. 그는 서학에 대하여 본격적인 접근을 하였던 최초의 인물이라 할 수 있으며 후기의 서학에 대한 이해태도에 중요한 영향을 미치고 있다. 우선 그는 서학의 내용을 천문·역학·기술 등 자연과학적 측면과 「천주실의」·「칠극」(七克) 등에 나타난 천주교 교리의 신앙적 측면을 분별하여 이해하였다. 이익(李瀷)에 있어서는 서학의 과학지식으로서 디아즈(陽瑪諾)의 「천문략」(天文略), 아담 샬의 「시헌력」 등에 나타난 천문·역학에 경복하였고 알레니(艾儒略)의 [직방외기] 등 지리학에서 수차 등 기구에 이르기까지 자연과학의 영역에 대하여 호의적인 이해와 관심을 가졌다. 그러나 천주교 교리에 있어서 천주의 인격신적 성격이나 천당지옥설 등의 신앙적 내용에 대하여서는 유교의 입장에서 환망한 것으로 거부하면서 유교와 천주교 사이에 윤리적 의식의 공통성은 궁극적으로 승인하고 있다. 따라서 이익은 실학의 주체적인 입장에서 서학에 대한 학문적 관심과 비판적 흡수의 자세를 확립하고 있는 것이다.

이에 비하여 이익 이후의 인물들은 훨씬 한정된 입장을 취하는 경향을 띠고 있다. 그의 문하에서는 비교적 서학에 깊은 관심과 관련을 갖게 됨으로써 실학파 가운데 서학과 가장 가까운 관계를 맺게 되었다. 더구나 정조 초부터 천주교 신도가 발생하였고 그 중심인물이 이익과 가까운 기호지방의 남인시파에서 출현함으로써 신서파(信西派)를 형성하는 데까지 이르렀다. 그러나 성호학파(星湖學派)에는 천문·역상(曆象)·수학 등 서학에 관한 공통적인 관심과 연구를 지속하면서 천주교의 교리에 대하여는 극단적인 찬반의 입장으로 분열되었다. 신후담·안정복은 천주교 신앙이 전파되는 초기에 주자학의 벽이단론적 논리 위에서 천주교 교리를 이론적으로 비판하였다. 이들은 유교를 옹호하는 입장에서 천주교를 비판하면서, 서양을 문화적으로 과소평가하거나 경시하는 태도까지 보인다. 그 반면 권철신·이가환·이벽·이승훈·정약용 등은 천문·역상·수학 등 서학의 자연과학지식을 연구하는 과정에서 점차 그 정신적 배경인 천주교 신앙에 몰입하는 방향으로 나아갔다. 이들은 자연과학지식에 매혹되었으나, 유학의 오랜 전통이 제시한 정신 문화적 기반으로 인하여 자연과학보다 오히려 천주교 신앙에 더욱 깊은 이해와 관심을 나타내게 되었다. 따라서 전자가 천주교 신앙에 대한 배척태도에서 서양과학까지 무시한 것이나 후자가 서양과학에 대한 호감에서 천주교의 신봉에로 넘어갔던 상반된 양상으로 나타났고, 성호(星湖)문하는 결국 이익(李瀷)이 보인 서양과학에 대한 관심을 상실하고 천주교 신앙 문제로 그 내부에서 분열을 일으키는 데 이르렀다.

또한 실학파의 내부에는 서학의 원천이 되어온 청조의 북경과 왕래가 많았던 북학파 인물들도 서학과 깊은 관련을 맺고 있다. 대체로 북학파는 청조의 고증학에 이론적 배경을 두었고 청조문물에 많은 영향을 받음으로써 서학의 과학지식이나 기술을 수용하면서도, 천주교 신앙에 대해서는 깊은 이해와 관심이 결여되어 있었다. 특히 이들의 이용론적인 학문영역은 서양과학기술을 직접 수용하거나 적어도 서양과학의 영향을 받은 청조문물과 연결되어 있다. 홍대용은 「주해수용」(籌解需用, 3권)이라는 수학과 그 응용으로서 측량·전문·음률을 포함한 저술을 남겼으며, 서양과학의 연구에 정열을 기울였고 서학의 지구설을 넘어서 지전설(地轉說)까지 창안하였다. 박지원과 박제가도 연행(燕行)의 견문에서 얻은 청조의 문물·제도·기구를 조선사회에 이식하려고 심력을 다하였으며, 서양의 과학·기술에 관심을 보였으나, 천주교 신앙에 대하여는 사설(邪說)로 판정한 이상의 이해는 보이지 않는다. 후기의 실학자로 최한기의 경우에는 서양과학과 기술의 수용을 넘어서 경험론적인 철학체계를 통하여 이용론의 이론적 기반을 제시하는 데까지 추구하였다. 이때에 실학파는 김정희에 있어서처럼 고증학적 기반에서 서학에 대하여 전반적인 무관심 내지 몰이해의 관계에 놓인 경우도 있으나, 정약용처럼 과학기술에 대한 끊임없는 관심과 응용뿐만 아니라 정신적 배경으로서 유교사상과 천주교 신앙의 융합까지도 시도했던 근대사상의 선구적 인물의 경우도 볼 수 있다.

5) 조선 후기 사상사의 반성

18세기까지의 조선 후기 사상계는 주자학파의 정통성이 지속되어 왔다. 양명학은 소수의 추종자가 있었으나 가문의 울타리를 벗어나 표명되지 못하고 다만 간접적인 영향력을 보였을 뿐이다. 실학파의 활동은 이 시대의 사상적인 특징을 이루는 것이지만, 당시의 세력이나 영향력에서보다는 현대적 관점에서 그 개혁정신과 근대정신을 평가할 수 있는 것이었다. 비록 주자학이 조선 후기사회를 주도하였던 사실을 부인할 수는 없으나, 이미 이 시대는 주자학으로 획일화될 수 없는 복합적 시대의식을 지녔다. 또한 전기의 주자학적 융성기가 점차 침체되기 시작하였을 때 새로운 활력으로서 시대사상을 형성하기 위한 활발한 움직임을 실학파에서 찾게 된다. 이러한 상황과 조류는 국내의 정치적·사회적 조건이나 대외적인 국제관계와 역사적 요인이 깊이 관여되고 있음을 주의하여야 할 것이다.

국내적으로 조선 후기사회는 우선 학문이 정치권력의 분열과 투쟁에 결부되었다. 특히 권력의 분열에 주자학의 이념을 이끌어 들임으로써, 주자학은 순수하게 학문적 입장에서 학파를 형성하여 발전해 가지 못하고 당쟁적인 대립에 휘말리게 되었다. 따라서 지식인과 지도층의 분열이나 지식인 내부의 분열이 격화됨으로써 주자학파의 이념적 권위는 내부에서부터 약화되지 않을 수 없었다. 여기에 주자학파 내에서의 새로운 개혁론이 허심탄회하게 받아들여질 수 있는 풍토가 마련되지 못하고 고수와 붕괴의 길을 벗어나지 못하였던 것이다. 또 하나의 국내적 상황으로서, 제도화된 사회체제가 고착되어 현실상황의 변화에 적응력을 잃게 되었다. 권력층의 귀족화는 대중의 현실을 위한 개혁보다 권력의 유지가 중요한 관심이 되고 있다. 따라서 대중은 권력으로부터 유리되고 권력집단에 속하지 않거나 말직에 머무는 학자들 사이에 대중현실에 대한 관심과 개혁론적인 사상을 제시하게 되었다. 여기에 실학파가 성립하게 되지만 이들의 사회적 영향력은 정치권력의 기반을 확보하지 못하였고, 그 결과 정책에 반영될 수 있는 길도 봉쇄된 상태에 놓이고 말았다. 한말 조선사회가 급격히 붕괴하는 데에는 이미 대중적 기반을 잃은 채 고수되어온 체제라는 내부적 허약성에 원인을 찾을 수 있다.

서학의 전래가 조선 후기 사상의 흐름에 중요한 의의를 지니고 있음을 앞에서 보았지만, 이 시대의 국제적 사상교류는 특징적인 의미를 내포하고 있다. 중국문화권 안에서 중국문화를 권위적인 승인 속에 받아들여 왔던 이전 시대와는 달리, 이때의 서학은 아직 중국에서도 충분히 소화되거나 공인된 것이 아니었다. 따라서 서학의 수입은 청조를 통할 때도 서양문화로서 받아들이는 것이요, 중국화된 것으로 받아들일 수 없었다. 이러한 사실은 만주족의 청조에 대한 저항의식 속에 고립적인 자유화를 추구하던 조선사회로 하여금 국제적 영역을 더욱 확대하도록 요구하는 어려운 부담이었던 것이다. 따라서 천주교 신앙에 대한 벽이단론적 비판이나 사옥(邪獄)을 통한 배척이라는 역행적인 진통과 서양 과학기술의 습득을 위한 전진적인 추구 사이에 복잡한 반응양상을 낳았다.

　이러한 시대사조에서 각 사상적 유파가 그 고유한 기능과 역할을 담당하였던 것은 사실이다. 다만 실학파도 하나의 새로운 사상으로서 주자학의 기반에서 성장하였으나 끝내는 서로 공통된 논리를 찾지 못하였던 현상을 통하여 우리는 사상사에서 자기방어와 자기개혁이나 권위주의와 대화의 자세가 갖는 그 기능과 의의를 깊이 음미할 필요를 느끼게 된다.

실학파의 공리사상(功利思想)

1) 실학파의 근본입장

실학파는 주자학파와 더불어 근세 한국사상사의 2대 주류를 이루고 있다는 것은 주지되는 사실이다. 그러나 사실상 주자학파와 구별하여 실학파의 학파적 성격을 뚜렷이 인식하게 된 것은 1930년대에 와서 이루어졌다고 한다. 그것은 실학파의 사상이 오랫동안 몰이해의 상태로 묻혀 있었다는 의미도 있겠지만 다른 면에서 주자학과 깊은 연관성에 따라 구별해야 할 필요성이 그렇게 절실하지 않았던 사실을 말해주는 것이라고도 할 수 있다.

조선 후기사상사에서 주자학과 실학의 관계를 돌이켜 보면, 실학파의 제1기(18세기 전반까지)인 유형원·이익·안정복에서는 주자학적 문제와 실학적 관심이 모순 없이 추구되었던 것이며, 제2기(18세기 후반)의 홍대용·박지원·박제가에 와서는 주자학의 이념에 대해서라기보다는 주자학파의 학풍에 대해 날카로운 비판과 거부의 태도를 엿볼 수 있고, 제3기(19세기 전반)의 정약용·김정희·최한기에 이르러서는 주자학의 이론체계를 벗어나 독자적인 철학적 체계를 제시하는 데까지 나가고 있음을 보게 된다. 이러한 실학파의 발전과정에 비추어 본다면 실학파의 근본입장은 반주자학적인 데에서 찾으려 하기보다는 실학파의 문제의식이 갖는 특성이 무엇인가를 밝히는 데에서 찾아질 수 있는 것이라 생각된다. 그것은 주자학이 유학의 유일한 이론체계가 아니요, 또한 실학파도 유학의 범위를 벗어나는 것이 아니기 때문이다. 곧 양자는 유학이라는 공동기반 위에서 서로 다른 관심의 영역을 가졌고, 따라서 다른 방법론을 보여주고 있는 점에 주목하여야 할 것이다.

오광운(吳光運)은 조선 후기 실학파의 제1조라 지적되는 유형원의 실학적 문제의식을 평가하면서 먼저 유학이 형이상자(形而上者)로서의 도(道)와 형이하자(形而下者)로서의 기(器)를 갖추고 있다는 사실을 재음미하였다. 또한 그는 유학사를 돌이켜 보면서 송학의 성격을 규정하여, 후세에 이르러 도(이념)와 기(제도)가 모두 붕괴되었던 상황에서 정·주는 이념을 밝히는 데 급급하여 제도를 다룰 겨를이 없었던 것이라 한다. 이러한 경우에 유형원이 그 당시 전제를 비롯한 제도의 개혁에 급급한 것은 유학의 본래 정신에 비추어 정·주를 보완함으로써 도와 기가 서로 떠나지 아니함(道器不相離)을 확립하려는 것이라 지적하고 있다. 사실상 주자학파는 성리학을 통한 이념적 문제에 관심이 편중되어 현실적인 제도를 등한히 하는 결과를 초래하였었다. 이에 대해 실학파는 그 반성으로서 현실의 문제에 관심을 고취하여, 제도의 정비를 통해 이념을 실현하려는 방법적 입장을 제시하였던 것이다. 오광운이 던진 질문으로서 "도덕은 하늘에 원천을 두고, 정제(政制)는 땅에 바탕을 두는데, 하늘을 본받으면서 땅을 모르거나, 땅을 본받으면서 하늘을

모른다면 옳다고 하겠는가"라는 말은 유학의 본래 정신에 입각한 반성
이요, 그것이 바로 실학파의 문제의식의 발단을 지적하는 것이라 할 수
있다.

　유형원은 "이 세상의 모든 이치는 본(本)과 말(末), 대(大)와 소(小)
가 서로 떠나는 일이 없다"고 강조하면서, 치(寸)가 잘못된 자(尺), 눈
금(星)이 잘못된 저울(衡), 세목이 옳지 않은 대강은 그 역할을 할 수
없다 하여 대체(근본)만을 존중하고 절목(지말)을 무시하는 주자학파
의 학풍을 비판하고 있다. 그리고 그는 "법(法, 제도)만으로는 실현이
불가능하고 선(善, 이념)만으로는 정치에 불충분하다"고 하여 본·말,
대·소, 도·기의 서로 떠날 수 없는 상호조화의 관계를 강조하였던 것
이다. 이러한 도기불상리(道器不相離)의 재확인이 곧 실학파의 근본입
장이요 이념적 '도'에 앞서서 제도적 '기'의 우선적 중요성을 재발견하
는 것이 또한 실학파의 현실적 문제의식에 따른 방법적 태도라 할 수
있겠다.

2) 공리와 의리의 일치

　실학파의 현실에 대한 적극적 관심은 재리(財利)의 생산에 대한 긍
정적 태도에서 가장 잘 나타나고 있다. 이에 비하여 주자학파의 이념적
핵심은 한마디로 의리정신이라 할 수 있을 것이다. 그리고 이 의리정신
은 의와 이(利)를 대립적으로 분변하여 양극화시켜 왔다. 곧 의리는 존
숭하여 추구되어야 할 것으로 보고 이해는 천시하여 억제하려는 중의
경리(重義輕利)적 가치의식을 강조하였던 것이다.

　따라서 주자학파는 의리의 객관적 규범을 절대화함으로써 현실의 사

태를 비판하는 데 과감하였지만, 동시에 현실적 이해를 비속한 것으로
외면하여 관념적 이상주의에 흐르는 경향을 보이게 되었다.

주자학파에 있어서 이러한 이념적 의리와 현실적 이해가 괴리되는 현
상에 대한 반성으로서 이미 율곡은 양자의 일치와 조화를 주장하였다.
그는 이해에만 급급하면 '의리'[制事之義]에 어긋나게 되고, 시비만을
생각하면 현실 즉 '권도'[應變之權]에 어긋나게 됨을 지적하고 있다. 따
라서 알맞으면서도 마땅하다면[得中而合宜] 이(利)와 시(是)가 동시에
갖춰지는 것이라 하였다. 결국 이해는 의리에 모순 되는 열등한 가치로
부정되어야 할 것이 아니며, 이해를 무시한 의리는 그 정당성마저 긍정
될 수 없는 것으로 파악되었다. 이러한 논리는 바로 율곡의 실학적 면
모를 보여주는 것이요, 또한 실학파의 근본입장으로 계승되었던 것이다.

실학파에서 즐겨 인용하는 공자의 말은 "군자는 의리에 밝고 소인은
이해에 밝다"라는 것이 아니라, "이미 백성이 많아졌으면 부유하게 해
야 하고, 그 다음에 가르쳐야 한다"라는 쪽이다. 「서경」 속에 우(禹)가
나라를 다스리는 데 기본이 되는 것으로 지적한 정덕·이용·후생의 3
사를 이끌어 쓰면서 "이용과 후생에 하나라도 닦여지지 못한 것이 있
으면, 위로 정덕을 해친다" 하였고, "이용을 이룬 다음에 후생을 할 수
있고, 후생을 이룬 다음에야 정덕을 이룰 수 있다" 하여 이용과 후생을
정덕보다 앞세우는 선후론을 적용한다. 실학파에서 재부(財富)와 이용
을 선행적인 것으로 제시하는 것은, 근본으로서의 도덕을 밝히면 말단
으로서의 사회의 안정은 저절로 이루어진다는 주자학파의 본말론(本末
論)을 정면으로 전복시키는 것이라 하겠다. 그것은 덕을 중요하지 않다
고 배제하는 것이 아니라, 인격적 덕만으로 사회의 안정이 자동적으로
나올 수 없다는 입장이다. "의식이 족해야 예절을 안다"는 관중(管仲)
의 말을 따라 부(富)를 기반으로 하지 않고는 덕이 바로잡힐 수 없다

는 이선의후(利先義後)의 방법적 견해를 보여준다.

최한기가 "식(食, 경제)으로 인하여 교(敎, 윤리)를 베풀고, 교를 이루어 식을 안정시키니, 이들은 서로 작용하여 한쪽에 치우치거나 폐지할 수 없다. 단지 '식'을 위해 사람을 쓰면 탐욕스러우면서 부끄러움이 없을 것이요, 단지 '교'로써 사람을 쓰면 청고(淸高)함만 숭상하여 폐단이 심해진다. 식으로 교를 상하지 말게 하고 교로 식을 해치지 말아야 한다"고 한 것은 재리와 도덕을 상관적인 것으로 파악하고 있는 것이다. 여기서 백성을 부유하고 편안하게 할 수 없는 도덕은 도덕으로서의 기능과 진실성을 잃게 되는 것으로 파악되고 있음을 알 수 있다.

실학파는 국가의 폐단이 무엇보다 빈곤에 있음을 강조하고, 재리의 생산이 백성의 생존과 국가의 존립에 필수적임을 인식함으로써 적극적으로 생재론(生財論)을 주장하기에 이른다. "백성이 이(利)를 추구하는 것은 물이 아래로 흐르는 것과 같다"는 정약용의 말에서처럼 재리의 추구를 인간이 생존하기 위한 자연적 욕구로서 긍정하는 입장이 실학파의 기본전제가 되고 있다. 재리의 생산에 대한 적극적 긍정은 사족(士族)의 비생산적인 생활을 비판하는 데로 나가고 있다. 이익(李瀷)은 과거공부나 하면서 생업을 천시하여 평생토록 놀고먹는 사족을 좀(蠹)이라 비판하며, 박제가는 "농업에 힘쓰려면 첫째 유자(儒者)를 도태시켜야 한다."고까지 주장하였고, 정약용은 놀고먹는 선비를 농공상에 종사시켜야 할 것을 제안하였다.

이처럼 재리의 생산을 필연적이요 정당한 것으로 평가하고 그 효과를 적극적으로 긍정하는 입장이 바로 실학파의 공리사상이라 할 수 있다. 그러나 이 공리는 개인의 물질적 욕구에서 출발하지만 사회의 모든 인간에게 필요한 재리의 생산과 향유를 지향한다. 따라서 실학파의 공리사상은 이기적 사리·사욕을 추구하는 것과 구별되어 개인의 집합으로서 공동체의 전체적 이익을 중요시하고 있다. 공리(功利)는 사욕에 머무르지 않고 공리(公利)를 지향하며, 양적 다수의 개인에게 만족을 주는 것에서 한걸음 나아가 모든 인간에게 부여되는 공리이기에 의리를 내포할 수 있게 된다. 공리가 모든 백성에게 향유된다는 것은 그 속에 이미 의리의 정당성이 구현되는 것이다. 유형원은 "천하를 위하여 도모하고 자기개인을 위해 도모하지 않는다면 복종하지 않는 사람이 없을 것이다. 바른 것을 지켜서 공평하게 행한다면 이루어지지 않는 일이 없을 것이다. 진실로 이렇게 한다면 사람은 각각 그 자리를 얻을 수 있게 되고 그 분수에 안정하게 될 것이다"라고 하여, 모든 백성을 위한 도모로서 공리(功利)의 공리(公利)적 성격을 제시하였고, 올바른 기준과 공평한 시행이라는 의리와 공리의 조화를 밝혀주었다.

모든 백성에게 이로운 것이 바로 의리라는 실학파의 공리적 의리관은 주자학파에 있어서 이해를 초월하는 보편적 이념으로서의 천리를 내용으로 하는 의리관과는 구별되어야 할 것이다. 그러나 모든 백성에 이롭다는 것만으로는 실학파의 공리사상의 기준이 충분하지는 못하다. 모든 백성 또는 백성 전체란 국가와 같은 의미를 갖게 될 것이요, 따라서 백성 개개인의 자연적 욕구와 거리가 생길 수 있게 된다. 따라서 실학파의 공리사상에 두 번째 기준으로서 모든 백성에게 균등하게 분배되어야 한다는 원칙이 나타나게 되는 것이다.

봉건적 사회계층이 고착되었을 때 존비(尊卑)의 도덕적 신분질서는 부익부(富益富) 빈익빈(貧益貧)하는 경제적 강자와 약자로 유리화되는 변질현상을 가져왔고, 이를 극복하려는 것이 실학파의 중요과제로 받아들여졌다. 백성들이 계층적으로 심하게 이질화되어 있는 동안 재리가 특정 계층에 독점되기 쉬운 것이다. 또한 재리가 어떤 계층에 독점되면 전체적으로 재리의 증대가 이루어졌다고 하더라도 그것은 의리에 배반되었다고 보지 않을 수 없다.

주자학파가 신분적인 명분론을 옹호하고 있을 때 의리는 사대부가 전유(專有)하고 이해는 상민과 천인에 속하는 것으로 분열되었다. 그리고 사대부는 의리뿐만 아니라 의리를 빌어 이(利)도 독점하는 타락현상을 나타내기도 하였다. 이러한 현실을 비판하면서 실학파는 신분계급에 따른 특권을 제거하고 모든 백성이 균평하게 재리를 향유하는 것을 의리로 삼는 공리사상을 제시하였던 것이다. 이들의 백성에 대한 개념 속에는 신분제도의 개혁의식이 들어 있으며, 모든 인간이 동등한 생존권을 가지고 있다는 평등사상을 내포하고 있다.

실학파는 모든 백성이 누리고 또 균평하게 누려야 할 공리사상을 제시함으로써 이 공리는 바로 의리와 일치시켜 파악되었던 것이다. 공리는 백성과 직결되고 백성은 바로 의리의 기반을 이루는 것으로 이해됨으로써, 실학파의 공리는 본래적으로 의리를 지향하고 있으며, 또한 의리도 공리를 통하여 나타나고 있다. 따라서 실학파는 그 공리의 실현을 위하여 백성을 기준으로 하는 제도의 재검토를 하는 데 나가게 된다.

3) 토지의 균분(均分)과 신분계급의 해소

모든 백성에게 균평한 이익이 베풀어져야 한다는 것이 실학파 공리 사상의 원리라 할 수 있다. 그러나 이 원리의 실현을 위하여 구체적인 제도적 장치가 없다면 그것은 또 하나의 관념체계에 빠지고 말 염려가 생긴다. 박지원이 "선비가 고담성명(高談性命)하면서 경세제민(經世濟民)을 저버리고, 사화(詞華)를 헛되이 숭상하여 정사(政事)에 시행되는 것이 없다"고 하는 주자학파에 대한 비판은 바로 실제와 공효에 나타나는 것이 없다는 것을 지적한 것이다. 따라서 실학파는 "온갖 사무가 모두 진절(眞切)한 학문이요, 사무를 버리고 학문을 구한다면 공허한 데 매달린 학문이 된다"는 최한기의 주장처럼 실제의 사무에서 학문성을 찾고 있다. 그것은 곧 이념은 현실을 통하여 나타나며, 진정한 이념은 현실적 실효를 수반하는 것으로 이해하는 실학적 입장이다.

율곡도 "법이 오래되면 폐단을 낳는다"는 사실을 강조하고, 시대와 상황에 따라 법제의 변통을 주장하면서 시정(時政)의 폐단을 상세히 논의하였다. 그는 "치도(治道)에는 근본을 따르는 경우와 사무를 따르는 경우가 있다. 사무를 따른다면 백성을 구제하기 위해서는 법이 변해야 하며, 크게 변하면 크게 이롭고 작게 변하면 작게 이롭다"는 정자의 말을 거듭 인용하면서 이 변법(變法)이 당면한 급무임을 강조하여 경장론을 폈던 것이다. 실학파에서도 공리의 원리를 실현할 수 있는 현실적 기반을 확립하기 위하여 무엇보다 먼저 당시의 사회제도에 대해 관심을 모았으며, 그 사회제도를 공리적 원리와 일치시키기 위해 개혁을 주장하는 데 이르렀다. 조선조 후기에서 실학파가 그 관심을 경세론(經世論)에 기울이고 그 이념의 구현을 위한 토대를 정치제도에서 찾는 것은 곧 주자학파가 예학에 관심을 기울이고 예학을 통하여 그 이념을 구현하려고 하였던 사실과 대조해 볼 수도 있을 것이다.

정치제도가 백성의 생활을 풍요하고 안정하게 하는 데 목적을 둔다면 그 기초는 생산제도에 두지 않을 수 없다. 따라서 초기의 실학파에서부터 제도개혁론의 초점은 농업사회의 생산기반인 토지제도의 개혁에 맞추게 되었다. 유형원은 토지를 천하의 근본이라 규정하고, 당시의 토지겸병에 따른 대토지사유화의 현상을 가리켜, "부자의 땅은 끝없이 경계가 잇닿고 빈자는 송곳하나 꼽을 땅도 없다. 부익부하고 빈익빈하여 마침내 모리배가 토지를 모조리 갖고 양민은 식구를 이끌고 떠돌아

다니다가 고용살이나 하게 된다"고 통탄하였다. 이것은 이익분배의 사
회적 불균형을 제도적 모순으로 파악하여 비판하고 있는 것이다.

이러한 모순을 해결하기 위하여 실학파는 주대(周代)의 정전제(井田
制)가 갖는 토지의 균등분배라는 원리를 우리 사회의 현실에 맞게 조
정하여 제안하였다. 유형원의 공전제(公田制)·이익(李瀷)의 균전제(均
田制)·박지원의 한전제(限田制)·정약용의 여전제(閭田制)가 곧 이러
한 토지개혁안이었다. 실학파의 토지제도개혁론은 제도의 개혁을 통하
여 사회적 현실 속에서 민중의 생활을 돈후(敦厚)하게 하려는 공리의
원리를 구현하기 위한 첫걸음이라고 할 수 있겠다.

정약용은 "재산을 고르게 하여 다 함께 살리는 자는 임금과 수령 노
릇을 하는 자이지만 그렇게 못하면 그 임무를 저버린 것이라" 하고 "부
유한 자에게서 들어서 가난한 자에게 보태어줌(損富益貧)으로써 재산
을 균등하게 하는 것이 임금과 수령의 임무"라 강조하였다. 빈부의 격
차가 심화되는 것은 공리의 사회정의를 파괴하는 것으로 규정하고, 손
부익빈(損富益貧)의 개혁을 통하여 재리(財利)가 균등분배되도록 제도
적으로 보장하려는 것이 바로 실학파가 공리의 원리를 실현하는 방법적
기본원칙이라 할 수 있다. 또한 유형원이 "전제(田制)가 바르지 못하면
백성의 생활이 항구할 수 없고, 부역이 고르게 될 수 없고, 호구(戶口)
가 밝혀질 수 없고, 군대가 정비될 수 없고, 소송이 끊어질 수 없고, 형
벌이 막아질 수 없고, 풍속이 돈후해질 수 없다"고 주장하는 것은 토지
라는 기본재산의 소유제도가 균형 있는 분배의 공정성을 잃으면 사회질
서는 마침내 경제적으로뿐만 아니라 도덕적으로도 붕괴할 수밖에 없다
는 것을 강조한 것이다. 경제적 분배의 실질적인 정의가 없이는 정치적
안정이나 사회적 질서도 불가능하고 도덕적 의리도 공허한 것이 되고
만다는 사실을 실학파는 깊이 인식하였던 사실을 보여준다.

 실학파의 토지제도개혁론은 공리의 원리를 구현하기 위한 기본조건
으로 소유 또는 분배의 균형을 제도적으로 정립하려는 것이었다. 그러
나 공리의 원리에 따라 백성에게 토지의 균배를 제도적으로 입안한다
하더라도, 백성이 신분적 계층으로 고착되어 있는 현실 속에서는 소유
의 균등화가 현실성이 없는 이상론에 지나지 않는 것이 되고 만다. 따
라서 실학파는 신분의식에 대한 비판과 더불어 신분계급제도에 대한
개혁을 요구하고 있다.

 유형원은 신분의 귀천인 문벌에 의해 세습되는 것을 비판하면서, "예
법에는 나면서부터 귀한 자가 없다"하여 상하의 서열은 재덕(才德)과
연령에 따라서 나눌 것을 주장하였다. 그는 또한 노비제도는 반드시 폐
지해야 할 것임을 강조하고, 노비를 토지와 함께 재물로 취급하는 관습
에 대해 "사람이란 같은 유(類)인데 어찌 사람이 사람을 재물로 취급
하는 이치가 있겠는가"라 하여, 인간의 신분계급적 차별을 거부하였다.

 인간이 본성적으로 동질적이라는 것은 성리학의 대전제이지만, 주자
학파는 기질적 차별을 강조하고 명분론을 적용하여 사회적 신분계층을
묵수하였던 것이다. 실학파는 신분계급을 이념과 현실의 모순으로 파악
하고 명분론적 의리의 기만성을 지적하였던 것이라 하겠다. 인간의 본
질적 평등에 대한 신념은 유학의 근본이념이지만 현실적 제도와 유리
될 때 평등은 무력한 형식적 관념에 머물게 되었던 것이요, 실학파는
바로 이러한 괴리를 극복하여 이념의 제도적 구현을 추구하였던 것이
다. 신분계급을 해소하여 평등의식을 사회적 현실 속에 정립할 수 있을
때 분배의 균형이 실현가능하게 되고, 분배의 정의가 이루어질 수 있을
때 실학파의 공리적 원리도 구현될 수 있게 된다.

 실학파의 인물들은 자신이 속해 있는 지배계층으로서의 사대부 내지
양반에 대한 그 사회적 기능과 지위를 재평가함으로써 사회적 신분계

급을 극복하려는 입장을 밝혀주었다. 사족(士族)이 유식(遊食)하는 현상에 대한 비판과 더불어 사족도 농공상의 생산활동에 종사할 수 있어야 한다는 주장이 있을 뿐 아니라, 관직은 사족에 독점될 것이 아니요. 농공상에서 선발할 수 있어야 한다고 주장하는 데 이르렀다. 정약용은 "한 나라를 온통 양반으로 만들어 양반이 없어지기를 바란다"고 하는 것은 양반이 세습신분화하여 사회가 계층적으로 유리되어 고착되는 현실적 모순을 비판하는 것이었다. 박지원이 「양반전」에서 양반의 가식적 행동규범과 지배계층으로서의 탐학상에 대해 조목을 열거하여 조소적으로 비판하는 것도 신분제도의 부정을 지향하는 것이라 볼 수 있다. 그는 농사를 밝히고 상품을 유통하게 하고 공장(工匠)에게 은혜롭게 하는 것이 바로 선비의 학문이라 하고 당시의 농공상이 생업을 잃는 것은 선비가 실학을 하지 않는 과오라 하였다. 도덕의 인격적 조건에 앞서서 생산적 기능을 통하여 선비의 사회적 책임과 의무를 규정짓는 것이라 하겠다.

실학파의 공리사상은 생업의 현실문제를 떠나서 도덕의 표준을 확립시키는 것이 아니라, 생업(生業)을 증대시키고 안정시키는 현실적 역할 속에서 윤리성을 찾고 있는 것이다. 실학파는 제도개혁을 통하여 소유와 분배의 균형을 추구함으로써 경제적 기초 위에 사회정의를 정립하려 하였고, 신분계급의 해소를 통하여 사회적 평등을 추구함으로써 사회정의의 실질적 기반을 조성하려 하였던 것이며, 지식계층의 생산활동에 대한 기능과 책임을 제시하여 직업윤리를 확립하려고 하였음을 이해할 수 있다.

4) 공리의 수단과 목적―이용과 후생

공리를 구현할 수 있는 제도가 마련되었다 하여 곧 백성이 이익을 향유할 수 있는 것은 아니다. 재리의 분배는 그 생산을 전제하여야 한다. 그리고 생산은 노동과 기술이 투여되지 않으면 불가능하다.

재리의 생산이 인간의 생존에 필수적이라면 생산활동은 도덕적으로도 마땅한 것이요, 생산하지 않고서 소비하는, 곧 놀고먹는 것은 부당하다는 주장이 지극히 당연한 결론으로 얻어질 수 있다. 이익(李瀷)은 "나는 실 한 오리, 낟알 한 알도 생산하지 못하고 있으니 어찌 좀(蠹)이 아니겠는가"라고 자신을 책망하고 있다. 이 말은 그가 선비로서 자신의 임무를 가볍게 여겨서라기보다는 생산을 위한 노동의 당위성을 강조하는 것으로 이해되어야 할 것이다. 정약용도 "선비란 어떤 사람인가, 선비는 어찌하여 손발을 움직이지도 않으면서 땅에서 생산된 것을 삼키며 남의 힘으로 먹는가"라고 힐난하였다. 그것은 도의를 연마하는 선비[君子]의 임무가 노동으로 생산에 종사하는 평민[小人]의 행위를 천시할 아무런 권리도 없음을 강조하는 것이요, 노동의 정당성과 신성성을 적극적으로 긍정하는 주장이다. 이익(李瀷)은 "일하지 않으면 먹지 말라"는 한마디를 통하여 노동의 윤리성을 제시하고 있는 것이다.

생산에는 노동과 더불어 기술이 필수적인 조건이다. 박제가는 생산의 조건으로서 기용(器用)의 편리[기계]와 경종(耕種)의 법식[기술]과 상고(商賈)의 유통[교역]을 천시(天時)·지리(地利)·인사(人事)에 해당하는 것으로 지적하였다. 기계와 기술을 말기(末技)라 하고 의리에 방해되는 것으로 천시하는 것은 기술이 이(利)를 생산해 주기 때문에 의와 대립되는 것으로 보았던 주자학파의 태도이었다. 따라서 주자학파의 학풍 속에서 기계의 발명이나 기술의 계발·육성은 물론이고 이웃 국가의 발달한 기계와 기술을 도입하려는 관심도 기대할 수 없었다. 더구나 만주족의 청조에 대한 적의에 넘친 숭명배청(崇明排淸) 의리를 내세우는 주자학파는 청조의 선진적인 문물을 의식적으로 외면하고 오랑캐의 것이라 경멸하는 감정을 조장하고 있었다. 주자학파는 이처럼 존화양이(尊華攘夷)의 춘추의리에 따라 청조에 대한 배척적인 저항의식으로 관철하고 있었지만 우리의 현실을 돌아본 자취를 찾기가 어렵고, 실학파는 청조로부터 문물을 도입하려는 북학론을 주장하면서도 우리의 현실을 지리·역사·언어·제도·풍속·산업에 이르기까지 정밀히 탐구한 업적을 산출할 수 있었던 것은 뚜렷이 대조될 수 있다.

실학파가 청조로부터 기술을 도입하기를 주장하는 것은 생산에 이용하려는 것이요, 생산의 증대를 통하여 후생의 목적을 성취하려는 것이다. 공리사상이 민생의 향상을 목표로 추구하고 있는 만큼 생산수단으로서의 기술에 대한 일차적 관심을 기울이게 된다. 따라서 이용의 기술은 후생의 목적의식에 비추어 정당성을 평가받을 수 있는 것이다. 여기서 후생의 주체가 바로 우리의 백성이므로 실학파의 외래문물에 대한 추구는 사대주의적 자기상실이 아니라 자강적(自强的) 주체의식을 더욱 확고하게 할 수 있는 것이 된다.

현실적 민중의 생활을 떠난 주자학파의 배청의리는 형식적 관념에 사로잡혀 현실적인 무력감을 드러내게 되었다. 박지원은 「허생전」(許生傳)에서 북벌(北伐)의리의 허구성을 신랄하게 지적하고 있다. 허생(許生)이 이완(李浣) 대장에게 북벌을 도모하는 방법으로 사대부 자제를 골라 치발호복(薙髮胡服)하게 하여 중국에 보내 청조의 허실을 엿보게 하여야 한다는 실질적인 방법을 제안하였다. 이완이 사대부가 예법을 지키기 때문에 치발호복하게 하는 것이 불가능하다고 하자, 허생은 "이제 명나라를 위해 복수한다고 하면서, 오히려 머리털을 아끼고, 장차 말 달리고 창과 칼을 휘두르며 활 쏘고 돌을 날려 싸운다면서 넓은 소매를 고치지 않고 스스로 예법이라 하는가"라고 이완을 꾸짖었다. 대의를 실현하기 위해서는 수단이 마련되어야 하며, 실천수단이 없는 의리는 공허한 말에 지나지 않는다. 후생이 추구될 목적이라 한다면 생산에 필요한 이용의 수단이 마련되어야 하며, 이용의 생산이 없는 보민(保民)·양민(養民)· 애민(愛民)·민본(民本)이란 허언(虛言)에 지나지 않을 것이다.

정덕과 후생의 목적을 위하여서 이용의 수단은 천시될 수 없는 가치와 정당성을 인정받게 된다. 또한 후생의 목적을 효율화할 수 있다면 이용의 제도는 언제나 개선하고 어디서나 받아들여질 수 있다고 보는 실학파의 이용론은 진보의식을 내포하고 있는 것이다. 실학파의 공리사상은 이상의 질서를 규범화시키기보다 생산을 위한 제도와 기술의 개선과 발전에 적극적인 관심과 비중을 둠으로써 진보주의적이요 실천적인 성격을 강하게 보여주고 있다.

5) 실학파의 공리사상에 대한 재음미

실학파의 인물들은 먼저 그 시대의 사회적 모순을 인식하는 데에서 문제의식을 지녔던 것이다. 그 모순이란 이념과 현실의 괴리이었고 또한 현실적 민생의 빈곤이었다. 따라서 실학파의 이론과 입장은 시대적인 제약을 지니고 있다. 현실에 대한 관심만 팽배하여 이념이 은폐되거나 민중이 풍요 속에 안정되었다면 실학적 이론의 내용도 변해야 할 것이다.

실학파가 공리사상을 통하여 주자학파의 의리사상이 지닌 관념적 형식의 허구성을 비판하는 것은 의리자체가 아니라 현실적 기반이 없는 의리일 뿐이다. 곧 의리의 기존관념을 맹목적으로 추구하는 것을 거부하여 이해의 현실적 중요성을 상대적으로 강조하였던 것이다. 민중이 극도로 빈곤한 현실적 문제를 해결하기 위한 제도의 개혁이나 기술의 이용을 중시하여 부국강병론을 위한 객관적 수단과 방법을 밝히고 있는 동안 실학파는 개인의 내면적 도덕근거에 대한 관심은 이차적인 것으로 후퇴하게 되었던 인상마저 주었었다.

그러나 실학파의 공리사상은 한 시대의 모순을 철저히 인식하고 또 그 해결을 위한 방법을 모색하는 과정에서 그 사상의 보편적 가치를 드러내주었던 사실을 주목하고 재음미할 필요가 있다.

첫째로 실학파는 고정화란 형식적 도덕규범을 거부하면서 신체를 가진 구체적 인간에 대한 관심과 사랑을 고양시켰다. 인간의 본성만이 아니라 감성의 중요성을 강조하였던 것은, 인욕을 누르고 천리를 지키려는 주자학파의 입장에 따른 인간의 내면적 분열을 재통합시켜 전체적인 조화를 가능하게 해주었다. 박제가는 "한 사람이 있는데 얼굴모습을 사랑하면서도 오줌 누는 것을 싫어한다면, 사흘만 오줌 누지 않아도 죽고 말 것이다"라는 바유로 존비·상하를 나누어 한쪽을 극단적으로 비하시키는 순수주의적 가치의식을 비판하고 있다. 지식계층이나 지배계급만에 대한 존중이 아니라 무지하고 빈곤한 하층의 노동대중에 대한 인간애를 각성시킨 것이 바로 실학파의 공리사상이 지닌 사회윤리적 성격의 중요한 일면이다.

둘째로 실학파는 현실과 이념의 조화를 추구하면서 관념적 의리론자의 위선적 기만성을 부정하고 실질적 효과를 통한 진실성과 정당성의 근거를 제시하였다. 박지원의 소설 속에 위선적 도학자에 대한 풍자는 마침내 호랑이의 입을 빌어 "유(儒)란 것은 아첨하는 것(諛)이다"라 꾸짖게 하였고, 이익(李瀷)은 "나는 사람을 대하여 일찍이 유술(儒術)

을 가지고 말하지 않는다. 무익하기 때문이다"라고까지 당시의 학풍에 대한 부정적 태도를 보여주었다. 유학이 본래 문자적 뜻으로도 쓰임(需用)의 뜻이 있는 것인데 그 정신을 잃고 실제에 공효가 없는 관념화에 빠진 데 대한 비판이었다. 실학의 공리사상은 현실적인 효과를 중시한 실용주의적 정신을 진리의 한 기준으로 받아들여 사상이 관념적 형식주의에 빠지는 것을 막아주고 있는 것이다.

셋째로 실학파의 공리사상은 실제의 공효를 추구하면서 사상을 사고의 세계에 머물지 않고 행동의 세계에로 나오게 한다. 언(言)과 행(行), 지(知)와 행(行)의 연관성은 유학의 근본문제의 하나이다. 행동과 실천을 떠난 진리는 이미 진리로서의 의미를 잃는다고 본다. 진리에서 행동이 나오는 것을 강조하기보다는 행동에서 진리가 실현될 수 있다는 것을 강조하는 데 실학파의 입장이 있다. 북벌의리를 주장하면서 무기의 제조도 군사의 조련도 없는 것은 자멸의 길이 될 것이다. 군사를 강하게 하기에 앞서 국가의 재정을 튼튼히 하고, 거기에 앞서 백성의 생활을 넉넉히 하고, 또 그 앞에 농공상의 생산을 증대하고, 또 이에 앞서 생산기술을 개선하는, 가장 구체적인 현실의 말단을 바로 근본적 말단으로 삼는 것이 실학파의 입장이다. 그러나 근본과 지말은 서로 전제가 되므로 실학파의 방법이 구체적이고 현실적이고 행동적이라 하더라도, 이념의 '도'를 망각하지 않을 때에 도(道)와 기(器)가 서로 떠나지 않는 것이라는 실학파의 근본입장이 실현될 수 있을 것이다. '도'를 망각하고 '기'에만 매몰된다면 비록 그것이 현실적이라 하더라도 유물론이나 기계문명에 나아갈 수는 있을지언정 유학적 본질을 상실할 것이요, 또한 실학의 이름 아래 다시 비판되지 않을 수 없을 것이라고 생각된다.

연암(燕巖)의 실학사상

1) 강을 건너는 선비

정조 4년(1780) 6월 24일 압록강을 건너는 우리나라 사신일행 가운데 44세가 되도록 벼슬도 못한 포의(布衣)의 선비 연암 박지원(朴趾源)이 끼어 있었다. 그는 강 한가운데 이르러 나룻배 안에서 통역관 홍명복(洪命福)에게 불쑥 말을 꺼냈다.

"이 강은 바로 저들과 우리가 만나는 경계이네. 언덕이 아니면 바로 물이지. 무릇 천하의 이론과 법칙은 마치 물가의 언덕과 같은 거야. 길(道)은 다른 데서 찾을 것이 아니라 바로 이 물가에 있는 것이네."

느닷없이 건네는 이 한마디 속에서 연암의 철학을 엿볼 수 있다. 이 세계는 나와 나 아닌 것이 어울려 존재한다. 물(物)과 아(我), 주(主)와 객(客), 피(彼)와 차(此)……

이처럼 물은 물이요 언덕은 언덕이라 하여 이원적 대립으로 한쪽에 빠지거나 갇혀 있으면 막혀서 고루하게 되고, 따라서 물과 언덕을 꿰뚫어 통해야 하는 길(道)을 잃게 될 것이다. 그러나 우리의 생활 속에서는 흔히 편견·고집·무지·무력으로 말미암아 현실이나 습관 또는 사견(私見)에 사로잡혀 다른 세계와의 통로를 열지 못하는 수가 많다. 타인과의 사이에서도 이해나 대화가 없이 자기 확신과 자기만족에 젖어 있거나, 상대편을 비난하고 무시하거나 회피하여 지금까지의 자기를 지키기만 일삼는다면 과연 진리의 길이 통하여 진다고 할 수 있을까? 말이 끊기고 뜻이 막히며 풍속이 굳어지는 현실은 어느 한때의 일이 아니겠으나 연암은 그의 시대에 절실히 느낀 바 있었기에 연경(燕京, 북경)으로 가는 압록강 한가운데서 '길'을 논하였던 것이리라.

여정에 따라 요동을 지나면서 아득한 지평선만 펼쳐진 요동벌판을 처음 보는 순간 연암은 자신도 모르게 "좋은 울음터로다. 가히 한바탕 울만 하구나"라고 탄식을 터뜨렸다. 그는 이렇게 울고 싶은 감정을 마치 비좁고 어두운 모태(母胎)에서 갓 태어나는 아기가 울게 되는 상태로 비유하였다.

"마땅히 저 갓난아기의 거짓 없는 울음소리를 본받아 비로봉 산마루에 올라 동해를 바라보며 한바탕 울 만하고, 장연(長淵)바닷가 금모래를 거닐며 한바탕 울 만하고, 이제 요동벌에 오니 여기서 산해관까지 천이백리가 사면팔방에 산 한점 없이 하늘 끝과 땅 변두리가 아교로 붙인 듯 실로 꿰맨 듯, 고금(古今)을 오가는 비와 구름만 창창하니 이 역시 한바탕 울 만한 곳이 아니리요."

인간세상의 온갖 풍속과 법도에 얽매이고 억눌리다가 대자연을 마주하자 한바탕 시원하게 통곡하고 싶은 충동이 북받치는 것도 연암의 서리고 맺힌 회포가 아니라면 일어날 수 없었을 것이다. 그는 국경과 산천을 왕래하는 한낱 관광객이나 여행자가 아니었고, 한 시대의 역사를

넘나드는 인연지사(仁人志士)요 한 덩이 비분강개로 뭉친 정신의 소유
자이었다.

2) 주자학과 실학 사이

조선시대의 이념적 주류를 이루었던 주자학은 의리학을 등뼈로 삼아
직립하였고, 성리학을 눈과 귀로 삼아 방향을 가늠하였으며, 예학을 손
과 발로 삼아 움직였고, 벽이단론의 지팡이를 휘둘러 길을 헤쳐 나갔다
고 비유해 볼 수 있다. 그리고 이 시대는 주자학만을 도통으로 받아들
이는 도학을 확고하게 지켜왔다.

그러나 여기에 고착하자 도학은 그 가는 길의 넓고 좁음이나 그 절
후의 춥고 더움을 돌보지 않고 수도자와 같은 확신에 사로잡혀 대중의
현실을 망각한 모습을 드러내게 되었다. 이에 대하여 도학자들 자신이
항상 실학을 강조하면서 반성을 그치지 않았다. 그렇지만 한번 사로잡
힌 고정관념의 껍질을 깰 수 있는 눈은 쉽게 열리지 않았던 것이다.

형이상학적인 도(道)와 경험적 현실의 기(器)가 혼동될 수도 없지만
분리되어서도 안 된다는 진정한 '도'의 모습은 사변적인 문제로만 논란
될 수는 없는 것이다. 도와 기의 양자를 모두 사변적으로 따지는 것이
아니라, 현실에 입각하여야만 사변적인 것도 가능하다는 새로운 학문의
방향을 계발하고 제시하는 인물들이 조선 후기에 등장하게 되었다. 이
인물들은 성리학자들이 정덕을 근본으로 삼고 이용과 후생을 말단으로
삼아 근본을 말단보다 앞세우는 데[先本後末論] 사로잡히고 마침내 근
본만 파고들다가 그 속에 파묻히고 말았던 당시의 학풍에 비판적이었
다. 이들은 가까운 데서 먼 데로 나아가고[自邇行遠] 비근한 데서 심원

한 데로 추구하는[自卑登高] 방법, 즉 존재의 선후론(先後論)이 아니라 당위의 선후론을 존중하였던 인물들이다. 우리가 흔히 이들을 실학파라 하여 주자학파와 대립시키는 경우가 있으나, 실학파의 입장은 주자학파와 모순된 것이라기보다는 방법의 새로운 시도였다고 볼 수 있다.

연암은 요동의 변문(邊門)에 들어가서 그 백성들의 질서 있는 생활 양상을 보자, "이용을 이룬 다음에야 후생을 할 수 있고, 후생을 이룬 다음에야 정덕을 이룰 수 있다"고 판단을 내렸다. 연암을 실학의 이용 후생학파라 일컫는 경우도 있지만, 그가 지향하는 것은 이용·후생의 방법을 수단으로 하고 정덕의 이념을 목적으로 삼는 실학자이었으며, 결코 단순히 정덕을 떠나서 이용후생을 궁극목적으로 제시하는 반주자학적 실학자는 아니라 하겠다.

3) 이용(利用)의 탐색

영조·정조 때에 활약한 몇 사람의 학자들은 청나라의 문물을 수입함으로써 우리 백성의 생활과 나라의 힘을 부강하게 해야 할 것을 주장하였다. 홍대용·박지원·유득공·박제가 등 이러한 인물들을 북학파(北學派)라 칭한다. 이들은 북경을 왕래하는 사신 행렬에 끼어 청나라의 문물제도가 백성들의 생활에 어떻게 이용되는지를 목격하고 깊은 감명을 받았으며, 당시의 고식적인 정책을 개혁하기 위한 구체적 자료를 제시하였던 것이다.

연암은 요동을 지나면서 길가에서나 머무르는 마을에서 새로운 것이면 무엇이나 유심히 관찰하였고, 틈만 있으면 여기저기 찾아다니며 조사를 해보았다. 숙소의 건축제도와 벽돌을 제조하는 방법과 쌓는 법 및

그 장점을 정밀하게 파악하였으며, 기와를 굽고 지붕을 잇는 방법의 특
징을 일일이 지적하였다. 그는 마을 변두리의 벽돌 굽는 가마를 찾아가
서 그 가마의 제도를 우리나라의 가마제도와 비교하면서 연료의 이용
효율까지 면밀히 분석하고 있다. 심지에 숙소의 방구들제도와 아궁이·
굴뚝의 제도를 관찰하고는 "겨울이면 우리나라의 무수한 형제들이 항
상 코끝에 고드름이 달렸으니, 이 방법을 배워가서 삼동(三冬)의 겨울
에 고생을 면하게 하고 싶다"는 뜻을 서술하였다.

　그의 명저인 여행기 「열하일기」(熱河日記)에는 「거제」(車制) 한 편
을 별도로 수록하여 수레제도를 중요하게 다루고 있다. 그는 "한 나라
의 용구(用具)로 수레가 가장 중대하다"(有國之大用, 莫如車)고 전제하
였다. 우리나라에 수레가 쓰이지 않는 것은 지형이 험하고 도로가 나쁘
기 때문이라는 통념을 거부하고, 수레를 쓰지 않으니까 도로가 닦이지
않는다는 적극적인 이용론을 강력히 주장하고 있다. 또한 우리나라에
수레가 쓰이지 않는 원인이 사대부가 경전에 나오는 윤인(輪人)·여인
(輿人)·거인(車人)·주인(輈人)을 입으로만 외우면서 움직이는 방법
과 만드는 기술을 연구하지 않은 데 책임이 있다고 비판하였다. 그는
서양인과 중국인의 서양기계에 관한 저술인 등옥함(鄧玉函 J. Terrenz)
의 「기기도설」(奇器圖說)·강희제(康熙帝)의 「경직도」(耕織圖)·송응
성(宋應星)의 「천공개물」(天工開物)·서광계(徐光啓)의 「농정전선」(農
政全書) 등의 문헌을 소개하고 또 그 자신이 중국에서 직접 관찰한 불
을 끄는 수레[水銃車], 방아 찧는 기계[搖車], 고치 켜는 기계[繅車]의
구조와 성능을 상세히 기술하고 있다. 그는 사방이 몇 천리 안 되는 우
리나라의 백성이 빈곤한 것은 한마디로 수레가 다니지 못하기 때문이
라 진단하였고, 수레의 제도를 씀으로써 유통을 활발히 하여 이 백성의
빈곤을 구제할 수 있을 것이라는 신념을 제시하였던 것이다.

4) 의리의 허와 실

인조 때 병자호란의 굴욕을 당한 것은 세력의 강약에 따라 부득이한 일이었지만 도학의 선비들은 이를 현실로 받아들이지 않고 중국대륙을 차지한 청나라를 배척하며 이미 멸망한 명나라를 존숭하는 이른바 배청존명(排淸尊明)의 의리를 굽히지 않았다. 청나라가 중원을 차지하여 100년이 지났어도 조선의 선비들은 청나라를 오랑캐라 하여 경멸했고 또한 청나라를 쳐서 굴욕을 씻겠다는 복수설치(復讐雪恥)의 북벌대의(北伐大義)를 내세워 왔다. 명나라의 숭정(崇禎) 연호를 계속 사용하였으며, 만동묘(萬東廟)를 세워 명나라 제왕에 대한 제사를 받들었던 사실에서 존화(尊華)의리를 엿볼 수 있다.

이러한 조선의 도학자들이 청나라의 문물을 경멸하는 태도를 연암은 잘 표현하고 있다.

> 황제가 머리를 깎았고, 재상과 장수와 대신과, 모든 관리들이 머리를 깎았고, 일반백성들이 머리를 깎았다. ……한번 머리를 깎았으면 곧 오랑캐요, 오랑캐는 곧 짐승이니, 우리가 짐승에게서 무슨 볼만한 것이 있겠는가.

그러나 연암은 청나라의 볼만한 것은 기와조각에도 있고 거름더미에도 있다고 반박하면서 춘추정신의 화이론을 다시 음미하였다.

> 천하를 위하여 일하는 사람은 진실로 백성에게 이롭고 나라에 유익하다면 비록 그 법이 오랑캐에서 나온 것이라 할지라도, 이를 거두어 본받을 것이다. ……공자가 춘추를 지으실 때 물론 중국(華)을 높이고 오랑캐(夷)를 물리쳤다. 그러나 오랑캐가 중국을 어지럽힘을

분하게 여겨 중국이 존중할 수 있는 것까지도 물리친다는 말은 듣
지 못하였다.

사실상 연암이 날카롭게 분별하고 있는 점은 당시 도학자들의 숭명
배청의리에 깃든 맹목적 측면이다. 그는 감정적 배척의식을 재검토할
수 있는 냉정한 판단력을 지녔고 또 그 숭명의리의 허구성과 형식성을
비판할 수 있는 신념과 용기를 가졌던 것이다. 연암소설의 백미(白眉)
라 할 수 있는 「호질」(虎叱)에서는 위선적인 도학자를 호랑이의 입을
빌어 질타하였고 「허생전」에서는 이완(李浣)이 대변하는 당시 북벌론
자의 의식구조를 준엄하게 비판하였다.

소위 사대부란 도대체 어떤 것들이냐. 오랑캐의 땅에 태어나서 제
멋대로 사대부라 뽐내니 어찌 앙큼하지 않느냐. 바지저고리를 온통
희게만 하니 이는 상복(喪服)이요, 머리털을 한데 묶어 송곳같이 짜
니 이는 남쪽오랑캐의 방망이상투인데, 무엇을 예법이라 하느냐. 이
제 명나라를 위해 원수를 갚는다고 하면서 오히려 한낱 상투를 아
끼며, 앞으로 말달리고, 칼 쓰고, 창 던지고, 활을 쏘고, 돌 날려야
할 텐데 넓은 소매를 고치지 않고서 스스로 이를 예법이라 하는가.

그렇다고 연암이 청나라의 문물에 현혹되어버린 또 하나의 사대주의
자는 아니었다. 오히려 그는 누구 못지않게 민족의식이 강했던 인물이
었다. 그는 "청음(淸陰, 김상헌)이란 이름을 들을 때마다 머리털이 서
고 맥이 뛰어 비록 남모르게 입 안에 배회하는 말이 있어도 감히 내뱉
지를 못하여 체증이 생기려 한다"는 가슴에 맺힌 울분을 토로하고 있
다. 또한 요동을 지날 때 안시성(安市城)의 위치를 고증하면서 그 벌판
이 우리 땅이었음을 역설하고, 고대의 평양도 요동 땅의 봉황성(鳳凰
城)으로 추정할 수 있다고 주장하여 국토의 경계를 압록강 밖으로 끌

어내었다.

연암은 주자학파가 청나라 문물을 일률적으로 배척하는 태도를 반성하면서 청나라는 주자를 천고의리(千古義理)의 주인이라 높여 주자학을 관학(官學)으로 받아들였던 점을 지적하였다. 또 청나라시대에 한인(漢人)학자들 가운데 양명학을 따르는 자가 있는 것은 주자학의 학풍이 타락한 것으로만 볼 것이 아니라 청나라 정부가 주자학을 빌어 한인 지식인의 목을 조르고 등을 쓰다듬는 정책에 대한 민족의식의 저항으로 이해해야 할 것을 주장하고 있다. 여기서 그의 관심은 외형적인 데 머무르지 않고 의리의 심층을 꿰뚫어 보고 있음을 엿볼 수 있게 한다.

5) 서학을 보는 눈

연암의 시대는 우리나라에 서양의 근세문화가 침투하기 시작하였던 만큼 이에 대한 그의 입장을 이해한다는 것은 곧 연암이 얼마나 역사의 조류에 대한 감각을 가졌는지를 말해주는 것이 된다.

연암과 가까운 사이였던 홍대용은 수학과 천문학 등 서양과학에 깊은 이해를 가졌고 지구자전설(地球自轉說)까지 제시하여 서양과학을 받아들이는 데 진취적인 입장을 보여주었다. 연암은 이러한 홍대용의 지구자전설을 청나라 지식인에게 소개하여 그들을 경탄하게 하였지만 그의 관심은 과학지식의 탐구에까지 미치지 못하는 문인적인 것이었다. 그러나 그가 서양인이 선(線)을 빛과 어둠의 경계라고 설명한다는 사실을 소개하는 것으로 보아 유클리드(Euclid)의 「기하원본」(幾何原本) 번역본을 읽었음을 알 수 있다. 그는 청나라 황제의 여름 별궁이 있는 열하에 갔을 때 서양인을 만나보려고 애썼으나 뜻을 이루지 못했다. 또

한 천주당을 찾아가 보았으나 그 벽화의 정교한 솜씨를 감탄하는 데
그치고 말았다. 그는 서양기계에 대한 관심을 가졌으며 서양인이 천문
학과 수학에 밝음을 인정하고 있으나, 전통윤리의 테두리 안에서 서양
사상을 긍정적으로 받아들일 수 없었던 한계를 지키고 있었다.

> 저들이 스스로 본원(本原)을 궁구(窮究)하는 학문이라고 하지만
> 입지(立志)가 지나치게 높고 이론이 교묘한 데 치우쳐서, 도리어 하
> 늘과 인간을 속이는 죄를 범하며 스스로 의리를 어긋나게 하고 윤
> 상(倫常)을 해치는 구렁에 빠지는 것을 모른다.

이러한 비판적 입장에 따라 그가 면천(沔川)군수로 있으면서 천주교
신도들에 대해 유교교리에 근거하여 이론적인 비판을 함으로써 그들을
설득하여 감화시키는 데 큰 성과를 거두었다고 한다. 그러나 그는 기독
교를 불교의 찌꺼기로 평가하는 벽이단론의 일반적 태도를 답습하였던
것이다. 여기서 연암이 유교를 옹호하는 입장을 확인할 수 있으나, 다
른 한편 그가 기독교의 교리나 서양사상의 체계가 제시하는 긍정적 의
미를 이해할 수 있을 만큼 개방적 정신을 갖지 못하였다는 점에서 그
의 시대적 한계를 엿볼 수 있다.

6) 다시 연암을 생각하며

연암이 차지한 시대적·사상사적 위치를 다시금 생각하면 오늘에도
중요한 무엇을 암시해 주는 바가 있는 것으로 생각된다.

연암이 그처럼 강조하였던 이용·후생의 구체적 방법은 오늘에는 훨
씬 넘어서 실현되고 있다. 그러나 이용·후생을 통해 정덕의 윤리적 내

실이 따르고 있는지 반성하지 않을 수 없다. 그는 한갓 이용후생론자가 아니기에 연암이 오늘을 본다면 오히려 정덕을 강조하여 이용의 올바른 방향을 제시하려 할 것이다. 이러한 연암의 정신은 곧 그의 실학이 도구의 수단적 측면에만 한정된 실용의 실학에 그치는 것이 아니라 도덕의 내면적 깊이까지 추구하는 진실의 실학이기 때문이다.

그의 비판정신은 우리가 언제나 쉽게 범하는 허식과 자만을 거부하는 것이다. 오늘엔 상투도 잘렸고 소매도 좁아졌다. 그러나 우리의 의식구조 속에는 200년 전 연암이 비판했던 그 형식성을 떨치고 본질의 진실성을 끊임없이 살려내고 있는지 반성해 보고 싶다.

외세에 끌려간 수동적 변화와 자신의 판단과 의지를 통하여 능동적으로 개혁한 것은 엄청난 차이가 있다. 개혁과 창조의 활동에는 목표와 방향을 설정하기 위한 근거로서 자기중심의 각성이 전제되어야 한다. 우리의 근대화과정에는 얼마나 개방성과 자기중심의 자각이 조화 있게 실현되었던가? 자기를 상실한 채 외부세계에 동화되어가는 상황 속에서 어떻게 부서진 문을 다시 달아야 할까 하는 것은 현재의 과제가 되고 있다. 그러나 또한 새로이 달아놓은 문이 얼마나 유연하게 열리어 외부세계를 받아들일 수 있는가도 함께 고려되어야 할 문제일 것이다. 연암의 실학정신은 바로 그 시대에서 원심적인 개방성과 구심적인 자기 존재의 각성을 보여주었던 것으로 오늘에도 우리의 현실에 훌륭한 나침반이 되어줄 수 있을 것으로 생각해본다.

다산(茶山)철학의 인간학적 이해

1) 다산 사상의 범위

다산 정약용(丁若鏞, 1762~1836)이 태어났고 또 세상을 떠났던 곳인 양주군 와부면 능내리(陽州郡 瓦阜面 陵內里) 마재부락은 서울서 멀지 않은 팔당댐의 바로 위쪽 호숫가에 자리잡고 있다. 이곳은 곧 열수(洌水·한강)에서 산수(汕水, 북한강)와 습수(濕水, 남한강)가 합쳐지는 지점이다. 이 강변을 아껴 다산 자신도 열수(洌水) 또는 열상노인(洌上老人)으로 자호(自號)하기를 즐겼다. 여러 작은 지류를 모은 두 가닥의 큰 강줄기가 만나는 열상(洌上)의 의미는 어쩌면 다산의 사상적 성격과 깊은 연관성을 암시해주는 듯하다. 그는 조선 후기사회에서 유학의 도학적(道學的) 전통 속에 자랐지만 양명학도 고증학도 서학도 받아들여 사상적으로 새로이 하나의 큰 강하(江河)를 이루었던 것이다. 물론 다산의 사상을 '실학'이라거나 '수사학'(洙泗學)이라 특징지을 수도 있겠으나, 이처럼 광범한 종합성에서는 그저 다산철학(茶山哲學)이라 일컫는 것이 오히려 그 특징을 손상시키지 않을 것으로 생각해볼 수 있다.

'다산'이라는 호(號)가 강진(康津)의 적지(謫地)에서 그의 학문이 연마되고 체계화되었던 시절을 가리킨다면, '여유당'(與猶堂)은 근신을 생활신조로 삼았던 그의 환경과 태도를 엿보게 하는 것이요, '열수' 또는 '열상'은 그가 태어나서 자랐고 만년에 생애와 사상을 정리하였던 시절을 가리키는 호라고 할 수 있겠다. 유배의 계기가 그의 사상에 지닌 중요성에 비추어 보면 '다산'이라 일반적으로 일컫는 것이 당연하다 하겠으나, 그의 사상을 전체적으로 조망하려는 뜻에서는 오히려 '열수'라 불러보고 싶어진다.

다산은 자신의 학문체계를 경서(經書)는 수기(修己)를 위한 것이요 1표 2서(一表二書, 경세유표 · 목민심서 · 흠흠신서)는 천하국가를 위한 것으로 본말(本末)을 이룬다고 밝힌 바 있다. 다산이 실학파의 거장으로서 현실적인 정치 · 사회 · 제도의 문제를 다룬 1표 2서는 그의 대표작이라 할 수 있겠지만, 그 자신의 언급처럼 6경 4서를 근본으로 삼고 있음에 주의해야 할 것이다. 다산의 야심적인 경전연구를 통한 새로운 주석체계는 경학사(經學史)에서도 중요한 업적임에 틀림없으나, 이것은 곧 그의 철학적 근본입장을 밝혀주는 것이라 하겠다. 그가 자신의 경학체계를 통하여 성리학과 훈고학을 비판적으로 극복하고 유학의 근본정신을 재천명하려고 하였던 것은 단순한 복고주의(復古主義)라기보다 그의 시대에서 자신의 철학적 입장을 제시하고 있는 것이라 볼 수 있다. 여기서 다산철학의 근본입장이 유학의 본질과 전통에 따라 인간문제에 대한 관심에 초점이 놓여 있음을 재확인하게 되는 것이다. 따라서 다산철학을 이해하기 위한 과정에서 그 인간적 성격을 밝히고, 우선 그의 인간해명에 제시된 기초개념을 이해해야 할 필요성을 갖게 된다.

2) 다산철학의 인간학적 성격

(가) 인간문제에 대한 관심

유학(儒學)의 '儒'자가 '人'과 '需'의 결합이고 '需'를 음(音)만 가리킨다고 하거나 수용(需用)의 뜻을 갖는다고도 하지만, 유(儒)의 의미는 '人'에 기반을 두고 있는 것이다. 따라서 유학은 그 학문의 범위가 정치·사회·윤리·철학·종교·예술 등 모든 문제에 걸쳐 있지만 그 핵심은 인간에 두고 있는 것이라 하겠다. 공자에 있어서 "사람이 도를 넓힐 수 있다"(人能弘道)고 하여 '도'에 대한 인간의 능동성을 지적하고 있으며, "아직 사람도 섬길 수 없거늘 어찌 귀신을 섬길 수 있겠는가"(未能事人, 焉能事鬼)라는 반문에서 귀신에 선행하여 인간을 존중하도록 교시하고 있다. 여기서 인간은 바로 유학의 출발점이요 주체적 중심이며, 근본적 대상임을 확인할 수 있게 된다. 맹자에서도 인성(人性)을 밝혀 성선설(性善說)을 제기하고 사회질서의 이상으로 민본(民本)의 원리와 왕도론(王道論)을 주장하였다. 유교경전의 정착을 통하여, 그 근본원리는 「대학」에서 명명덕(明明德)과 친민(親民)으로 제시되었던 데에서 잘 나타나 있지만 인간의 내면적 도덕성을 계발·함양하고 인간의 사회적 질서를 정립·구현하는 데 관심이 집중되어 있다.

이러한 유학의 전통은 송대(宋代) 이래 형이상학적 체계 속에 이론화됨으로써 인간의 본성을 태극·이기설의 우주론적 이론 속에 해명하기에 이르렀다. 이른바 성리학은 조선시대의 시대이념으로 확립되었으며, 인간에 대한 관심을 문제의 핵심으로 계승하여 왔다. 성리학은 인간을 형이상학적 관념을 통하여 해석함으로써 보다 근원적이고 합리적인 의미를 제공해 주었지만, 다른 한편으로 이론체계의 논리와 관념 속에 인간을 분석함으로써 현실 속에 생동하는 모습을 살려내지 못한 아쉬움을 남겼던 것이다. 더구나 성리학의 강한 이념적 성격은 엄격한 규범성을 부여하였지만 변화하는 사회의 다양성에 적응하는 데는 많은 취약점을 안고 있었고, 따라서 조선 후기의 사회적 변동으로부터 괴리된 관념화 내지 형식화의 모순을 내포하게 되었다.

여기서 유학의 전통 속에 그 근원적 관심과 출발점에서 현재의 이론체계를 반성하려는 움직임이 발생하였다. 물론 최초의 문제의식은 사회적인 제도의 불합리성이나 비현실성에 대한 자각에서 출발하지만 관심의 근본적 대상은 인간에로 귀결되었다. 다산은 바로 조선 후기의 사회적 내지 사상적 변동시기에 문제를 철저히 의식하고, 이를 명확히 제시하며, 그 대답을 하는 작업을 실행하였던 인물이라 생각된다.

다산의 학문체계에 있어서 경전에 대한 주석은 경학사(經學史)의 커다란 업적을 이루고 있는 것이며, 또한 그의 사회사상에 철학적 기초를 제공하는 것이라 볼 수 있다. 그의 경학 연구에서 가장 선행적인 「중용」에 대한 해석을 통하여 "천명(天命)의 성(性)은 인성(人性)이요, 솔성(率性)의 도는 인도(人道)요, 수도(修道)의 교는 인교(人敎)라" 밝히고 "중용이라는 한권의 책이 비록 천명에 근본을 두는 것이나 그 도는 모두 인도이다"라고 언명하여, 인간의 문제에 초점을 갖추고 있는 자신의 입장에서 중용이라는 경전을 해명하였다. 다산에 있어서 인간이란 궁극적 존재의 한 부분으로 파묻히는 것을 허락할 수 없고, 또한 자연의 평면 위에 병렬적으로 배치되는 것을 동의할 수도 없다. 그에게 있어서 인간은 독특한 성격의 특징이 빛을 번쩍거리며, 동시에 부단히 움직이고 시도하며 느끼는 살아 있는 존재이다.

(나) 체계의 파괴와 새로운 체계화

조선시대는 건국 초부터 주자학 내지 도학의 이념을 정착시키고 확립하였다. 16세기에 이르러서는 성리학의 전성기를 이루었고, 뒤따라 예학이 융성하고 사림정치의 풍토가 성숙하면서, 주자학은 사회전반을 지배하는 이념으로서의 권위를 정립하였던 것이다. 특히 주자학의 철학적 이론체계로서 성리학은 이언적(李彦迪)의 태극이기논변(太極理氣論辨)에서 비롯하여 퇴계·율곡의 이기심성정논변(理氣心性情論辨)을 거쳐 한원진(韓元震)·이간(李柬)의 인물성동이논변(人物同異論辨)에 이르기까지 문제를 심화시켰고, 이에 따라 관념적이고 형식적인 체계의 구성을 추구하면서 사변적인 분석과 논쟁을 거듭하고 있었다. 여기서 성리학은 다양한 입장의 분열이 일어났지만 공통된 기반은 태극·이기의 우주적 관념과 심성정의 인간 본성을 연관시키는 것이요, 따라서 우주와 인간과 만물을 일관시키고 있는 것이다. 이러한 보편성의 원리는 불변적인 관념으로서의 '이'이거나 '이기'의 구조로서 제시되었다. 다시 말하면 성리학은 '태극'·'이기'의 관념으로 천인(天人)·인물(人物)의 구조를 해명하는 것이었다.

다산은 우선 성리학파의 논쟁이 관념적인 형식에 빠져 있음을 비판한다.

> 오늘날 성리학을 하는 사람을 이·기, 성·정, 체·용, 본연(本然)·기질(氣質), 이발(理發)·기발(氣發), 이발(已發)·미발(未發), 단지(單指)·겸지(兼指), 이동기이(理同氣異)·기동이이(氣同理異), 심선무악(心善無惡)·심선유악(心善有惡)을 말하여 세 줄기 다섯 가지로, 천 가지 만 잎사귀로 털 같이 나누고 살같이 쪼개어 서로 성 내고 서로 떠든다.

그리고 다산은 성리학의 논쟁이 객관적 합리성을 벗어나 당파적인 분열을 일으키고 있는 현상을 깊이 혐오하고 있다.

　　동쪽으로 두드리고 서쪽으로 부딪치며, 꼬리만 잡고 머리를 빠뜨
린 자가 문(門)마다 기(旗) 하나씩 세우고 집마다 진(陣) 하나씩 쌓
아서, 세상이 다하도록 그 송사(訟事)를 능히 결단하지 못하고, 대를
전해가도 그 원망을 능히 풀지 못한다. 들어오는 자는 주인이 되고
나가는 자는 종으로 여기며, 뜻이 같은 자는 추대하고 뜻이 다른 자
는 공격한다. 자기 스스로 의거하는 바가 극히 바르다 하니 어찌 어
설프지 않은가.

　다산은 이미 성리학이 사변적 형식주의에 빠져 아무런 창조적 사고
를 할 수 없는 것으로 규정짓고 이기론의 논쟁에 빠져들기를 전면적으
로 거부하였다.

　　이기설은……세상을 마치도록 서로 다투고 자손에까지 전해도 끝
　이 없으니, 인생에 일이 많은데 그대와 나는 이를 할 겨를이 없다.

　다산은 그 시대의 지배이념인 성리학의 이론체계와 학풍을 과감하게
비판하고 있지만, 성리학의 문제의식이 인간의 본성과 그 근원을 탐구
하는 데 있음을 높이 평가하여 주자(朱子)가 유학을 중흥시킨 시조임
을 긍정한다. 그는 한학(漢學)이 고고(考古)를 방법으로 삼았으나 명변
(明辨)이 부족하여 '배우면서 생각하지 않는'[學而不思] 폐단이 있고,
송학(宋學)은 궁리(窮理)를 주장하여 고거(考據)에 소홀함으로써 '생각
하면서 배우지 않는'[思而不學] 허물이 있음을 지적하여, 자신이 지향
하는 학문적 성격을 암시하고 있다. 그것은 경전에 입각하여 한학(漢
學)의 훈고적(訓詁的) 방법과 송학(宋學)의 심성론적(心性論的) 과제
를 종합 · 지양하는 것이라 할 수 있다. 여기서 다산은 성리학의 기본개
념이나 주자의 기본명제도 거부하지만 그 추구하는 목표는 계승하고

있음을 보게 된다.

> 오늘날 사람이 성인(聖人)이 되고자 하지만 할 수 없는 것이 세
> 가지 있다. 천(天)을 이(理)라 하는 것, 인(仁)이란 만물을 생성하는
> 이[生物之理]라 하는 것, (중용의)용(庸)을 평상(平常)이라 하는 것이
> 다. 만약 신독(愼獨)함으로써 하늘을 섬기고, 강서(強恕)함으로써 인
> (仁)을 구하며, 항구하여 쉬지 않을 수 있다면 이러한 사람이 성인
> 이다.

한학과 송학을 비판적으로 극복한다고 할 때 다산은 주자학의 정통
주의를 넘어서 양명학이나 서학도 독창적 관점에서 섭취할 수 있었던
것이다. 그것은 경전의 새로운 조명이요, 현실과 미래를 향하여 열려
있는 새로운 합리적 체계를 구성하기 위한 탐색이라 할 수 있다.

(다) 욕구와 의지의 개체적 인간

인간의 본질을 해명하려는 노력의 과정에서 성리학은 인간과 우주를
하나의 원리 속에 일치시키고 인간과 만물을 그 원리로 일치시켰다. 여
기서 태극·음양의 이기론으로 인간이 분석되었을 때 우주론적인 보편
성에 따른 형식적 구조는 제시되었지만, 인간의 고유성은 희미해지고
말았던 것이다. 물론 성리학도 인간의 도덕적 성장을 추구하는 수양론
에 깊은 관심을 기울였지만, 그것은 인간의 개체적 감정이나 의지를 억
제하고 인간에 내재한 보편적 본성이 발휘되어 인간의 모든 기질적이
고 신체적인 욕구를 지배하게 되는 상태에서 도덕성이 실현되는 것으
로 이해되었다.

다산은 오히려 인간 내면에 도덕적 실체가 선천적으로 부여되었다는
신념을 거부하고 행동으로 나타난 결과에서 도덕성이 이루어질 수 있

는 것으로 파악하였다. 따라서 그는 인간 본성 속에 보편적인 도덕적 실체가 이미 있기 때문에 내면적 성찰을 통해 인간적 가치를 실현할 수 있다는 입장은 바로 성리학이 선학(禪學)의 영향을 받았기 때문이라 비판하였다. 그리고 그는 인간에겐 선천적으로 신체와 정신이 결합되어 있으며, 원욕(願欲)이 있음을 강조한다. 신체와 정신이 오묘하게 결합된 인간의 전체적 모습을 신(身) 또는 기(己)라 하며, 심(心)·신(神)·영(靈)·혼(魂)의 명칭은 인간을 분석할 때 정신의 면을 지적하기 위해 빌어다 쓴 말이라 하였다. 여기서 다산은 인간을 정신과 신체로 분리되기 이전의 전체적인 통일의 존재로서 먼저 제시하고 있음을 주목할 필요가 있다.

그리고 이 인간은 정신과 신체의 결합을 관념적인 구조로 밝히고 그칠 수 있는 것이 아니라 살아서 움직이는 존재이다. 다산은 인간 내면에 본래적으로 존재하는 욕심이 있음으로써 모든 일을 일으킬 수 있는 것이라 한다. 이러한 욕심이 인간을 행동하게 하고 살아가게 한 원동력이라 볼 수 있다. 따라서 그는 욕(欲)을 제거한다는 것이 선(善)을 위한 방법이 아니라 삶을 포기하는 것이라 지적한다. 욕이 선을 지향하게 할 수 있고 악(惡)을 지향하게 할 수도 있지만 욕 자체를 부정하는 입장을 거부하고 있는 것이다.

> 어떤 사람이 있는데, 그 마음이 고요하여 욕(欲)이 없어서, 선도 할 수 없고 악도 할 수 없으며, 문학도 할 수 없고 산업도 할 수 없다면 단지 이 세상에 버려진 물건이다. 사람이 어찌 '욕'이 없을 수 있겠는가.

다산은 욕을 긍정하여 인간이 자기 존재의 밖으로 향한 행동의 원동력을 확인해 주고 있다. 신체를 가진 인간이 생(生)·양(養)·동(動)·

각(覺)으로 활동하는 근거는 혈(血)과 기(氣)가 있기 때문이라 하고, 여기서 신체적 생명력의 기본요소인 혈액(血液)을 부리는 힘을 기(氣)라 하며, 맹자를 따라 기를 거느리는 장수를 지(志)라 하였다. 특히 다산은 이기설의 기와 구별하여 개인의 신체 속에 충만되어 있는 체력으로서의 기를 제시하고 또 기를 지배하는 '지'를 지적함으로써 개인의 내면적 의지를 부각시키고 있는 것이다. 그에 있어서는 인간에 선천적인 결정적 요인이 지배하는 것이 아니라 인간의 능동적 의지의 작용이 중요한 것이다. 선은 인간 본성 속에 내재한 것이 아니고 악이 인간 신체에로 귀속되는 것이 아니다. 그것은 선 또는 악에로 지향하는 의지의 결정에 따른 결과일 뿐이다. 따라서 다산이 발견한 인간은 보편적 원리로 해소되지 않는, 욕구와 의지를 지닌 구체적이고 개체적인 인간이다. 여기서 인간은 우주와 만물과의 관계를 맺으면서도 이들로부터 독립된 존재이며 자기 독특성을 지닌 존재로 나타나게 된다. 그리고 이 인간의 세계는 보편적이고 고정된 선천적인 내면적 실체를 통해 드러나는 것이 아니라, 시간과 공간 속에서 다른 인간이나 사물과 관계를 맺는 행위를 통하여 형성되어 가는 것이다.

3) 심(心)의 고유성과 자율성

(가) 심(心)−신형묘합(神形妙合)의 추뉴(樞紐)

다산은 정신과 신체가 묘합하여 인간이 이루어진다고 정의하며, 이때 정신은 형체가 없는 요소를 가리켜 신(神)이란 명칭을 빌려 쓴 것이요, 무형한 정신과 유형한 신체를 오묘하게 결합시키는 추뉴(樞紐)가 되는 것은 심장(心臟)에서 이름을 빌려와 심(心)이라 한다고 해명하였다. 심이 무형한 정신만을 가리키는 것이 아니고 죽어서 신체를 떠난 혼(魂)과도 구별되는 특징적인 사실은 신체와 정신을 결합시키는 힘이라 지적되고 있는 것이다. 이것은 바로 분해될 수 없는바 살아 있는 인간존재의 생명이요, 또한 개체적인 인간존재의 핵심으로서 심을 제시하고 있는 것이다. 따라서 그는 심이란 것은 활동신묘(活動神妙)하다고 강조하고 있다. 그는 또한 심과 신(身)을 분리시킬 수 없음을 지적하여 심을 바르게 하는 것과 신을 바르게 하는 것이 별개의 공부일 수 없다고 밝혔다. 신체에서 분리될 수 없으며 신체 속에 깃들여 인간을 형성하는 핵심적인 생명력을 심이라 파악할 때에는 심이 '이'나 '기'로서의 개념으로 환원될 수 없는 것이 다산의 입장이다.

다산은 심을 해명하는 과정에서 세 가지 형태로 분석하고 있다. 첫째 오장지심(五臟之心), 둘째 영명지심(靈明之心), 셋째 심지소발지심(心之所發之心)이다. '오장지심'은 곧 심장이니 신체의 한 부분이다. 다산이 말하는 심은 심장이 피를 순환시켜 신체적 생명을 유지하는 기능을 하는 점에서 서로 연관성 내지 유기성을 지니고 있지만, 심이 인간의 생명인 만큼 동물적인 신체적 생명의 단계에 그치는 것이 아니다. 인간의 심은 '영명지심'이요 '심지소발지심'에서 그 고유한 면모를 볼 수 있다. '영명지심'은 심의 본체요, '심지소발지심'은 심의 작용으로 분석하여 파악할 수 있다. 다산은 심체(心體)는 허령(虛靈)하며 만물에 묘응(妙應)한다 하고, '영명지본체'(靈明之本體)·'허령본체'(虛靈本體)·'영명묘응지체'(靈明妙應之體) 등으로 언급하였다. 이러한 '영명본체'(靈明本體)로서의 심은 어떤 초월적이거나 형이상학적 실재도 아니고, 신체적이고 동물적인 물질도 아니며, 오직 인간의 고유한 생명적 실체인 것이다. 또한 이 심은 선과 악으로 규정되기 이전의 자연적 현실존재이며 이와 기로 분석될 수 있는 인간적 고유성을 확보하고 있다. 그것은 무형한 신(神)도 아니고 유형한 장(臟)도 아니며, 그들을 묘합하여 인간 생명을 형성하고 있는 것이다. 따라서 다산에 있어서 인간의 내면적 실체는 심을 넘어서는 무엇이 있을 수 없다. 신체에서 분리된 정신이나 정신에서 독립한 신체가 인간의 궁극적 실재일 수 없다고 보는 것이다. 다산의 인간본질에 대한 철학적 이해의 초점은 바로 심의 해명에 있다고 할 수 있다.

'심'이 영명(靈明)하거나 허령(虛靈)하다는 것은 심이 물질적인 신체성에 제약되지 않는 기능이 있음을 보여 준다. 다산은 심을 인간의 신명(神明)이 사는 집[心者, 吾人神明之所宅]이라고 하였다.

신명이 심을 집으로 삼는다는 말은 인간의 심이 갖는 근본기능이 신명이란 말이 된다. 따라서 인간은 고정된 실체로서의 심을 가진 것이 아니라 신명이 발휘되는 활동적 심을 지니고 있다. 여기서 심의 본체적인 면은 바로 그 작용적인 면을 발휘하는 데 존재 이유가 있는 것이다. 심은 심 그 자체를 반성적으로 관조할 수는 있지만 심의 본체를 내향적으로 관조하는 것이 목적이 아니라 심을 발휘하는 데에로 나오는 외향적 방향에서 그 가치를 지니는 것이다. 곧 다산은 선가(禪家)의 면벽관심(面壁觀心)을 괴이한 것이라 부정하고, 유가(儒家)의 존심양성(存心養性)의 방법에서도 행위 속에서 추구하는 것과 정좌(靜坐)한 때에 추구하는 것을 구분하여, 전자의 동존동양(動存動養)의 방법을 맹자의 본래적인 것으로 보고 후자의 정존정양(靜存靜養)의 방법을 송학(宋學)의 변형으로 보았다.

'심지소발지심'은 바로 발휘되어 나타난 심의 현상이다. 측은[惻隱]·수오(羞惡)의 선심(善心)도 나타나고 비사(鄙詐)·이만(易慢)의 악심(惡心)도 나온다. 이렇게 나타난 소발지심(所發之心)은 무수히 많으나 그 본체는 영명지심(靈明之心) 하나인 것이다. 그는 심을 "속에 함축되어 있어 밖으로 운용하는 것"이라 하여, 본체의 근거와 현실 속의 발현

을 결합시킨 심의 통일성을 명백히 지적하였던 것이다. 다산은 본체로
서의 심에 고정된 형식으로서의 규정을 피하고 현실 속에 존재하는 인
간 생명의 통합적이고 독자적인 중심으로 파악하였다. 따라서 그는 심
을 본래 "활동하여 고정되지 않는 것"[活動不定之物]이라고도 지적하
면서, '심'의 작용이 나타날 수 있는 두 가지 양상으로서 「서경」(書經,
大禹謨)의 인심(人心)·도심(道心) 및 「맹자」(告子上)의 대체(大體)·
소체(小體)를 이끌어 쓰고 있다. 인간의 심은 곧 천명(天命)의 도의(道
義)를 따라 나타나는 도심과 물질적인 신체를 따라 나타나는 인심의
두 양상을 보인다. 인간이 신체와 정신의 결합이요, 곧 무형하고 영명
한 '대체'와 유형한 구각(軀殼)인 '소체'의 결합인 한, 도심과 인심은 심
이 일으킬 수밖에 없는 분열의 두 가지 방향이다. 다산은 도심과 대체
에 선의 가치를 부여하고 있지만, 인간 안에서 도심과 인심의 대립이
있다는 현실에 주목하고 있다. 그가 인간의 심을 하나의 갈등하는 전장
(戰場)으로 규정하는 것은 특히 경험적 현실 속에서 파악하는 것이다.
그것은 가장 개체적이면서 일반적인 인간의 현상을 드러내는 것이고,
또한 삶의 현실에서 결단과 행동을 요구받는 독립적이고 자율적인 인
간을 제시한 것이라고 할 수 있다.

(나) 심의 기호(嗜好)로서의 성(性)—선(善)

인성의 문제는 일찍이 맹자의 시대에 중요한 논쟁점으로 등장할 만큼
관심을 모았었고, 맹자의 성선설과 고자(告子)의 성무분어선악설(性無
分於善惡說) 및 순자(荀子)의 성악설(性惡說) 등의 다양한 입장이 제시
되었다. 그리고 한대(漢代) 양웅(揚雄)의 성선악혼설(性善惡混說)이나
당대(唐代) 한유(韓愈)의 성3품설(性三品說)이 나타날 만큼 관심은 지
속되었으나, 결정적으로 인성론을 문제 삼은 것은 송학에 이르러서였다.

송학은 인성을 철학적 과제의 핵심에 두었고 여기서 도통(道統)을 재천
명함으로써 성리학이란 명칭도 부여받게 되었다고 할 수 있다.

　다산은 바로 성리학에서의 기본개념인 성(性)을 중요 문제로 받아들이
면서도 이를 재해석함으로써 자신의 철학적 내지 인간학적 성격을 정립
하였다고 하겠다. 그는 성을 형이상학적 실체로서 인정하지 않으며 '이'도
실재성을 거부함으로써 성리학의 체계를 근본적으로 부정하고, 그 대신
인간 생명의 실체는 심이요 성은 심의 선천적 속성으로 규정하였다.

　다산은 우선 성을 심의 기호(嗜好)라고 규정한다. 허령지본체(虛靈之
本體)는 '대체' 또는 심이라 일컬을 수 있지만 성은 본체일 수 없고 선
천적으로 부여된 본체의 호오(好惡)하는 성질을 일컫는 것이다. 여기서
인성의 호오하는 성질은 일단 감성적인 것이요, 다산이 인간의 감정적
인 면을 중요시하는 것이라 볼 수 있다. 그러나 인성이 성의 감각적 호
오(好惡)로서만 한정되는 것은 아니다. 성은 「중용」에서 제시한 대명제
인 '천명지위성'(天命之謂性)이요, 하늘로부터 부여된 선천적인 것인 만
큼, 대상의 자극에 따라 변하는 감각적인 것을 넘어서 근본적 속성을
가리키는 것으로 이해되었다. 다산은 기호에게 '눈앞의 탐락'[目下之耽
樂]과 '필경의 생성'[畢竟之生成]의 두 가지가 있음을 분석하고 있다. 꿩
이 산을 좋아하고 사슴이 들을 좋아하는 것과 같은 '눈앞의 탐락'은 감
성적인 것이지만, 벼(稻)가 물을 좋아하고 기장(黍)이 마른 것을 좋아하
는 것과 같은 '필경의 생성'은 감성적인 것을 넘은 선천적 자연성이요
근본속성이라 할 수 있다. 그는 인성이 기쁜 것을 즐거워하고 악한 것
을 부끄러워하는 것을 의학(醫學)에서 말하는 '선천연'(先天然)이라 하
고, "만물이 각각 한 '성'을 가져 '기호'로써 살아갈 수 있게 한 것이 천
명이요, 천명은 언제나 자연과 같으니 자연한 것을 천성이라 한다" 하
여 '기호'의 성이 곧 천명의 선천적 자연성 내지 천성(天性)임을 제시하

였다. 그는 성이 심의 기호로서 지닌 의미를 욕(欲)·낙(樂)·성(性)의 세 가지 사이의 관계를 통해 보여 준다. 욕은 낙보다 천근(淺近)하고 낙이 다음이고 성은 가장 깊은 것이다. 그러나 이 셋은 같은 류(類)에 속하므로 성을 기호라고 할 수 있다는 것이다. 여기서 다산은 심의 속성으로서 성을 기호라고 서술하면서 성이 감성적 호오(好惡)를 포함하면서도 선천적 자연성을 의미하고 있음을 확인할 수 있다.

다음으로 다산은 성을 기호라 하고 자연이라 해명하면서 특히 인성은 선을 즐거워하고 악을 싫어하며[樂善惡惡], 덕을 좋아하고 더러움을 부끄러워하는[好德恥汚] 등 선을 기호하는 것이라 규정하고 있음을 본다. 여기서 다산이 지적하는 성은 사욕에 지배되는 인심이 아니라 대체로서의 심이 갖는 기호인 것이다. 그는 인성이 선을 기호하는 증거로서 '현재의 징험'[見在之徵驗]과 '필경의 공효'[畢竟之功效]의 두 형태를 들고 있다. 도둑이 악을 저지르고 나서도 사람들이 모르고 청렴하다고 하면 좋아하는 것이 '현재의 징험'의 예이다. 벼가 물을 좋아하는 성질을 충족시켜 준다면 마침내 잘 자라게 될 것처럼 사람이 선을 쌓아 가면 마침내 훌륭한 인간이 되는 것은 '필경의 공효'의 예이다. 물론 인간의 성이 선을 좋아하는 것이라는 신념은 일종의 독단이라 할 수 있다. 그러나 그는 이 성은 인간의 고유한 심에 주어진 천명임을 강조하여 인간이 천(天)에로 지향할 수 있는 선천적 근거로 삼고 있다고 하겠다.

다산은 인성이 선을 기호하는 것이라는 사실과 더불어 인성에는 도의(道義)와 기질(氣質)의 두 요소가 결합되어 있다는 사실의 전제 위에서 기질의 요소만 지닌 동물이나 사물의 물성(物性)과 같을 수 없음을 밝히고 있다. 개는 도둑을 보고 짖기만 할 뿐이지만 사람은 소리를 질러 쫓을 수도 있고 계교를 꾸며 잡을 수도 있다. 사람의 의지는 항상 두 갈래로 상반된 것이 작용하는 가운데 선을 기호하는 것이다. 그렇다

면 인간은 본능에 따라 기계적으로 반응하는 존재가 아니라 심의 사고
및 의지작용과 더불어 선택적이고 결단적인 행동을 하는 존재이다. 이
러한 인간의 성은 사물의 성과 본질적으로 구별되는 것으로 파악하여
사람과 사물의 기질적 차별을 넘어서 보편적으로 부여되는 본연지성
(本然之性)이 있다는 성리학의 주장을 정면으로 거부하였다.

(다) 심(心)의 자주권(自主權)과 덕(德)

인성이 선을 기호하는 것이라 하더라도 성은 심의속성인 만큼 행위
의 주체는 심일 수밖에 없는 것이 된다. 그리고 여기서 인간의 심은 활
동하여 고정되지 않는[活動不定] 것으로서 기계적으로 결정되어 있는
것이 아니며, 대체와 소체 내지 도의와 인욕 사이에 갈등을 하는 것이
므로 인간의 성이 선을 기호한다고 언제나 선한 행위를 하는 것은 아
니다. 다산은 지금까지 인성론의 여러 입장도 인간의 심성(心性)관계에
대해 파악하는 입장의 차이에서 오는 것이라 해명한다.

> 맹자: 성선설−도심에 근거하여 선악을 명백히 구별하고 덕을 좋
> 아하고 악을 부끄러워할 수 있음을 성이라 함.
> 순자: 성악설−인심에 근거하여 재물을 탐내며 아름다운 빛을 좋
> 아하고 편안한 것을 그리워하고 고귀한 것을 사모하여 선을 하기
> 어렵고 악을 하기 쉬움을 성이라 함.
> 공손자(公孫子): 성무선악설(性無善惡說)−도심이 주체가 되면 선
> 을 할 수 있고 인심이 주체가 되면 악을 할 수 있다. 선악은 일을 행
> 한 다음에 이루어지니 태어날 때부터 정해지지 않은 것을 성이라 함.
> 양웅(揚雄): 성선악혼설(性善惡混說)−도심과 인심이 교대로 발동
> 하여 서로 싸우는 것을 성이라 함.

여기서 다산은 인성의 고유성을 그대로 지적한 것을 맹자로 보고 다

른 입장은 모두 형질적인 것과 결합시켜 성을 설명한 것이라 비판하고
있지만, 그러나 심의 다양한 작용 현상에 각각의 주장 근거가 있음을
긍정하였다. 이러한 분석에서 다산은 맹자의 성 개념을 받아들이고 있
지만 인간의 심이 선악으로 결정되어 있지 않으므로 가능성 속에 열려
있다는 사실을 특히 강조하고 있다. 따라서 물이 아래로 흐르듯이, 불
이 위로 타오르듯이 일어나는 자연적 필연성은 선이 인간의 공(功)이라
할 수 없음을 지적하였다. 그는 벌이 여왕벌을 호위하는 것은 충(忠)일
수 없으며 동물의 고정된 심[定心]에서 나오는 것이나, 인간은 심이 개
방되어 있어서[不定] 선을 할 수도 있고 악을 할 수도 있으므로 그 결
정권이 자신에 있다는 사실에서 동물과 결정적인 차이를 밝혔다. 이것
이 곧 하늘이 인간에게 부여해 준 자주지권(自主之權)이며, 인간에게
심의 자주권이 있으므로 선을 한 것은 자신의 공이 되고 악을 한 것은
자신의 죄가 된다는 사실을 강조하였다. 인간의 심에 부여된 자주권은
인간존재가 본능에 의해 결정되어 있지 않다는 개방성에서 심이 자율
성을 지니고 있는 것이요, 또한 의지의 자유가 주어져 있음을 말한다.
다산은 바로 심의 자주권 속에서 인간본질의 고유성과 인간의 도덕적
근거를 수립하였던 것이다.

　성리학에서 인간의 도덕적 근거를 내면적 본질로서의 성에서 찾고
인·의·예·지의 보편적인 도덕적 가치가 바로 내면의 성을 구성하고
있는 것으로 제시해 왔다. 이에 대해 다산은 성이 심의 속성이지 본질
일 수 없다는 전제 위에서 인·의·예·지가 인간의 내면 속에 선천적
으로 내재되어 있는 것이 아니라 인간행동의 결과로서 획득되는 것이
라 밝혔다. 따라서 다산은 성리학에서 이해되는 것처럼 측은지심(惻隱
之心)·수오지심(羞惡之心)·사양지심(辭讓之心)·시비지심(是非之心)
의 '사단'(四端)은 내면의 성(仁·義·禮·智)이 현상적인 심에로 나타

난 단서(端緒)가 아니라, 심체의 다양한 작용 가운데 인·의·예·지라는 덕에로 지향하는 단시(端始)라 보고 있다. 이 '사단'에 대한 해석에서 성리학은 심을 통하여 내면의 성에로 수렴시켜 내향화하고 있다면, 다산은 심에서 출발하여 행위의 덕에로 확산하여 외향화하는 정반대의 입장을 취하고 있다. 그는 덕이 내면 속에 선천적으로 주어진 것으로 보면 사람의 임무는 향벽관심(向壁觀心)하는 선가적(禪家的)인 데 빠질 것이라 비판하였다.

다산은 심에 본래적으로 덕이 내재되어 있는 것이 아니라는 입장 위에서 인간이 선을 좋아하는 성에 따라 직심(直心)을 행한 것이 덕이요, 덕은 행위의 결과인 것이라 보았다. 따라서 다산은 행위를 중요시하며 도덕적 실천을 강조하는 것이다. 그가 불교의 치심법(治心法)은 치심(治心)을 일삼는 것[以治心爲事業]이지만 유교에서는 행동함으로써 치심하는 것[以事業爲治心]이라 대비시키고 있는 도덕의 실천적 성격을 강조하는 입장에서 나온 것이라 하겠다. 그는 인간을 미결정적 가능성의 존재로서 행동 속에 그 도덕성을 발휘할 수 있는 것으로 규정하여, 도덕적 추구를 내성적인 태도로부터 행동적인 태도로 전환시킬 수 있는 인간이해를 시도하였던 것이라 볼 수 있다.

4) 인도(人道)의 실천성과 사회성

(가) 인도(人道)—서(恕)

「주역·계사전(繫辭傳)」에서 "형이상자를 도라 한다"(形而上者謂之道)하고 "한번 음이 되고 한번 양이 되는 것을 도라 한다"(一陰一陽之謂道)하며, 공자가 "아침에 도를 들으면 저녁에 죽어도 좋다"(朝聞道,

夕死可矣)라 하여 도는 초월적이고 궁극적인 개념으로 이해되는 것이 상식이다. 그러면서 「중용」에서 "도는 잠시도 떠날 수 없다"(道不可須 臾離也)라 하여 인간의 삶과 떠날 수 없는 근본개념이 되고 있다. 더구나 성리학에서는 태극·천(天)·성(性)·이(理)와 더불어 도는 보편적 궁극 실재로 제시되어 왔다.

다산에 있어서도 도는 천도(天道)와 인도(人道)로 구분되어 이해된다. 그러나 그는 천도란 물리적 자연법칙이나 질서를 뜻하는 것으로 이해하며, 그의 관심은 일단 천도에서 분리하여 인간 세계의 인도에 집중되고 있다. 그는 「중용」을 인도로만 규정하여 천·인에 일관하는 보편적인 도를 강조하지 않는다. 그것은 다산이 천을 초월적 주재자로서 명령하는 존재로 파악하는 그의 천관(天觀)을 배경으로 하고 있다. 물론 그에게 있어서 천과 인간의 관계는 근본적 중요성을 갖는다. 그는 '도심'에 '천'의 후설(喉舌)이 맡겨져 있어서 인간은 순간순간 '천'의 명령을 받는 것이라 한다. 다만 이 명령에 따르는 길이 인도라 할 수 있다. '천'은 후설(喉舌)로 명령할 수 있을 만큼 인격신적 초월성을 지닌 존재로 이해될 때 인간은 인도에 충실함으로써 '천'을 만날 수 있는 것이다.

다산은 도를 "이곳에서 저곳으로 가는 길"이며 "사람이 말미암는바"라고 지적하였다. 그것은 도를 초월적 관념이 아니라 현실적 실천으로 이끌어가는 해석이라 할 수 있다. 주자에 있어서도 '솔성지위도'(率性之 謂道)를 주석하면서 "일용사물의 사이에 언제나 각각 마땅히 가야 할 길이 있다"라 언급하였다. 그러나 그 당위적인 실천의 길을 밝히는 것을 일삼기보다 그 길을 가는 것이 실천이요 도라 할 수 있다. 다산의 관심은 도를 그 당위성의 근거를 밝히는 데 두는 것이 아니라 실천의 규범으로서 추구하였다.

나도 한 사람이고 저쪽도 한 사람이다. 두 사람 사이에는 교제가
생긴다. 이 만남[際]을 잘하면 효(孝)·제(弟)·우(友)·자(慈)·충
(忠)·신(信)·목(睦)·연(嫺)이 되지만, 만남을 잘못하면 패(悖)·역
(逆)·완(頑)·은(罵)·간(奸)·특(慝)·원악(元惡)·대대(大憝)이 된
다. 우리 도(유교)는 무엇 하는 것인가. 그 만남을 잘 하는 데 지나
지 않을 따름이다.

'만남을 잘하는 것'[爲善於際]을 도라고 규정하는 속에서 다산이 지
향하는 인도의 성격이 단적으로 제시되고 있음을 본다. 곧 인도는 인간
과 인간의 만남의 방법이요 원리인 것이다. 그러나 이 속에는 성(천명
→도심)을 따르는 것으로서의 도가규범으로서 놓여 있음을 인식하여야
한다.

이러한 이해 위에서 다산은 「논어·이인(里仁)」의 '일관지도'(一貫之
道) 내지 「대학」의 '혈구지도'(絜矩之道)를 서(恕)로서 해명하고 있다.
공자가 '나의 도는 하나로 꿰뚫었다'라 한 데 대하여 증자(曾子)가 그
도를 충서(忠恕)라 제시하였고, 주자가 "진기(盡己)를 충(忠)이라 하고
추기(推己)를 서(恕)라고 한다"라 주석하였다. 그래서 다산은 충과 서
를 체·용, 천도·인도, 본·말, 주·객 등으로 분석하기를 거부하고 오
직 '서'로서 일관하는 것임을 밝히며, 충서(忠恕)는 실심(實心)으로 행
서(行恕)하는 것을 뜻하는 것으로 해석하였다. 그가 충서에서 충을 실
심이라 하여 형용사적인 것으로 넘기고 '서'에 도의 핵심내용을 담고
있는 것은 바로 도를 인간과 인간의 만남으로 파악하고 있기 때문이다.
여기서 또한 다산은 '서'에 '추서'(推恕)와 '용서'(容恕)의 두 가지 종류
가 있음을 지적하고 '서'를 주자가 말하는 '용서'의 뜻이 아니라 '추서'
의 뜻임을 강조하였다. '용서'는 감정적 포용이나 '추서'는 자신을 수양
하는 규범으로서 「중용」의 "자기에게 베풀기를 원하지 않으면 남에게

베풀지 말라"(施諸己而不願, 勿施於人)나 「논어」의 "자기가 하고자하지 않는 것을 남에게 베풀지 말라"(己所不欲, 勿施於人)의 뜻이라 보는 것이다. 다산은 인도를 인간과 인간의 만남이라 보면서 동시에 도심을 따르는 주체적 선의 근거를 중요시하였다. 따라서 인도로서의 '서'는 자수(自修)를 주장으로 삼고 자신의 선을 행하는 방법이라 하여, '서'의 실천과 확장을 통하여 도가 실현될 수 있는 것으로 본다.

'추서'로서의 도를 더욱 구체화한 것으로 「대학」의 혈구지도(絜矩之道)를 연관시키고 있다. 다산은 혈구(絜矩)의 해석이 "척도로써 헤아린다"(以矩絜之)와 "헤아려 척도로 삼는다"(絜而矩之)의 두 가지가 있음을 지적하고, 그는 "헤아려 척도로 삼는다"는 해석을 옳은 것으로 취하였다. 그는 또한 혈구를 "구(矩)로써 헤아리는 것"(絜之以矩)이라고도 해석한다. 이때 혈구는 상하사방을 '서'로써 헤아리는 것이요, 곧 사람과 사람의 교제하는 것이며, 심을 구(矩)로 삼아 상하사방의 교제를 헤아리는 것이라 밝혔다. 여기서 다시 한번 다산은 인도를 '서'로서 또는 혈구지도로서 파악함으로, 나의 도심에 근거하여 인간과 인간의 만남을 선하게 실현할 수 있는 원리를 제시하며, 동시에 인간의 윤리성을 인간관계의 사회적 영역에서 실천적으로 확립시킬 것을 추구하고 있음을 볼 수 있다.

(나) 인륜(人倫)—효(孝)·제(弟)·자(慈)

다산에 있어서 도는 곧 인도요, 선을 좋아하는 인성을 따라 인간과 인간 사이에서 실현하여야 하는 것이라 이해할 수 있다. 그에 있어서 도는 성에 따른 실천과정이고 덕은 실천결과라고 이해해도 괜찮을 것이다. 그렇다면 인도는 덕을 지향하는 것이며, 덕은 인간관계의 규범으로서 인륜(人倫)이라 할 수 있다. 「중용」에서 제시한 '수도지위교'(修道

之謂敎)를 다산의 입장에서 설명한다면 인도를 연마하는 것이 인간교
육이요, 인간교육은 인간관계의 규범으로서 인륜을 밝히고 실천하는 것
으로 이해된다. 그는 "인도란 인(仁)을 추구하는 데서 벗어나지 않으
며, 인을 추구하는 것은 인륜에서 벗어나지 않는다"하고, "모든 예제
(禮制)와 천하만사가 모두 인륜에서 일어나며, '서'는 인륜에 처하는
것"이라 하여, 인도-인(仁)-서(恕)-인륜의 연관성을 제시하였다. 여
기서 다산의 실천적 도는 인륜이란 규범을 요구하며, 인륜은 인간행위
의 근본적인 규범이 되고 있음을 확인할 수 있다.

　다산은 주자에 의하여 대학 제1장이 3강령과 8조목으로 분석되고 있
는 체계에 대하여 명명덕(明明德)·신민(新民)·지어지선(止於至善)의
3강령이 아니라 명덕(明德)의 1강령이 있고, 격물(格物)·치지(致知)에
서 치국(治國)·평천하(平天下)까지의 8조목이 아니라 효(孝)·제(
弟)·자(慈)의 3조목이 있을 뿐이라 주장한다. 대학의 기본체계를 재편
성하려는 다산의 태도는 도를 실천적이고 윤리적인 인도로서 파악하는
그의 기본입장을 보여주는 것이다. 그는 치심(治心)을 궁극적 과제 내
지 도로 삼는 것이 아니라, 인륜의 실천이 바로 치심(治心)하게 되는
도라고 주장하고 있다. 이것은 성리학의 형이상학적 관념체계로부터 벗
어나 현실적 인간관계 속에서 실천규범을 확립하려는 다산의 기본입장
에서 제시된 주장이다.

　대학의 기본강령을 명덕이라 지적하고, 명덕은 곧 인륜이요, 따라서
명덕을 밝히는 것 [明明德]은 바로 인륜을 밝히는 것이 된다. 그리고
친민(親民)은 명덕 내지 인륜을 인간관계 속에서 실천하는 것으로서,
명덕(인륜)을 효·제·자라 할 때, 친민은 노인을 노인으로 대접하고
[老老]·어른을 어른으로 대접하고 [長長]·고아를 긍휼히 여김[恤孤]
으로서 제시되며, 지선(至善)도 인륜의 지덕(至德)으로서 실천의 극치

를 의미하는 것이다. 다산은 명덕을 오륜(五倫)으로서도 이해하여, 부자·군신·부부·장유·붕우의 인간관계 규범인 오륜이 의(意)·심(心)·신(身)·가(家)·국(國)·천하(天下)에 적용될 때 곧 성의·정심·수신·제가·치국·평천하가 성취되는 것이라 하고 오륜은 수기(修己)와 치인(治人)을 포괄하는 것이라 언급한다. 또한 그는 「대학」도 태학(太學)을 가리킨다 하며, 태학이나 향교(鄕校)에 명륜당(明倫堂)이 있는 것도 바로 「대학」의 도가 인륜을 밝히는 것임을 보여주는 예로 들고 있다.

다산이 「대학」의 주석을 통하여 인도를 인륜으로 밝히고, 인륜을 효·제·자의 인간관계 속에 작용하는 규범으로 파악하는 것은 그의 현실적 실천론인 동시에 결과론적인 가치론을 제시하는 것이다. 곧 그는 인간이 자율적이고 고유한 존재로서 그 인간이 그 자신에게 부여된 하늘의 명령을 실현하는 것이 인간의 완성이라고 한다면, 인간의 자기실현은 도덕적 성취에서 가능할 수 있는 윤리적 가치를 지니는 것으로 이해하였다. 그리고 다산은 인간의 근본가치로서의 인륜을 인간관계의 도덕성에서 찾고 있는 사실에서 인간존재의 본질적 성격으로 사회성을 발견하였던 것이다.

이러한 인륜의 인간관계적 사회성에서 다산은 유교의 기본적인 덕목인 '인'을 재해석할 수 있게 된다. 그는 '인'을 '천지가 만물을 생성하는 마음'[天地生物之心]이라거나 "마음의 덕이요 사랑의 '이'이다"[心之德, 愛之理]라는 주자의 해석에 정면으로 반대하여, "'인'은 곧 인간이다"[仁也者人也]라는 맹자의 언급을 그대로 받아들이면서 '인'을 옛 전자(古篆字)의 자형이 人人을 중첩시킨 글자임을 지적하였다. 그는 '인'은 두 사람의 일이요, 부자·군신·부부 등 두 사람 사이에서 그 직분을 다하는 것이라 하여 한 사람으로서는 '인'이 나타날 수 없다고 한다. 다시 말하면 다른 인간과의 관계없이는 인간적 가치가 나타날 수 없다는 것이다. '인'을 인간관계에서 그 직분을 다하는 것이라 할 때, 아비는 자식에 대해 자(慈)하고, 자식은 아비에 대해 효하며, 형은 아우에게 우(友)하고, 아우는 형에게 공(恭)하며, 군신·부부·붕우·민목(民牧) 등의 사이에서도 인간관계의 갖가지 덕이 나타나는 것이다. 이러한 실천 속에 덕 내지 인이 실현되며, 인륜이 밝혀지게 된다. 다산은 효·제·자를 인륜의 기본 형태로 제시하지만, '인'은 바로 그 전체라 하고, '서'를 효·제·자하여 인을 이루는 것이라 하였다. 여기서 다시 다산에 있어서 인도와 인륜의 일관성을 확인할 수 있으며, 그 인간관계의 사회적 실현 속에 윤리적 가치의 기반을 두고 있음을 인식할 수 있게 된다.

(다) 치인(治人)−친민(親民)의 추구

'인'은 인륜의 성덕(成德)이라는 다산의 언급에서 '인'이 인륜 속에서 지니는 본질적 위치를 재음미한다면, 그가 '인'을 인간을 향한 사랑[嚮人之愛]이라고 규정한 것을 다시금 주목하게 된다. 곧 인륜은 인간에 대한 사랑을 본질적 내용으로 하고 있는 것이라 할 수 있다. 이 '인'은 효·제·자의 다양성을 통해 인간관계를 사랑으로 맺게 하는 최고의 당위규범이다. 따라서 「대학」의 명덕 곧 인륜은 모든 인간 속에서 친민으로 실현되어야 할 것으로 이해될 수 있게 된다. 다산은 맹자가 "위에서 인륜을 밝히면 아래에서 백성이 친애한다"(人倫明於上, 小民親於下)라고 한 말을 인용하여 인륜이 백성의 친애로 현실화되는 것임을 확인시키고 있다. 여기서 '인'이 근본적 도덕규범이라면 효·제·자는 친족적인 범위를 넘어서 국가의 통치 질서 속에서도 적용되지 않을 수 없다. 명덕·친민의 관계가 곧 수기(修己)·치인(治人)의 관계로서 이해될 수 있다.

'치인'은 다산에 있어서 본래적으로 정치적 지배행위가 아니라 인도적 자아실현이라고 할 수 있다. 「중용」에서 '이인치인'(以人治人)이라 한 속에 치(治)는 치민(治民)·치죄(治罪)의 경우처럼 다스린다는 권위적 의미가 아니라 치직(治職)·치사(治事)의 경우처럼 임무를 해낸다는 당위적 의미임을 강조하였다. 따라서 '이인치인'(以人治人)은 "인도로써 사람을 섬긴다"(以事人也)는 뜻임을 밝히고 부모를 섬기고 임금을 섬기는 일이 모두 '치인'임을 밝히고 있다. '치인'이 지배자의 특권이 아니라 모든 인간이 다른 인간에 대한 관계의 실천이라 한다면 정치적 지배·복종의 관계는 인간의 본래적인 인간관계가 될 수 없다. 세속적 현실 속에서는 비록 신분의 귀천이 있다 하더라도 다산은 모든 인간의 본질적 자기중심성 위에 인도를 정립시키고 있는 것이다. 그러므로 다산에 있어서 인도로서의 '서'내지 인륜으로서의 '인'은 '치'에 앞서서 '수기'의 문제이며, '수기'의 실현으로서 '치인'이라고 할 수 있다.

인간이 다른 인간과의 관계를 '인'이라는 사랑의 실현으로 추구한다면 인간의 사회적 신분의 차이는 본질적인 것이 될 수 없고 오히려 해소되어야 할 장애 요소에 지나지 않을 뿐이다. 논어에서 "백성을 따르게 할 수 있지만 알게는 할 수 없다"(民可使由之, 不可使知之)라고 한 말에 대하여 민중은 각성될 것이 아니라 지배되어야 한다는 뜻으로 해석하는 경우가 있다. 이에 대해 다산은 공자 자신이 "가르치는 데 구별을 두지 않는다"(有敎無類)라 하였고, 맹자에서도 "사람은 모두 요순(堯舜)이 될 수 있다"고 한 말을 이끌어 어리석은 백성이라도 향상될 수 있는 길을 막아서는 안 된다고 강조한다. 그리고 그는 "백성을 알게 할 수 없다"는 공자의 이 말은 세(勢)가 그렇다는 것이지 그렇게 하겠다는 뜻이 아님을 밝히고 있다. 여기서 다산이 봉건적 신분계급을 근원적으로 부정하고 있음을 볼 수 있다. 그는 또한 국가에서 인재를 쓰는

데 서인(庶人)과 중인(中人)을 버리고 서얼(庶孽)을 버리고 서북인(西
北人)을 버리고 당색(黨色)이 다른 자를 버리는 당시의 폐단을 통박하
면서, 지역에 구애되지 말고 친소(親疎)와 귀천을 가리지 말아야 사람
을 버리지 않는 것이라 주장하였다.

　인간사회에서 인간관계를 규정짓는 근본적 중심은 개인에게 있다. 이
개인의 중심이 사회의 제도적 중심에 의해 무시된다면 '인의'는 성립될
수 없으며 인륜도 실현될 수 없는 것이다. 그는 예(禮)를 효·제·충·
신(信)의 실천에 절문(節文)을 부여한 것이고, 악(樂)은 효·제·충·
신의 실천을 즐겁게 한 것이요, 형정(刑政)도 효·제·충·신의 실천을
도와서 이루도록 한 것이라 지적하여 교화제도가 인륜의 실현에 목적
을 두고 있음을 강조하였다.

　다산이 사회질서의 구현을 위한 제도의 연구를 체계화한 1표 2서도
'수기'의 실현으로서 '치인'의 방법을 제시하는 것이었다. 그는 「경세유
표」에서 행정제도를 논하면서도 법(法)의 본래 정신이 '예'에 있으며,
'예'란 천리(天理)와 인정(人情)에 합당한 것임을 강조하였다. 형률(刑
律)을 다룬 「흠흠신서」에서 옥사(獄事)를 결단하는 근본이 흠휼(欽恤)
에 있으며, 곧 일을 엄숙히 다루되 인간을 사랑하는 것임을 밝혔다. 그
리고 「목민심서」도 치자(治者)로서의 목(牧)이 민(民)을 위해 있는 것
이지 민이 목을 위해 생긴 것이 아님을 전제하여, 치자는 민속에서 민
에 의해 추천된 존재임을 주장하는 민본원리(民本原理) 위에서 논의하
였던 것이다. 따라서 다산의 정치사상도 '수기'와 '치인'의 인도적 일관
성 속에서 인륜의 실현으로서의 정치요 치민(治民)이므로 법과 제도
위에 언제나 인간이 엄연히 존재하는 것이다. 법과 제도를 수단으로 하
고 인간을 목적으로 하는 가치질서를 망각한다면 법치주의는 될 수 있
을지라도 인도주의에는 역행하는 것이라 하지 않을 수 없다.

5) 다산 철학의 귀추(歸趨)

다산의 사상이 내포하고 있는 철학적 기반은 인간문제의 새로운 해명을 통한 인간학적 구조를 보여 주고 있다. 그것은 곧 유학사에 있어서 획기적인 업적이라 할 수 있는 경전주석의 방대한 체계를 통하여 추구되었으며, 정치제도에 관한 설계를 통하여 관철되었다.

먼저 다산의 인간학적 관심의 사상적 배경을 검토해 보면 유학의 근본사상 속에 놓여 있는 중심 문제로서의 인간문제를 명확히 파악하는 데서 연원한 것이라 할 수 있다. 여기에 그는 경전의 새로운 해명을 위해 고증학적 방법과 지식을 도입한 경전 자체에로의 복귀를 보게 된다. 그러나 비록 다산이 성리학의 체계를 전면으로 뒤집어 보는 전환과 극복을 수행하였지만 성리학 속에서 추구되었던 인간본질에 대한 철학적 관심을 의미 깊게 평가했을 뿐 아니라 소중하게 계승하고 있음을 주목할 필요가 있다. 양명학의 심학적(心學的) 주관론이 주자학의 이학적(理學的) 객관론을 넘어서 보다 생동하는 인격주체에 관심을 돌렸던 것과 다산의 인간학적 관심이 일치하는 것은 사실이다. 그러나 다산의 철학이 주자학을 버리고 양명학을 취하는 선택적 예속으로 귀착한 것이 아니다. 그에게 있어서 인간은 관념적으로 규정될 수 있기에는 너무나 현실적 경험 속에 부딪히는 존재이고 주관론으로 규정될 수 있기에는 사회적 관계 속에서 형성되어야 할 존재이다.

다산은 그 시대의 새로운 사조(思潮)로서 기독교 교리에 깊이 접촉하였고, 그 영향은 그의 경학체계와 인간이해 속에 지워질 수 없는 생생한 것이다. 그는 천(天)과 인간 사이에 놓인 수직적 간격을 깊이 인식함으로써, 인간을 인간의 한계에서 재발견하고, 그 고유성과 자율성을 확인하며, 인간에게 주어진 천명의 당위성을 현실적으로 실감하고,

나아가서 인간의 궁극적 모습을 '하늘에 이르는 사람'[格天之人] 즉 격인(格人)으로서의 신앙인에서 발견하였다. 이러한 영향에도 불구하고 다산은 기독교 교리를 유교 속에 흡수하면서 유교의 의식세계를 확대하였던 것이요 파괴하거나 상실한 것이 아니었다.

　다산이 제시한 인간학적 체계는 어떤 철학체계를 위한 적용이 아니라 그의 철학 전체를 형성하는 핵심적인 것으로서 주목할 필요가 있으며, 앞으로 해명되어 가야 할 것이라 생각한다.

혜강 (惠崗) 의 「인정」(人政) 과
인도철학 (人道哲學)

1) 혜강의 사상사적 의미

한국 사상사를 구성하고 있는 여러 사상가들 가운데서 혜강(惠崗) 최한기(崔漢綺, 1803~1877)는 오늘로부터 아주 가까운 시대에 생존하였고 상당한 양의 저술을 남겨 놓은 인물임에도 불구하고 그에 관한 이해는 아직 시작하는 단계에 머물러 있다고 할 수 있다.

지금까지의 연구를 종합하면, 첫째 최한기는 19세기에 활동한 말기 실학파에 속하는 인물이면서도 단순히 실학파의 경향을 지니고 있는 정도에 그치는 인물이 아니라 진보적인 사상으로 다음 시대를 내다보는 정신의 소유자라는 사실과, 둘째 그는 기(氣)를 근원적 실재로 보는 독특하고 통일된 철학체계를 수립하여 그의 시대 문제를 해명하고 있다는 사실이 주목되고 있음을 알 수 있다. 그것은 또한 전통에 대한 단절의식으로 고민하고 이를 극복하기 위해 방황하는 우리 시대에서 최한기의 사상이 얼마나 중요한 가치와 비중을 지닐 수 있는가를 시사해 주는 것이기도 하다. 따라서 그의 철학에 제시된 기본개념과 입장을 논쟁적으로 검토하기보다는 사상사적 독창성과 기능적 의의를 이해하는 관점에서 검토해 보고자 한다. 이 글은 최한기의 중요저술의 하나인「인정」(人政)을 기본자료로 삼는다.

2) 「인정」의 위치와 체계

(가) 혜강의 저술에 있어서 「인정」의 위치

최한기의 저술은 1천 권에 이른다고 전하지만 지금 알려진 것은 모두 120권 정도이고, 실제로 남아 있는 것은 107권 가량 될 뿐이다. 그러나 남아 있는 저술로만 살펴보더라도 자연과학과 철학 및 사회제도론에까지 다양성을 보여 주고 있어서 그의 학문적 관심영역을 충분히 엿볼 수 있게 한다. 최한기의 저술목록을 학문영역에 따라 분류해 보면 다음의 표와 같이 드러날 것이다.

I. 자연과학
① 농업·농기계
* 농정회요(農政會要): 20권 10책, 「육해법」에 앞선 저작으로 추정.
* 육해법(陸海法): 2권 1책, 32세(1834)작.
② 기계일반
* 심기도설(心器圖說): 1책, 40세(1842)작.

③ 지리

* 만국경위지구도(萬國經緯地球圖): 현존미상, 32세 모각(摸刻).

* 청구도제(靑丘圖題): 32세 작.

* 지구전요(地球典要): 13권 6책, 55세(1857) 작.

④ 천 문

* 의상리수(儀象理數): 3권, 권 3만 현존, 37세(1839) 작.

* 성기운화(星氣運化): 12권, 65세(1867) 작.

⑤ 수 학

* 습산진벌(習算津筏): 5권 2책, 48세(1850) 작.

⑥ 의 학

* 신기천험(身機踐驗): 8권 8책, 64세(1866) 작.

⑦ 과학일반

* 운화측험(運化測驗): 2권 1책, 58세(1860) 작.

Ⅱ. 철 학

* 신기통(神氣通): 3권 2책, 34세(1836) 작.

* 추측록(推測錄): 6권 3책, 34세 작.

* 기측체의(氣測體義): 9권 5책, 「신기통」과 「추측록」을 합책한 것.

* 명남루수록(明南樓隨錄): 1권, 저작 연대 미상.

* 우주책(宇宙策): 12권 6책, 현존미상, 「지구전요」에 앞선 저작으로
  추정, 현존 「명남루수록」과 내용상 연관성이 있는 것으로 보임.

* 기학(氣學): 2권 2책, 55세(1857) 작.

Ⅲ. 사회사상 및 제도

* 강관론(講官論): 4권 1책, 34세 작.

* 감평(鑑枰): 1권, 36세(1838) 작,「인정」권 7에 수록됨.
* 소차류찬(疏箚類纂): 2권 1책, 41세(1843) 작.
* 인정(人政): 25권 12책, 58세(1860) 작.

위에서 본 최한기의 저술목록에 의하면 그가 자연과학에 얼마나 폭 넓은 관심과 정열을 기울였는지 쉽게 알 수 있다. 30대 초년의 초기부터 60대의 만년에 이르기까지 자연과학의 여러 분야를 끊임없이 탐구하고 이를 정리하여 편찬저술을 그치지 않았다.

그의 저술에 자연과학 및 기술 분야가 종류에서도 가장 많은 것이 사실이다. 그러나 최한기는 자연과학과 기술 분야에서 독창성을 보였다기보다는 서양과학의 지식을 받아들여 소개하는 역할에 더 비중을 지니고 있는 것이라 볼 수 있다. 그렇지만 그의 과학기술에 관한 이해가 단순한 섭취에 그친 것이 아니라, 그의 사상 전반에 자극을 주고 그의 철학적 근본입장의 자연법칙과 인간질서의 조화를 지향하는 것으로 구성될 수 있게 하는 배경을 이루고 있는 것이라 생각할 수 있다. 그의 자연과학 지식은 그의 철학과 분리될 수 없는 일관성을 지니는 것이라 하겠다.

또한, 그의 철학적 저술인「신기통」과「추측록」이 34세에 이루어졌다는 사실은 최한기의 철학적 기초와 체계가 이미 30대 초반에 확립되었음을 말해 준다. 곧 그것은 기(氣)의 본체로서 신기(神氣)가 천(天)·인(人)과 인(人)·물(物)에서 소통하게 하는 원리를 분석하며, 이러한 소통의 방법으로서 추측(推測)이 기(氣)·이(理)·정(情)·성(性), 동(動)·정(靜)·기(己)·인(人), 물(物)·사(事)에서 실현되는 양상을 해명하는 것이다.「신기통」과「추측록」이「기측체의」로 묶어져 북경(北京)에서 활자로 간행되었던 것도 최한기의 철학적 근본체계가 여기에 제시되었으며, 또한 독창적 안목으로 새로이 세계를 비춰줄 수 있는 것이었기 때문이라 볼 수 있다.

「기측체의」를 통해 제시된 최한기의 철학체계는 자연과 인간의 소통인 동시에 나와 남이 소통하는 것으로서 자연·인간·사회의 상통(相通)을 확장하여 조화적 일체를 추구하는 논리를 전제로 한다. 따라서 그의 학문영역은 이러한 철학적 기반 위에 자연과학뿐만 아니라 사회문제에로 확대되지 않을 수 없다. 사회제도와 관련된 그의 저술로서 「강관론」과 「소차류찬」은 군왕과 신하 사이의 의사소통 문제에 관련된 것이요, 바로 그의 철학적 핵심원리에서 사회제도의 기본양상을 검토한 것이라 할 수 있다.

여기에 최한기의 철학적 근본입장과 사회사상을 밝혀주는 저술로서 「인정」을 들 수 있다. 「인정」은 25권으로 된 최한기의 남아 있는 저술 가운데 가장 방대한 것이고, 36세 때 지은 「감평」을 그 속에 포함하여 58세 때 완성한 것으로서 그의 사상적 원숙기에 이룬 대작(大作)이라 할 수 있을 것이다. 「인정」은 사회의 정치적 질서도 인간에 근본 하는 것이요, 자연과 인간의 조화도 인간을 통하여 추구될 수 있다는 그의 철학적 입장에서 인도(人道)철학을 사회적으로 해명한 것이라 하겠다. 따라서 「인정」은 최한기가 그의 철학적 근본이념과 사회적 질서체계를 일관시키는 사상체계요, 그런 뜻에서 그의 과학기술에 관한 저술이 「기측체의」를 자연적 영역에로 전개시킨 것이라고 한다면 「인정」은 더욱 절실한 양식으로 「기측체의」를 사회제도에 적용시킨 것이라 볼 수 있을 것이다. 그리고 이러한 확대영역과 그 중심의 구조가 또한 그의 철학적 체계에 내재된 기본구조라 이해하고 싶다.

(나) 「인정」의 체계와 내용

「인정」 25권을 구상하고 저술하였던 것은 최한기에게서 가장 오랜 기간과 정열을 요구하였던 것으로 보인다. 「인정」의 제7권인 「감평」은 최한기의 대표적 철학서인 「기측체의」를 완성한 2년 뒤인 36세 때 저술한 것이요, 그 속에서 이미 「인정」의 기본과제인 인품을 감별하여 인물을 선택하는 원칙을 면밀히 분석하여 체계적으로 제시하고 있다. 그리고 경(經)·사(史)·자(子)·집(集)의 문헌을 광범하게 섭렵하면서 「인정」의 체계에 따라 편장(篇章)을 분류하여 방대한 자료집인 「인정」 초고본을 완성한 것이 49세(1851) 때의 일이다. 그것은 「감평」의 확대로서 「인정」의 저술을 위한 기본자료의 확보를 40대 동안에 계속하였던 사실을 말해 준다. 또한 이때에 편찬된 「인정」의 초고본에서 기본체계는 확립되었던 것을 알 수 있다. 그리고 다시 10년 동안 일종의 유취(類聚) 자료집인 이 초고본을 개편하여 57세에서 58세(1860) 사이에 현존의 「인정」 25권을 완성한 것이다. 「감평」 이후 「인정」의 완성까지 23년이 경과되면서 다듬어졌다는 사실은 최한기로서 가장 많은 노력과 관심을 「인정」에 기울였던 것을 말해 주며, 또한 「인정」은 「기측체의」와 더불어 그의 대표작이라 할 수 있겠다.

「인정」의 체계는 크게 측인(測人)·교인(敎人)·선인(選人)·용인(用人)의 4문(門)으로 구성되어 있고, 각 문(門)은 독립된 서문이 있는 만큼 4부작이라 할 수도 있다. 그러나 이 4문은 긴밀한 연관성과 통일된 구조 속에 배열되어 있는 것이다. 최한기는 "다스림이 인간에 있어서 관계됨이 중대하다"고 밝히면서 개인의 범위를 넘어선 가정이나 국가에서는 일통(一統)의 다스림이 있어야 한다고 강조한다. 그리고 일통으로써 사람을 헤아리고[測人], 가르치고[敎人], 선발하고[選人], 써야[用人]만 막히거나 분열되는 근심이 없으며 하늘과 인간의 큰 다스림이 합치된다는 것이다. 또한 일통으로 '용인'하려면 반드시 먼저 일통으로 '선인'하여야 한다고 보아 '선인'을 '용인'에 선행시키며, 이어서 '교인'을 '선인'에 선행시키고 '측인'을 '교인'에 선행시켜, '측인'에서 '용인'까지를 단계적 실현과정으로 제시하였다.

「인정」의 4문은 '측인'에서 '용인'까지의 선후본말론적(先後本末論的) 전개로 파악되지만, 동시에 그 기본형식을 '측인'과 '용인'의 2문으로 보고 '교인'과 '선인'은 그 중간에서 조종하고 변통하는 방법으로서의 기능을 갖는 것으로 분석하기도 한다. 곧 '측인'은 '용인'의 근원이고 '용인'은 '측인'의 효험이며, '교인'과 '선인'은 그 중간의 수행(修行)하는 단계로 규정되기도 한다. 따라서 「인정」의 4문은 인식을 근거로 하며 실용을 목적으로 하는 철학적 기본방법으로 구성되고 있는 것이다.

「인정」의 체계를 4문의 전개순서에 따라 그 내용을 개괄적으로 보겠다.

① 측인문

최한기에 있어서 측인(測人)을 제시하는 것은 우선 지인(知人)과 구별되고 있는 사실에서 그의 철학적 특성을 엿볼 수 있다.

"안다[知]는 것은 선악이나 우열로 단정하는 것으로서 변통하는 방법이 없으니 죽은 사람에게서는 가능하지만 살아 있는 사람에게는 불가능하다"고 지적하고, "헤아린다[測]는 것은 미루어 헤아리는 방법[忖度之方]으로서 선악이 결정되지 않은 것을 참작하는 법칙에 귀속시키고 최종적으로 경험되지 않은 것을 증험하는 기회에 대기하게 하여, 사랑하면서도 그 나쁜 점을 알고 미워하면서도 그 좋은 점을 아는 것이니, 측인의 올바른 원리를 행하면 실로 지인(知人)의 활법(活法)이다"라 하여, 지인과 측인을 대조시켰다. 곧 측인은 형식적 개념으로 고정화시켜 판단하는 것이 아니라 살아 움직이는 변화 속에서 판단하는 것이요, 인간과 사회현상에 대한 인식원리는 바로 개념적 지식을 넘어서 생동적 추측(推測)에 입각하여야 함을 강조하는 것이 최한기의 철학적 기본입장인 것이다.

측인은 인간을 헤아리는 것이요 그것은 인도(人道)를 근본으로 하고 있음을 전제한다. 이 '인도'는 나에게서 남에게 나아가며 우주의 생령(生靈)에 묻고 천지의 운화(運化)에 증험하는 것으로서 개인적 인간의 내면으로 심화되는 것이라기보다는 인간과 인간이 서로 접촉하고 조화하는 가운데 사무(事務)로서 실행되고 확장되는 것이라 보고 있다. 따라서 최한기는 사무와 인도가 체용(體用)의 관계를 이루는 것으로 보며, "사무가 인도를 좇아 유행하면 기준이 확립된 사무[經常之事務]이고, 인도가 사무로 말미암아 나아가면 실천단계가 정립된 인도[踐階之人道]이다"라 하여, 인도를 관념적으로 파악하는 것이 아니라 사무를 통하여 실현하는 것임을 밝혔다.

따라서 그는 측인의 기준을 행사(行事)에 두었다. 행사에 앞서서 용모(容貌)를 통해 개인의 기품(氣稟)과 자질(資質)을 분변하고 다음 단계로 '행사'를 통해 능력과 성과를 관찰하며 '행사' 이후에는 '인도'에 근거하여 인도에 합치하는지 여부에 따라 인물을 평가하는 세 단계로써 측인을 수행하는 것이다. 여기서 측인문에는 '행사'와 '인도'의 사이에 '오륜'·'천인운화'·'지위'의 3편이 있다. 그것은 도덕적 규범으로서의 '오륜'과 우주론적 근거로서의 '천지운화'와 사회적 구조로서의 '지위'를 제시하여 인도의 구체적 기반을 밝히는 동시에 측인의 원리를 더욱 현실적으로 구현하기 위한 의식을 보여주는 것이라 하겠다.

측인문은 첫머리에 2권에 걸친 '측인총론' 편이 있어 측인의 영역과 원리를 상세히 논의하였고 '용모'에서 '인도'까지의 6편으로 측인의 체계를 제시하였으며, 끝에는 「인정」에 22년이나 앞서 저술하였던 「감평」을 측인문의 제8편으로 싣고 있다. 그것은 측인의 실용적 목적이 인품을 감별하여 선택하는 데 있다는 실무적 요구에 따라 인물평가의 기술적 방법체계를 수립한 것이다. 최한기는 인물이 갖춘 분수를 기품(氣稟)·심덕(心德)·체용(體容)·문견(聞見)·처지(處地)의 5구(具)와 그 분수의 발현으로서 재국(才局)·응변(應變)·풍도(風度)·경륜(經綸)·조시(措施)의 5발(發)을 분석하였다. 그리고 5구의 기품을 4분(分), 심덕을 3분, 체용을 2분, 문견을 1분, 처지를 0.5분으로 비중을 분배하여 한 인물의 전체를 10.5분으로 보고, 분수의 소장(消長)과 발현의 우열(優劣)을 4과(科)로 착종(錯綜)시켜 조합하는 '사과열표(四科列表)'를 만들어 객관적인 인물평가도 표를 제시하였던 것이다. 이러한 「감평」의 체계 형식이 얼마나 타당성을 갖느냐 하는 것은 별문제로 하더라도 측인의 비중과 또 「감평」에서 보인 그 실제적인 응용의 중요성에 대한 최한기의 깊은 통찰과 체계적 제시는 인사행정론의 혁신적 진보이며 그의 실학적 철학정신의 발휘임을 확인할 수 있다.

② 교인문

측인을 통해 인물의 자질과 능력을 파악하게 되지만 인간이 이용의 대상에 그치는 것이 아니요 또한 타고 나면서 모든 지식과 기능을 갖춘 것이 아니므로 교육의 필요성이 제기된다. 최한기는, "가르쳐서 쓴다면 버릴 인물이 드물고, 가르치지 않고 쓴다면 흠이 없는 사람을 얻기 어렵다"고 언급하여 '용인'의 목적에 비추어서 교육이 필수적임을 지적하고 있다. 그리고 교육의 방법으로서 먼저 그 인물의 품질(稟質)을 살펴서 진퇴를 결정해야 하고, 다음으로 그 인물의 조예(造詣)를 재어서 선후를 결정해야 하므로 '교인'은 '측인'에서 말미암는 것이라 하였다. 그것은 무차별 평등교육이 아니라 자질과 능력을 평가해서 그 정도에 알맞게 교육하는 것이 효율적임을 주장하는 것이라 하겠다.

그러나 교육은 왜 하며 어떻게 하는가의 문제와 더불어 무엇을 교육하는가의 문제가 중요하다. 최한기는 교육의 내용을 이루는 학문을 '인도'로서 제시하고, 나아가, "옛사람의 인도를 배우는 것은 인도의 소년학문(少年學問)이고, 뒷사람에게 인도를 가르치는 것은 인도의 노경효험(老境效驗)이라"고 언급하여, 배우는 것으로서의 인도와 가르치는 것으로서의 인도가 그 양상에서 변천이 있음을 지적하고 있다. 곧 한 사람은 앞선 사람이 이미 연구한 것을 더욱 연구하여 바로잡는 것이 있고 앞선 사람이 밝힌 것을 새롭게 밝혀 보완하는 것이 있게 된다는 것이다. 과거의 4~5천 년은 인도의 어린 시기나 젊은 시기라면 뒷날의 억만년이 인도의 늙은 시기라 볼 수 있게 된다. 더구나 한 사람의 50~60년 일생에서 어린 때의 10년과 노쇠한 때의 10년을 빼고 30~40년 동안 인도의 학문에 종사하는 것이니 옛사람과 뒷사람에 연결되지 않으면 우주의 인도학문에 통할 수 없고 접촉하는 사람과 사물도 면전의 교접에 지나지 않는다는 한계를 지적한다. 또한 학문의 한계는 지역적 편협성에서도 찾아볼 수 있다. 천하가 소통이 되지 않을 때에는 학문도 한 모퉁이의 전승[一隅一方之傳習]에 지나지 않게 된다.

최한기는 인도로서의 학문에 제기되는 한계를 극복하는 길을 학문의 차별성을 통합시키는 데서 찾고 있다. 그는 인도학문의 통합방법을 기화(氣化)의 준적(準的)과 의거(依據)로서 제시한다. 곧 인도는 '기화'에 표준을 두고 근거하는 것으로 파악하는 것이다. '기화'는 '대기운화'(大氣運化)요 '신기운화'(神氣運化)이며, 그것은 '천인운화교'(天人運化敎) 또는 '기화인도교' 내지 '천인교'(天人敎)로서의 학문을 이룬다. 여기서 인도학문이 '기화'에 근거하고 표준을 둔다면 '기화'의 시대에 따른 변천은 학문의 양상이나 내용이 시대에 따라 진보한다는 것을 밝히는 동시에 학문의 근본이 운화하는 기(氣)에 있음을 확인시키고 있는 것이 된다. 그는, "교(敎)가 기(氣)에 합하고, 기가 교에 합한다" 하여 그의 철학이 기를 근본으로 하고 있음을 명백히 하며, 이러한 운화하는 기의 변통하는 학문을 통해 만물이 일체가 되고 만세가 일생이 되는 포괄적이고 보편적인 학문을 정립하고 있는 것이다.

③ 선인문

인재를 선발하는 것은 직임(職任)에 맞는 것이라야 하므로 인물의 기국(氣局)을 헤아리고 지식을 재어서 결정하는 것이지만 교육을 시킨 다음에 할 수 있는 것이다. 한 국가의 정치적 성쇠는 현명한 인물을 쓰느냐 용렬한 인물을 쓰느냐에 달렸다고 볼 때 인재의 선발이 얼마나 중요한지 자명해진다. 최한기는 정치의 성쇠를 결과적으로 보고 나서 그 인물이 현명한지 간교한지 판단할 것이 아니라, 관직에 임명하는 날에 이미 성쇠의 기미가 싹트는 것임을 지적하여, 인재의 선발에 정밀한 관찰과 신중한 결정을 강조하고 있다.

인물에는 용모 · 심성 · 행사 · 소업(所業) · 학문의 다양한 차별이 있음을 지적하며, 각 직분에 따른 사무의 처리방법의 다양성을 고려하여 적절한 선발의 필요성을 인식하고 있다. 여기서 선발의 방법에 대하여도 과거(科擧)를 비롯하여 징빙(徵聘) · 벽소(辟召) 등 천거(薦擧)와 고험(考驗)의 형식을 검토하면서 인재를 선발하는 본래의 목적에 비추어 비판과 대안(代案)을 제시하였다. 그는 과거란 시험으로 뽑는 것이기 때문에 문예(文藝)는 시험할 수 있지만 덕행은 시험으로 판단할 수 없다는 사실을 상기시키며, 과거와 천거의 방법 사이에 균형을 이룰 것을 지향하였던 것이다.

최한기는 인재를 선발하는 원칙으로서, "사무를 위해 인물을 선택하지 인물을 위해 사무를 선택하는 것은 아니다" 하여, 인재선발의 실제적이고 객관적인 기준을 지적하였다.

또한 '선인'의 불변적 기준은 백성을 가르치고 배양하는 것에 있음을 확인하였으며, 도(道)·덕(德)·의(義)라는 가치규범이 경술(經術)로서 있더라도 백성을 다스리고 안정시키는 것으로서 있지 않다면 선발될 수 없다고 밝혀 '선인'의 목적과 근본을 백성에 두고 있음을 보여주고 있다.

④ 용인문

'용인'은 「인정」의 최종단계로서 측인·교인·선인은 모두 용인을 기준과 목적으로 삼아 그 효과와 우열이 결정되는 것이라 한다. 실용적 입장에 섰을 때 측인·교인·선인이 아무리 잘 이루어졌다 하더라도 그 인재를 잘 쓰지 못한다면 이익이 없음은 물론 도리어 해로울 수 있다는 사실을 중요시하지 않을 수 없다.

여기서 '용인'의 근본원리는 인간사회가 개인의 행동으로 이루어질 수 없고 인간집단의 협력과 조화 위에서라야 이루어지는 것이라는 현실에 근거한다. 따라서 최한기는 '인도(人道)'를 사람과 사람이 서로 잘 쓸 때에 이루어지고 잘 쓰지 못할 때에 무너지는 것이라 전제하고, "내가 남을 위해 쓰인 다음에 남을 쓰는 것이요, 남을 위해 쓰이지 않으면 남을 쓸 수도 없다"고 언급하여 '용인'은 상호적인 것임을 밝히고 있다. 부자·군신·부부·장유·붕우의 관계에서 종족(宗族)·향당(鄕黨)의 관계에 이르기까지 인간의 모든 사회적 관계는 '서로 쓰는 원리'[相爲用之道]로서 밝혀질 수 있는 것이다. 그것은 곧 아비는 자식의 도리로서 아비 노릇하고 자식은 아비의 도리로서 자식 노릇하여 상호 침투적 방법으로서 인간관계가 결합되는 데에서 '용인'의 원리가 실현되는 것이며, 또한 인간사회의 바람직한 성취를 가능하게 할 수 있게 된다.

'용인'의 실제에서도 쓰는 사람의 신기운화(神氣運化)와 쓰이는 사람

의 신기운화와 일의 계기에 나타나는 교접운화(交接運化)가 경우와 때
에 따라 다르기 때문에 용인의 잘되고 못되는 온갖 차별이 일어나게
되는 것임을 분석한다. 또한 이렇게 '쓰는 사람'[用人者], '쓰이는 사
람'[所用者], '일의 계기'[事機]의 상호 관계를 중요시하면서도 그 중심
은 '쓰는 사람'에 있는 것임을 지적하는 데서 '용인'의 원리가 지닌 주
체적 성격을 엿볼 수 있다.

그리고 아들 최병대(崔柄大)의 발문(跋文)에서, "오륜(五倫)은 '용인'
에서 밝혀지고 '용인'은 오륜에 기준을 두고 있으니, 사람과 사람 사이
의 교접 운화도 이를 이어 순응하는 것이요 어긋나게 넘어설 수 없다"
고 밝히고 있는 것처럼 '용인'의 도덕적 규범은 오륜에 근거를 둔 것이
며, 인간관계의 윤리가 '용인'과 일관되고 있음을 확인해 주는 것이다.

위에서 본 「인정」 4문 1,436조의 내용에 따라 「인정」의 체계를 돌이켜
본다면 최병대의 발문에서 간명하게 요약되고 있음을 발견하게 된다.

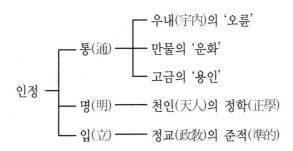

최한기 자신도 「인정」의 종지(宗旨)를 '운화를 이어 순응하며 치안을
도모하여 이루는 것'[承順運化 圖成治安]이라 밝히고, 그것은 곧 하늘과
인간이 접속하는 혈맥이요 정치와 교화가 성쇠하는 준적이라[天人接續

之血脉 政敎弛張之準的] 언급하였다. 여기서 「인정」은 사회·우주·역사를 포괄하고 하늘과 인간을 일괄시키면서 인간의 정치적 질서와 도덕적 완성을 성취할 수 있는 원리를 모색하고 정립시키는 전체적 통일의 체계로서 제시하고 있음을 알 수 있다. 이것은 최한기의 철학을 구현하는 체계이며, 이 체계를 꿰뚫고 있는 이념은 한마디로 '인도'(人道)라고 지적할 수 있을 것이다.

3) 최한기의 인도철학(人道哲學)

(가) '인도(人道)'의 근거-운화기(運化氣)

최한기의 철학은 「신기통」과 「추측록」을 통하여 인식론적 체계를 재구성하는 데서 출발하고 있지만, 또한 그 인식의 기본구조에서 제시된 신기(神氣)는 인식의 주체와 객체에 일관하는 존재론적 영역으로서 기(氣)의 실재를 정립시켜 주고 있는 것이다. 곧 인식작용으로서의 추측(推測)도 인식 주체인 '신기'의 작용이며, 인식 대상의 총체인 천지(天地)도 인간의 신기와 동일한 신기로서 일체를 이루는 것으로 파악된다. 이와 더불어 최한기에 있어서 모든 철학적 사유의 근거에는 '기(氣)'가 존재론적 기초개념으로 제시되고 있음을 볼 수 있다. 그의 철학을 성리학(性理學)의 이기론(理氣論)에 비추어 본다면 주기론(主氣論)의 입장이라 할 만큼 '기'의 개념을 중요시하였지만, '기'를 통해 세계를 구성하는 것에 그치지 않고 나아가 '기'를 기초로 하여 세계와 그 이상(理想)을 해명하는 데 더욱 큰 관심이 있는 것이라 보아, 단순히 유기론(唯氣論)으로 그의 철학적 입장을 특징짓고 말 수는 없을 것으로 생각된다. 최한기의 철학적 궁극관심은 인간에 있고 동시에 인간과 사물, 인간과 인간, 인간과 우주의 관계에 있는 것으로 보인다. 이러한 철학적 관심에서 「기측체의」를 바탕으로 인정의 저술에까지 확대하였고, 그의 철학을 관념론적 사유체계에서 벗어나는 실학(實學)적 철학정신을 발휘하는 데로 나아가게 하였던 것이라 할 수 있다. 그의 인식론적 내지 존재론적 기본개념이 '기'에 근거를 두고 있는 것은 사실이지만 이 '기'의 실제적 존재 양상은 천지만물과 인간이요, 그 주체로서의 인간은 기계론적인 '기'의 작용에 지배되는 것이 아니라 당위적인 가치 이념을 지향하고 있는 존재이다. 따라서 "이미 사람이 되었으면 곧 사람의 마땅히 행할 바는 오직 '인도'일 뿐이다"라고 강조하게 되는 것이다.

'인도'가 최한기에 있어서 철학적 이념으로 제시되고 있는 것이라 할 수 있지만 '인도'를 밝히고 실현하는 과정은 보다 치밀하게 분석되지 않을 수 없다. 그는 「인정」의 저술에 담긴 자신의 기본입장을 밝혀 '천인정도(天人正道)로써 방금운화(方今運化)에 표준을 세우고 만성치안(萬姓治安)에 증험을 들어내는 것'이라 지적하였다. 여기서 '천인정도'는 곧 '인도'요, 이 '인도'는 현재의 세계를 이루는 기(氣)의 모든 작용에 표준이 되는 것이며 사회의 질서 속에 실현되어 나타나는 것임을 밝혀주고 있다. 이러한 '인도'도 '기'의 현상이나 형식이 아니라, '기'의 궁극적 이념이요 표준으로 제시되고 있는 데에 최한기의 철학적 궁극 관심의 성격을 이해할 수 있는 것이다.

그는 또한, "천하만사는 모두 근기(根基)를 정하고 표준을 세우는 데 근본한다. '기화'(氣化)를 못 보면 어떻게 근기를 정할 수 있을 것이며 '인도'를 버리고는 어떻게 표준을 세울 것인가?"라 하여, 천하만사의 근기를 '기화'라 지적하고 표준을 '인도'라 밝히고 있다. 따라서 '인도'도 그 근거를 '기화'에 두고 있는 것이며, '기화'는 그 표준을 '인도'에 두는 것이다. 이러한 '인도'와 '기화'의 연관성은 최한기의 철학체계에 있어서 기본구조를 보여주는 것이라고도 이해할 수 있다.

그는 또한 '기화'를 우주의 공간적 구조에서 파악하고 '인도'를 시간적 구조에서 파악하여, "일기(一氣)를 통어하여 범위를 관찰하면 천지와 인(人)·물(物)이 일체가 되고 만고(萬古)를 꿰뚫어 인도를 논의하면 옛과 지금과 후세의 인간이 한 생명이다"라고 언급하였던 것이다.

'기화'가 '인도'의 근거라면 이 '기화'는 곧 '기'의 운화(運化)요 '운화'는 '기'의 근본적 존재 양상으로 규정되고 있음을 볼 수 있다. '기'를 음양(陰陽)이나 요행(五行)의 형식으로 분석하는 것에서 벗어나 통일적 존재로서 '운화'의 현상으로 파악하고 또한 '천지지기'(天地之氣)·'통민지기'(統民之氣)·'일신지기'(一身之氣) 등 '기'의 '운화'가 나타나는 영역에서 '기'를 파악하는 입장이 최한기의 철학적 태도라 할 수 있다. '운화'는 정(靜)적인 형식이 아니라 동(動)적인 활동이요 변화이며, 개념이 아니라 현상이요 현실이다. 따라서 최한기의 철학은 경험과 현실을 중요시하는 실학적 기본입장에 서 있는 것이요, 그의 '인도'도 결코 추상적 관념의 형식이나 규범으로서 파악되는 것이 아니라 현실적 변화 속에서 추구되는 것임을 알 수 있는 것이다.

(나) '인도'의 구조-천지 인물의 교접(交接)

'인도'가 '기화' 곧 '기'의 운화를 근거로 실현되는 것이라면 '운화'하는 '기' 곧 '운화기'(運化氣)의 현상을 통해 '인도'의 구조를 밝혀 볼 수 있을 것이다. 최한기에 있어서 우주는 천지와 만물과 인간이 하나의 '기'로서 상통한다는 유교철학의 전통적 입장을 계승하는 데서 해명되고 있다. 도(道)와 이(理)도 '기'에 근거하고 '기'를 통하여 파악될 때 형질이 나타나, 추상적 관념을 벗어나 구체성을 지닐 수 있게 되는 것이라 지적한다. 따라서 그는 '기'의 운화가 곧 도(道)라 하고 '기'의 조

리를 곧 이(理)라고 규정하며, 기를 떠나서 '도'와 '이'를 구하면 모착
(模着)·방향(方向)이 없어 허무(虛無)나 비쇄(卑瑣)에 빠지게 된다는
것이다.

한 사람을 형성하는 '기'가 '일신운화'(一身運化)로서 나타난다면, 모
든 인간에 적용되는 '기'는 '통민운화'(統民運化)로 나타나고, 우주의 전
체를 이루는 '기'가 '천지운화'(天地運化)로서 나타나는 것이라 할 때
이 3등급의 '운화'는 전체의 '운화'체계 속에서 맞물고 도는 크고 작은
톱니바퀴처럼 서로 연관되어 있다. 「인정」의 '측인문'에서는 측인의 방
법으로서 '천지운화'를 근기(根氣)로 삼고 '통민운화'를 소우(所遇)로
삼고 '일신운화'를 기용(器用)으로 삼아 작은 운화 곧 '일신운화'의 전
이(轉移)는 중간운화 곧 '통민운화'의 윤주(輪周)에 견제되고, 중간운화
의 윤주는 큰 운화 곧 '천지운화'의 알선에 제어된다고 해명하여 천지
와 통민과 개인 사이에 운화의 연속적 상관관계를 제시하고 있다. 이러
한 운화는 물리적 변화작용에만 그치지 않고 모든 변화현상의 원리이
기에, 천(天)이나 명(命)이라 하여 인간적 의식에 이해되는 것을 넘어
서는 변화현상까지도 '운화'로 규정된다.

'기'의 크고 작은 현상적 영역 사이에서 일어나는 '운화'는 근원적으
로 하나의 '기'로서 상통할 뿐 아니라 각 영역의 '기'가 서로 만남으로
서 '운화'를 일으키는 '교접운화'(交接運化)로서 나타난다. 나의 신기가
운화[一身之神氣運化]하는 것은 반드시 남의 신기가 운화[人之神氣運
化]하는 것과 교접함으로써 운화의 작용이 새로운 관계영역으로 전개
되는 것이다. 곧 나의 운화는 남의 운화와 만남으로서 맺어져[便成婚
媾] 새로운 하나의 운화를 생성하는 것이니 나의 운화도 아니고 남의
운화도 아닌 교접운화 내지 접인운화(接人運化)가 형성된다. 이러한 교
접운화의 전개영역에 대한 관심은 최한기의 철학이 현실의 역동성을

중요시하는 입장을 지니고 있음을 말해 주는 것이요, '운화'를 또 하나의 관념으로 파악하려는 것이 아님을 확인해 주고 있다. 교접(交接)은 '교인접물'(交人接物)에서 제시하는 것처럼 인간주체가 다른 인간이나 사물과 만나는 것이요, 교접의 가능근거는 '기'에서 상통하는 데 있다. 그리고 교접은 '기'의 운화에서 하나의 우연적 현상에 그치는 것이 아니라 인간과 모든 개체의 존재에 있어서 본래적인 존재의 요구인 것이며, 따라서 교접이 일어나지 않는다면 '기'의 일체성이 부정될 뿐 아니라 모든 현상세계가 붕괴되고 말 것으로 인식된다.

따라서 '기'의 운화에 근거한 '인도'는 천지와 인간과 사물의 관계구조를 통하여 '인도'의 구조가 드러날 수 있게 된다. '측인'의 방법으로 제시된 '사율측인'(四率測人)은 '천지운화기'(天地運化氣)를 1율(率)로 하고 '인신운화기'(人身運化氣)를 2율로 하며 '사물교접운화기'(事物交接運化氣)를 3율로 하여 이 세 가지 조건에서 마치 수학의 사율비례법(四率比例法)에서 해답을 찾아내듯 종말성패선악(終末成敗善惡)의 추측이 가능한 것으로 본다. 인간의 관심은 과거의 사실에 대한 지식보다 미래의 삶의 조건에 대한 예측이 더욱 절실한 만큼, 최한기의 철학적 관심도 '인도'의 미래적 실현을 지향하게 되는 것이다. '인도'의 구조 속에 '천'과 '인'의 상관성 '인'과 '인' 또는 '인'과 '물'의 교접을 밝히는 것은 그것이 형식적 구조가 아니라, 변화하고 교통하는 삶의 현상을 해명하기 위한 구조임을 이해할 수 있다.

(다) 인도의 실현－통달(通達)과 일통(一統)

최한기는 "유술(儒術)은 곧 '통민운화'의 도(道)이다. '인도'를 밝히고 인의(人義)를 풀이하며" 기강(紀綱)을 세우고 충절(忠節)을 숭상한다"고 하여 유교를 통민(統民)의 인간사회적 영역에서 조명해 주었다. 물론 그의 과제는 유교적 이념을 그의 시대 속에서 새로운 의미로 해명하는 것이지만 특히 한마디로 '인도'를 밝히는 것임을 지적하였던 것이다.

그에 의하면, "인(仁)은 '인도'요, 의(義)는 '인도'의 마땅함이라" 언명하고, "진실로 '인도'를 다할 수 있으면 인의(仁義)는 그 가운데 있고 심성(心性)과 사물도 따라서 바르게 될 수 있는 것이라" 하였다.

그렇다면 '인도'의 실현은 곧 유교이념의 실현이요 진리를 밝히는 것이라 할 수 있다. 그는 '인도'의 대강(大綱)으로서 사인(事人)·역인(役人)·교인(交人)·접인(接人)의 인간관계로서 밝혔고, 또한 '인사'(人事)의 추뉴(樞紐)를 수기(修己)·치인(治人)·교인(敎人)·택인(擇人)의 인간관계에서 파악하였다. 그렇다면 그의 철학이 인간의 문제에 관심을 집중하고 있는 사실과 더불어 유교를 인간관계의 '인도'에서 추구하고 있음을 다시 한번 확인할 수 있게 된다. 이러한 인간관계는 물론 개인의 영역에서 지역적 영역과 우주적 영역까지 확장되고 통달(通達)되는 것으로 이해되며, 동시에 나와 남, 나와 사물, 나와 가족, 가정과 국가, 국가와 세계가 비록 다양한 영역으로 나타나지만 하나의 원리 속에 교통하는 일통(一統)의 질서 속에 파악되는 것이다.

'인도'는 '천'과 '인'이 상통하고 '인'과 '인' 또는 '인'과 '물'이 교접하는 교접운화에서 실현될 수 있다는 사실에서, '인도'의 근본성격은 '통'(通)하는 것이며 막히는 것(塞)은 곧 '인도'의 단절이 되는 것이라 이해할 수 있다. 따라서 '인도'는 그저 인간의 '도'가 아니라 '천인운화'(天人運化)의 '도'이며, 이 '천인운화'에 근거하여 개인의 미세한 일에서 국가의 정치에 이르기까지 크고 작은 일들이 전개되는 것이라 한다. 여기서 '인도'는 현상세계의 다양한 영역을 획일화하는 것이 아니라 서로 각자의 분수에 안정하는 것이요 조화를 이루는 것이다.

"인도란 '통민운화'하고 각각 분수에 안정하는 '도'이다. 사람은 홀로 살 수 없으니 반드시 다른 사람들과 화합함으로써 무엇을 할 수도 있고 살아갈 수도 있는 것이다"라는 언급은 바로 '인도'가 다양성이 현상적 조화를 지양하는 가운데서 실현되는 것임을 밝혀준다. 이러한 '통'하는 것은 '인도'의 본질적 성격인 동시에 '인도'의 실현원리라 할 수 있다. 그 시대의 구체적 현실로서 동양과 서양이 교통을 시작하는 시기임에도 그 당시의 의식은 배척하여 막는 척사위정론(斥邪衛正論)의 폐쇄성 속에서도 그는 한 국가의 습속과 강토의 한계에 구속되어 교통하지 못하는 것은 한 나라의 '인도'가 천하의 '인도'와 소통하지 못하는 것이라 반성할 수 있었던 지성은 그의 철학이 갖는 개방성을 드러내고 있다. 「인정」의 발문(跋文)에서도, "인·물에 통하면 조화(造化)가 생성되고, 인·물에 불통하면 만사가 정체한다"고 하여 '통'함이 '인도'의 실현임을 밝혀주고 있지만, 개개의 인간이 서로 소통되는 사회나, 인간과 사물이 소통되는 자연이나, 나라와 나라가 소통되는 세계나, 인간과 천지가 소통되는 우주라는 것은 '인도'의 실현과정에서 부단히 확장되어 가야 하는 것이지만, 그것은 또한 '인도'의 이상이라 할 수 있고, 최한기의 철학적 이념의 모습이라고도 할 수 있을 것이다.

모든 개별적 존재영역들이 소통하여 통달함으로써 '인도'가 실현되는 것이라 하지만 이 소통의 '통'하는 근거와 '통'하였을 때의 지배원리를 밝히는 것이 또한 최한기의 관심이기도 하다. 물론 다양한 현상은 '기'를 근거로 하나에 통할 수 있기에 '기'는 모든 현상을 통하게 할 뿐 아니라 공통근거로서 작용하므로 '일통지기'(一統之氣)라 할 수 있다. 이 일통(一統)의 '기'는 곧 운화의 '기'이고 천인(天人)의 '기'이기도 하다. 그는 또한 '인도'의 대체(大體)를 오륜(五倫)을 펴서 실행하는 것이라 지적함으로써, '인도'의 실현이 구체적 형태로서 '오륜'으로 제시되고 있음을 보여준다. '인도'가 정치와 교화를 통해서 나타날 때 '오륜'의 규범이 가정과 마을과 정부에 이르기까지 일통정교(一統政敎)의 강기(綱紀)요 대체인도(大體人道)의 범위라는 것이다. 여기서 최한기의 인도철학이 보편성과 구체성을 철저히 추구하면서 동시에 전통의 계승을 진지하게 모색하고 있음을 엿볼 수 있다.

4) 맺는 말

최한기의 철학적 정신이 갖는 사상사적 의의를 위하여 「인정」을 통하여 다양하면서도 일관되게 발휘되고 있는 사실을 다시금 음미해 볼 필요가 있겠다. 바꾸어 말하면 그의 사상체계를 이해한다는 것은 유교이념의 새로운 정립이요 실학정신의 올바른 구현이며, 동시에 무엇보다도 한국사상사의 새로운 가능성을 추구할 수 있다는 사실을 발견하게 되는 것이다.

그의 철학은 유교이념의 수기(修己)·치인(治人)의 원리에 따라 치인의 문제를 「인정」에서 독특한 체계로 재구성하고 있다. 측인·교인·선인·용인의 체계는 인간의 문제를 사회와 우주의 영역과 연관성 속에서 해명하는 철학과 제도의 융합으로서 이론과 실천의 조화를 생생하게 구현하고 있는 것이다.

그의 철학에서 운화기(運化氣)의 문제는 현실의 역동적인 해석이므로 단순히 이기론(理氣論)으로 해소시켜 그의 철학적 근본입장을 주기론(主氣論)이나 유기론(唯氣論)이라 규정하는 데 그칠 수는 없다. 물론 그는 '기'를 강조하고 있지만, 그에 있어서 '기'는 존재개념이면서 동시에 '이'에 대하여서는 인식개념이기에 '이'를 '기'의 조리(條理)라 한다 하여 '이'를 추상적 형식으로만 보는 것은 아니다. 오히려 '이'와 '기'가

서로 떠날 수 없음[不可離]을 확신하는 것이요, '기'를 통하지 않고 '이'
나 '도'를 올바르게 인식할 수 없음을 강조하는 입장이다. 따라서 인식
론적으로 '기'가 '이'에 선행한다고 하겠지만, 존재론적으로 '기'가 '이'보
다 우위적이란 전제를 갖는 것은 아니다. 그의 철학적 관심이 '기'에 있
다고 하지만, '기'의 해명에 있어서 운화의 역동적 현상을 파악하는 태
도는 형식적 관념론을 극복한 것으로 성리학과 같은 용어를 쓴다고 하
여도 성리학으로부터 훨씬 벗어난 새로운 철학적 탐색이라 할 수 있다.

그의 철학을 '인도'의 개념에 집중시켜 해석한 것은 그가 철학적 기
본문제를 첫째 인간에 두고 있으며, 둘째 행동과 변화의 현실에 두고
있으며, 셋째 삶의 미래적 관심에 두고 있음을 의식한 데서 시도해 본
것이다. 그는 실학사상의 후기에 살면서 기존의 실학파와도 달리 소박
하게 현실의 모순을 해결하는 대책을 탐구하는 데 머무르지 않고 오히
려 독자적인 이론적 체계를 구성하여 세계의 새로운 조명을 모색하였
던 것이라 하겠다. 그의 철학적 배경이나 그 논리의 기본구조나 또는
그 이념의 적용영역은 앞으로 계속 밝혀가야 할 것이지만, 무엇보다 「
인정」을 통해 '인도'의 이념이 의미 깊게 제시되고 있는 것은 오늘의
우리에게도 많은 문제를 시사해 주고 있는 것이라 할 수 있다.

· 저자 ·

금장태   · 약 력 ·
(琴章泰)   1943년 부산에서 출생
         서울대학교 문리대학 종교학과 졸업
         성균관대학교 대학원 철학박사
         동덕여자대학교, 성균관대학교 교수 역임
         현 서울대학교 종교학과 교수

         · 주요저서 ·
         정약용-실학의 세계
         다산 실학 탐구
         퇴계의 삶과 철학
         한국 근대의 유학사상
         한국현대의 유교문화
         불교의 유교경전해석 외 다수

유교와 한국사상

· 초판 인쇄   2007년 7월 15일
· 초판 발행   2007년 7월 15일

· 지 은 이   금장태
· 펴 낸 이   채종준
· 펴 낸 곳   한국학술정보㈜
            경기도 파주시 교하읍 문발리 526-2
            파주출판문화정보산업단지
            전화 031) 908-3181(대표) · 팩스 031) 908-3189
            홈페이지 http://www.kstudy.com
            e-mail(출판사업부) publish@kstudy.com
· 등   록   제일산-115호(2000. 6. 19)
· 가   격   18,000원

ISBN   978-89-534-6995-2 93150 (Paper Book)
        978-89-534-6996-9 98150 (e-Book)